德州学院学术著作出版基金资助出版

李益综论

贺同赏 著

中国社会科学出版社

图书在版编目（CIP）数据

李益综论／贺同赏著 . —北京：中国社会科学出版社，2015.10
ISBN 978 - 7 - 5161 - 6951 - 3

Ⅰ . ①李…　Ⅱ . ①贺…　Ⅲ . ①李益（748～827）- 人物研究
②李益（748～827）- 唐诗 - 诗歌研究　Ⅳ . ①K825.6②I207.22

中国版本图书馆 CIP 数据核字（2015）第 238927 号

出 版 人	赵剑英	
责任编辑	曲弘梅	
责任校对	郝阳洋	
责任印制	戴　宽	

出　　版	中国社会科学出版社	
社　　址	北京鼓楼西大街甲 158 号	
邮　　编	100720	
网　　址	http：//www. csspw. cn	
发 行 部	010 - 84083685	
门 市 部	010 - 84029450	
经　　销	新华书店及其他书店	

印　　刷	北京君升印刷有限公司	
装　　订	廊坊市广阳区广增装订厂	
版　　次	2015 年 10 月第 1 版	
印　　次	2015 年 10 月第 1 次印刷	

开　　本	710×1000　1/16	
印　　张	16.25	
插　　页	2	
字　　数	239 千字	
定　　价	76.00 元	

凡购买中国社会科学出版社图书，如有质量问题请与本社营销中心联系调换
电话：010 - 84083683

目　　录

中编　李益诗歌研究：以个体与群体之互动为主要视域

下编　李益诗集札记：以具体文本为基点

余论 伤心不独为悲秋：李益诗歌感伤基调探论

附 录

序

陈元锋

　　同赏的硕士学位论文《李益综论》即将修订出版，希望我写一篇序言。同赏 2002 年考入山东师范大学文学院攻读硕士学位，我担任他的导师，带过他三年。毕业后，同赏去德州学院任教，我们也一直保持着联系。作为老师，我乐于看到同赏在学术上的每一点进步，因此，对他的要求我没有过多推辞，聊书数语，以弁其篇。

　　把李益诗歌作为学位论文的选题，是同赏通过研读材料自己提出的想法，体现了他初步的学术旨趣和眼光。论文原题为《李益诗歌与中唐诗坛》，经过多年对李益诗歌相关问题的持续思考，内容较原作又丰富许多，也有新的学术发现，书名遂改为《李益综论》。李益作为唐代诗坛有成就、有影响的"才子"诗人，其被文学史及一般读者所关注的主要基于以下几点：一，他被认定为"大历十才子"之一；二，他是中唐边塞诗人的代表，与盛唐王昌龄有异曲同工之处（主要以七言绝句写作边塞诗著称）；三，他是中唐著名传奇蒋防《霍小玉传》中那个负心郎举子"李益"的原型，名人的私生活社会传播度高，小说的精彩描写又与《旧唐书》本传中对李益猜忌性格的记载吻合，自然增加了人们对诗人李益的兴趣。同赏的新著对上述问题做了基本考辨，如对李益是否属"十才子"之列的界定，《霍小玉传》关于李益的事迹可以采信等观点，都言出有据，结论审慎。对李益诗歌的论析是书中着力最多之处，是全书的主干。书中将李益诗歌置于中唐诗史进程中，分大历、贞元、元和三个阶段，具体分析其"悲慨苍秀的边塞诗"、"清新优美的南行诗"及其"闲适诗"与"御览诗"，动态地呈现其诗风的阶段性变化，据此对李益在中唐诗坛的重要地位作出客观中肯的评价。全书以扎实的文献史料与宏观的理论视野、细致的文本解读相结合，得出的结论切合李益诗歌的创作实际。

全书的章节安排没有落入作家论通常对生平、时代、思想、题材、艺术做简单排比归纳的固有套路，而采用也是学位论文中常见的上、中、下编的框架，其主体部分是前两编，突出了问题意识。附录将读书札记作为一编，似乎显得有些琐碎，但其可贵之处是记录了作者读书思考的轨迹，表明他的研究是以具体的文本细读为基础，从点点滴滴的艺术感悟出发，不惜下笨功夫，这样的研究才能避免流于空疏浮泛，这种朴实的学风值得肯定。

作为硕士研究生阶段学习的一个总结，这部论著的出版有其价值和意义，称得上是一部符合学术规范的上乘之作，同时毋庸讳言的是，该书在问题的判断提炼、学术表达的简明准确等方面还存在一些不足，有进一步改进提升的空间。

同赏性格沉稳，坐得住，耐得住寂寞，读书极为刻苦，心无旁骛，热爱教学事业，对学术理想一直保持纯粹的热情，孜孜以求。2011 年，他考入首都师范大学师从马自力教授攻读博士学位，并于2014 年顺利通过博士论文答辩，他的博士论文是关于"北宋士人稼圃认同与文学创作"的选题，也很值得期待。祝愿同赏的学术道路更为宽广，在学术研究上有新进境。

2015 年夏于泉城济南

绪　　论

李益（746—829），祖籍陇西狄道（今甘肃临洮），生长于洛阳，是中唐时期年寿既长成就又大的一位杰出诗人。他身历玄、肃、代、德、顺、宪、穆、敬、文九朝，目睹历史沧桑，感慨自身沉浮，写下了为数不少的名篇佳作。他在贞元时期就已诗名远播，对后世也有一定的影响。王建在其《上李益庶子》诗中曾对李益有"诗仙"之誉。晚唐张为《诗人主客图》则将李益置于"清奇雅正主"的高位；张为的具体品第是否完全恰当姑且不论，李益在晚唐诗名之高却由此可见一斑。

一、李益别集的版本流传与整理情况述要

李益生前曾亲辑其从军诗五十首赠给友人卢景亮。王建在其《寄李益少监兼送张实游幽州》一诗中写道："集卷新纸封，每读常焚香。"可见李益生前曾有过诗集传世。其中有三十六首被时人令狐楚编入《御览诗》中。唐以后最早著录李益诗集的，是南宋晁公武的《郡斋读书志》。其中著录"李益集一卷"，并指出当时李益诗已多有散佚。今存李益诗集最早版本，是明嘉靖三十三年所刻《李益集》二卷（收入《唐二十六家诗集》）。清代御修的《全唐诗》收李益诗最多，分两卷，共计一百七十四首；其后，清人张澍在其《二酉堂丛书》中又辑有《李尚书诗集》，收诗一百七十三首，这两种版本是传世最为完备的李益诗集。20世纪以来，李益作品的整理取得了较大成就，20世纪80年代以后产生了三种新的整理本，即范之麟的《李益诗注》（上海古籍出版社1984年版），王亦军、裴豫敏的《李益集

注》（甘肃人民出版社 1989 年版），郝润华辑校的《李益诗歌集评》
（甘肃人民出版社 1997 年版）。上述三种本子各有千秋，其中范本最
早，王本最全，郝本辑评最为详尽，为进一步研究李益及其诗歌创作
作了必要的材料上的准备。现存李益诗歌一百七十四首，其中有八首
为重出作品。本书以李益无著作权争议的一百六十六首诗及与其有关
的重要诗人诗作为主要的文本依据和研究对象。

二、李益生平与诗歌之研究现状简述

自中唐至现代，李益诗名较大，评点、赏鉴其名篇佳作的文字历
代不绝；只是，对李益做全面研究的学术论著尚付阙如。新时期以
来，学界对于李益关注渐多，成果不断增加，取得了一些进步，同时
也存在若干不足。①

其一，生平方面的研究情况。20 世纪 80 年代问世的卞孝萱撰
《李益年谱稿》②、谭优学撰《李益行年考》③，资料较为翔实、考证
较为谨严，为谱主的一生行止勾勒出比较清晰的轮廓，成为李益生平
研究的两座里程碑，经受住了时间的检验，至今仍有较高的学术参考
意义。近年来，随着《李益墓志铭》的出土，一些学者，特别是王
胜明借助这一最为直接可靠的出土文献，对李益生平中的若干问题做
了重新梳理与考索，将李益生平研究又向前推进了一步；这方面的代
表性文章，有王胜明撰《新发现的崔郾佚文〈李益墓志铭〉及其文
献价值》④《由新发现的〈李益墓志铭〉质疑"〈从军诗序〉为李益
自作"》⑤，何新所撰《新出李益夫妇墓志相关问题研究》⑥ 等。

---

① 参见王胜明、李朝军《李益研究状况综述》，《重庆工商大学学报》（社会科学版）
2005 年第 2 期。

② 《中华文史论丛》（第 8 辑），1978 年。

③ 谭优学：《唐诗人行年考》，四川人民出版社 1981 年版。

④ 《文学遗产》2009 年第 5 期。

⑤ 《文献》2013 年第 2 期。

⑥ 《河南社会科学》2010 年第 1 期。

其二，诗歌研究方面的情况。1983年，卞孝萱、乔长阜合撰《李益和他的诗歌》①，在梳理李益生平与创作阶段的基础上，对李益诗歌的体裁与题材等内容，进行了较为全面的探讨，是为学界对李益诗歌进行系统研究之开端。随后，李益诗歌研究渐次走向多角度探讨的路径，取得了一系列重要成果。如马承五撰《李益边塞诗抒情特色论析》②、蒋寅撰《由戎幕回归台阁——李益的创作及其在唐诗史上的地位》③、张国伟撰《李益的绝句初探》④、吕庆端撰《李益边塞诗独特的审美心理及其艺术表现》⑤ 等。此外，郭爽撰《李益诗歌用韵考》⑥ 与任南玲撰《李益诗歌意象意蕴研究》⑦ 分别从音韵学和意象理论对李益诗歌做了具有新意的探究。其间，值得注意的是，新世纪以来，由于视野较为窄小单一，李益诗歌内部研究之进展有放缓趋势。

其三，生平与诗歌综合研究方面的情况。王胜明所著《李益研究》⑧ 一书，最值得关注。此书分为李益诗事考证和李益诗歌论析两编在李益生平（籍贯、仕例等）考证和诗歌（诗集版本、边塞诗、联句诗、游侠诗）论述方面，均有独到之见解。另外，有两篇硕士学位论文都对李益的生平与诗作做了一定程度探讨而各有所得。它们是张巍的《李益边塞诗歌论稿》⑨、杨柳的《李益诗歌研究》⑩。

综上可见，新时期以来，不论是李益的生平研究还是其诗歌之研究，均取得了很大进展；同时，也仍有很多薄弱之处，特别是在几个大的面向上，诸如李益生平重要节点的纵深研究、李益诗歌与中唐诗

---

① 《徐州师范学院学报》1983年第3期。

② 《唐代边塞诗研究论文选粹》，甘肃教育出版社1988年版。

③ 《古典文学知识》1985年第1期。

④ 《河北师范大学学报》1993年第2期。

⑤ 《青海民族学院学报》1991年第4期。

⑥ 《阜阳师范学院学报》2000年第3期。

⑦ 硕士学位论文，新疆师范大学，2010年。

⑧ 巴蜀书社2004年版。

⑨ 硕士学位论文，吉林大学，2007年。

⑩ 硕士学位论文，河北大学，2007年。

坛的互动关系研究、李益诗歌本身的深细赏析等，都存有不少新的重要的论题，继续拓展研究的空间很大。

三、本书的结构框架、研究视角与研究重点

本书由绪论，上、中、下三编，以及余论、附录构成。在选题与撰写过程中，力避他人已有深入探讨之论题，而于为他人所忽略且本身具有重要学术意义的方面多用心力，在守正的基础上力求创新。

在"上编 李益生平考论"之中，以诗史融通为主要视角，对李益大历时期"涉历江淮"问题，李益政绩问题，从交游侧面所见李益道德思想倾向问题、李益在"牛李党争"中的政治位置问题等，进行了考证和辨析。

在"中编 李益诗歌研究"之中，以个体与群体之互动为主要研究视域，分别对李益在大历、贞元和元和三个阶段的诗歌创作情形及其与整个诗坛的关系做了全面论述，尤其对其悲慨苍秀的边塞诗、清新优美的"南行诗"、他在贞元诗坛的重要地位和影响等重要问题，做了较为深细的探讨。

在"下编 李益诗集札记"之中，从具体文本出发，从史学、美学、心理学、格律学以及具体艺术技巧等不同角度，由我华夏古典诗歌"感发"之特质，融通诗人与读者之心，对李益存世的全部诗歌作品进行了具体而微的评析，揭示出李益诗集中尚未被人发现的深意与美感。

在"余论"中，在占有大量作品基础上，从我国古代的感伤文学传统以及李益生活的时代背景、生平遭际、个性气质等方面入手，具体探讨了李益诗歌中感伤基调的成因和表现，从而揭示出李诗中长期为人忽略的这一感情面向。

在"附录"中，收入了近年出土的《李益墓志铭》全文与有关唐诗名篇、中国古代抒情传统的论文两篇，或对李益生平研究具有无可替代的重大意义，或可反映笔者在古代诗歌研究方面的若干思路与看法，均于进一步推进李益研究暨展示笔者学术思考有所裨益。

四、本书的撰著原则与方法

以原始材料为起点，是本书展开研究与撰著的基本原则。具体地讲，以研读李益全部作品以及相关中唐其他文士别集和诗话、诗文评著作，有关中唐的正史、杂史笔记等原始典籍，作为展开研究的起点。

本书注意秉持知人论世，"横通"与"纵通"相结合①，个案探析与综合考察相助益②等基本研究理路与方法。在具体撰著过程中，还注意运用诗史互证法、训诂解诗法、"同情"③解诗法、比较辨析法等研究方法。

---

① 袁行霈先生认为：治学要讲究"横通"与"纵通"的结合。所谓"纵通"是"就文学论文学，着重研究文学史上各种现象、体裁、流派的发生、发展和衰落；研究一个个时代和作家的成就，及其承上的作用和启下的影响；力求将上下三千年文学发展的来龙去脉整理清楚"。所谓"横通"就是力求将文学和"哲学、宗教、历史、艺术乃至科学技术"结合起来进行研究，"并努力从他们的关联上，从他们之间的相互影响、渗透的关系上，寻求带有规律性的东西"。（《横通与纵通》，《光明日报》1978年9月19日）

② 王水照先生说："所谓'大判断'和'小结裹'的结合，实是学术研究应守之道，也是它的内在逻辑。"（《当代名家学术思想文库·王水照卷·自序》，万卷出版公司2011年版）

③ 即研究者要力求贴近研究对象所生活的社会历史环境，力求与研究在心灵上达成共鸣，同其悲喜，共其荣悴。陈寅恪先生史诗互证之学特别讲究"了解之同情"（《冯友兰中国哲学史上册审查报告》，载《金明馆丛稿二编》，生活·读书·新知三联书店2001年版，第279页）汤用彤先生治中古佛教史亦注重"同情之默应"（《汉魏两晋南北朝佛教史·跋》，中华书局1988年版，第634页），都是这个道理。于此，周汝昌先生讲得更细致："以我之诗心，鉴照古人之诗心，又以你之诗心，鉴照我之诗心。三心映鉴，真情斯见；虽隔千秋，欣如晤面。"（《千秋一寸心——周汝昌讲唐诗宋词·卷首题词》，中华书局2006年版）

上　编

李益生平考论：以诗史融通为主要视角

引　子

李益乃是中唐时期年寿既长成就又高的一位杰出诗人。① 李益（746—829），字君虞，祖籍陇西狄道（今甘肃临洮），生长于洛阳，代宗大历四年（769）中进士，六年中主文讽谏科，授河南府参军，转华州郑县主簿、渭南县尉等职。其间，他"久之不调，而流辈皆居显位"②。从唐德宗建中元年（780）到贞元十六年（800）的二十年中，李益"从事十八载，五在兵间"（李益《从军诗序》，载《李益诗注》附录）。嗣后，李益南游江淮一带。宪宗元和元年（806），李益应宪宗之召入朝为都官郎中。此后他仕途较为顺畅，累迁中书舍人、河南府少尹、秘书少监、集贤殿学士、右散骑常侍等职。文宗大和元年（827）加礼部尚书衔致仕，两年后去世，享年八十四岁。与他同时的李肇所撰的《唐国史补》卷下云："李益诗名早著，有'征人歌且行'一篇，好事者画为图障。"③ 由此可以想见，李益诗作在当时受人喜爱的程度。比他年辈稍晚的崔郾所撰的《唐故礼部尚书致仕赠太子少师姑臧李公墓志铭》则描述了李益诗歌被君主和外国文人

① 关于李益的生平履历，参见卞孝萱《李益年谱稿》[《中华文史论丛》（第8辑），上海古籍出版社1978年版，第371—413页]；谭优学《卞著〈李益年谱稿〉之商榷》[《中华文史论丛》（第3辑），上海古籍出版社1980年版，第247—266页]；傅璇琮主编《唐才子传校笺》第二册（中华书局1989年版，第91—105页），谭优学所撰"李益"条；王胜明《李益研究》（巴蜀书社2004年版，第53—65页）；王胜明《新发现崔郾佚文〈李益墓志铭〉及其文献价值》（《文学遗产》2009年第5期，第130—133页）。

② （后晋）刘昫等：《旧唐书》卷137《李益传》，中华书局1986年版，第3771页。下引版本同此。

③ （唐）李肇撰：《唐国史补》，上海古籍出版社1979年版，第55页。下引版本同此。

珍爱的情形："德宗皇帝……诏征公制述，令词臣编录，阅览终夕，精微动天，遂以副本藏于天禄石渠之署。及制使马宇奉命东夷，又见公雅什为夷人所宝，则中华之内，断可知矣！"① 李益诗名之盛，由上述材料，略可窥见。

以下，从诗史融通的基本视角下，对李益生平中若干一直较少令人瞩目的几个重要问题，加以探讨，以期深化对李益其人的认知与理解。

笔者按：本书所引李益诗作，以《李益诗注》（范之麟注，上海古籍出版社 1984 年版）为准；文中所引其他唐人诗作，如无特别说明，则以《全唐诗》（清彭定求等编，中华书局 1960 年版）及《全唐诗补编》（陈尚君纂辑，中华书局 1992 年版）为准。

---

① 转引自王胜明《新发现的崔郾佚文〈李益墓志铭〉及其文献价值》，《文学遗产》2009 年第 5 期，第 130 页。

第一章

李益大历时期"涉历江淮"问题考辨

至今学术界已有的研究成果普遍认为，李益的南游江淮之行，生平只有一次，时间是在德宗贞元末年。[①] 而笔者的意见是，李益于代宗大历中期即已去过江淮地区。

唐人蒋防所撰《霍小玉传》最早提出，李益在"大历中"即有过"涉历江淮"的人生经历：

> 大历中，陇西李生名益，年二十 [笔者按：大历四年（769），实年二十四]，以进士擢第，其明年，拔萃，俟试于天官……如此二岁，（笔者按：李益与霍小玉）日夜相从……其后年（笔者按：大历六年）春，生以书判拔萃登科，授郑县主簿……到任旬日，求假往东都觐亲。生家素贫，事须求贷，便托假故，远投亲知，涉历江淮，自秋及夏。生以孤负盟约，大衍回期。[②]

从所引材料可见，李益曾于大历六年（771）秋到大历七年夏，"便托假故，远投亲知，涉历江淮"，时间长达大半年之久。于是，

---

① 关于李益于德宗贞元末南游江淮这一点，早在 20 世纪七八十年代，卞孝萱先生及谭优学先生已有充分论说 [参见卞孝萱撰《李益年谱稿》，《中华文史论丛》（第 8 辑），上海古籍出版社 1978 年版，第 397—398 页；谭优学撰《卞著〈李益年谱稿〉之商榷》《中华文史论丛》（第 3 辑），上海古籍出版社 1980 年版，第 260—262 页]，并为此后学界所认同和引用。但是，卞、谭二位先生及其他学者，都忽略了李益于代宗大历中初次南游江淮的这一重要人生履历。

② 张友鹤选注：《唐宋传奇选》，人民文学出版社 1979 年版，第 45—50 页。

我们不禁要问：《霍小玉传》关于李益"涉历江淮"的说法是否属实？如果属实，他在这大半年时间内到过什么地方？跟哪些人有过来往？这次南游对他以后的诗歌创作有何影响？等等。

我们先要弄清"江淮"的含义。在唐代，"江淮"的含义有三：本义指长江与淮河。第二层意思指长江下游、淮河下游一带，即现在的安徽、江苏两省中南部和浙江省北部的一部分地区。第三层意思则指当时江南道和淮南道所辖的地区，包括现在的江苏、安徽、浙江、江西四省的大部分区域。① 而《霍小玉传》中的"江淮"一词，其所指应该以前述第二层意思为主、兼及第三层意思。那么，我们就将它作为以下讨论的主要历史地理学依据。

接下来，我们就依次列举并讨论李益曾于"大历中""涉历江淮"的一系列证据材料。

一、《霍小玉传》中的基本信息是可以采信的

据现在学界的一般看法，《霍小玉传》是一篇基本事实可靠，具体细节含有文学想象与虚构的"纪实性文学作品"；而且清代考据家徐松、当代史学家武伯伦等都曾将《霍小玉传》作为史料（当然是审慎地）加以使用。② 又，众所周知，20 世纪史学大师陈寅恪先生在其学术著作（比如《元白诗笺证稿》等）中，也曾把唐传奇作品当作史料（当然是审慎地）来看待和使用。因此，我们对《霍小玉传》同样应持用其大端、辨其细节的审慎态度。细而言之，即我们对《霍小玉传》中关于李益在大历中"涉历江淮"的记述，应该抱持基本采信的审慎态度。当然，仅此孤证是难以服人的。下面，我们接着来看其他的相关材料与证据。

---

① 参见谭其骧主编《中国历史地图集》第五册，中国地图出版社 1982 年版，第54—58 页。

② 车宝仁：《〈霍小玉传〉真实性考》，《陕西师范大学学报》（哲学社会科学版）1999 年第 2 期，第 157—159 页。

二、李益在江淮的亲族关系能够为李益于
大历中南游提供线索和证据

据史载,李益之从十世族李抗一系就散落繁衍于江淮地区。《北史》卷 100《序传》:"韶从祖抗,自凉州渡江左,仕宋,历晋寿、安陆、东莱三郡太守。"① 韶,即李韶,为李益"八世祖,定州刺史,袭姑臧文恭侯"(《新唐书》卷 72 上《宰相世系表二上》之《陇西李氏·姑臧》)② 可见,李益在江淮地区确实是有远房"亲知"的。由此可以说,李益是具有远游江淮以向"亲知""求贷"的现实基础的。

三、李益在大历中期到过属于江淮
地区范围南端的湖州

我们先看一首联句诗,此诗由五位诗人联合创作:

> 雨里下山蹋榆皮 [颜真卿],莓苔石桥步难移 [皎然],芜荑酱醋吃煮葵 [刘全白],缝靴蜡线油涂锥 [李崿],急逢龙背须且骑 [李益]。

这首诗在形式上属于联句,而在内容上则应归为"诸言体"。联句是古代作诗的一种方式,是指一首诗由两人或多人共同创作,每人一句或数句,联结成一篇。真伪充满争议的汉武帝《柏梁台诗》曾被认为是最早的联句诗,该七言诗,分别由二十六人各出一句,联结而成,其每句用韵,后人又称其为"柏梁体"。联句诗多为友人间宴

---

① (唐)李延寿:《北史》,中华书局 1974 年版,第 3336 页。
② (宋)欧阳修、宋祁:《新唐书》,中华书局 1975 年版,第 2442 页。下引版本同此。

饮时酬酢游戏之作。魏晋南北朝时的陶渊明、鲍照、谢朓等人都创作过联句诗。自唐宋以迄近代，联句诗作者益夥。又，诸言体又叫诸意体、诸语体，起源于战国。"自宋玉有《大言》《小言赋》，后人遂约而为诗。诸语、诸意，皆由此起。"① 后来渐成一种特殊的诗体。诸言体常见有"了语"、"大言"、"小言"、"乐语"、"滑语"、"馋语"、"醉语"等。又，北宋江休复《嘉祐杂志》云："宋次道集颜鲁文公为十五卷，诗才十八首，多是湖州宴会联句诗，公必在其间，又有大言、小言、乐语、滑语、馋语、醉语。"② 笔者按，联句（诸言体）本身的艺术价值未必很高，但这一特殊的诗歌样式对于考察诗人交游和诗风走向却大有意义。

下面，以这首联句为线索，我们做逐层分析。

（一）在不同的传世文献中，这首联句中"李益"的署名没有异文

笔者通过检核《昼上人集》卷10③、《颜鲁公集》卷15④、《全唐诗》卷788"联句"类⑤，发现三处署名皆作"李益"，并无异文。⑥ 这样就可以排除本来作者为别人，而在诗集编纂、流传过程中误作李益的情形。

---

① （明）徐师曾：《文体明辨叙说》，人民文学出版社1998年版，第163页。
② （宋）江休复：《嘉祐杂志》，影印文津阁《四库全书》本。
③ （唐）皎然：《昼上人集》卷10，影印《四部丛刊》傅增湘双鉴楼藏影宋精抄本。
④ （唐）颜真卿：《颜鲁公集》卷15，上海古籍出版社1992年影印本，第100页。下引版本同此。
⑤ （清）彭定求等编：《全唐诗》卷788"联句"，中华书局1960年版，第8886页。
⑥ 在上述三种文献中，《皎然诗集》成书时间最早、版本价值最高，特稍作说明。这首"滑语"联句即被收在其卷10之中。据《新唐书》卷60《艺文志》载："《皎然诗集》十卷……贞元中，集贤御书院取其集以藏之，刺史于頔为序。"（《新唐书》卷60《艺文志》，中华书局1975年版，第1615页）今存《四部丛刊》影印傅增湘双鉴楼藏影宋精抄本《昼上人集》（国家图书馆藏，口上作《皎然集》）十卷，计诗七卷，杂文二卷，联句一卷。卷首附于頔为序云："贞元壬癸岁，余分刺吴兴之明年，集贤殿御书院有命征其文集，余遂才而编之。"笔者按，贞元壬癸岁，即唐德宗贞元八年（792），距颜真卿卸任湖州刺史返回长安相隔仅十五年。这个本子是现存《皎然诗集》的成书时间最早、可信度最高的版本，也是最能明确反映这首联句诗创作原貌的版本。

（二）除李益外，其他四位作者在大历八年到十二年间均在湖州一带活动

先看湖州的地理位置。湖州，在唐代属"江南道"的"润州"："（治）吴兴。……《禹贡》扬州之域，防风氏之国，（隋文帝）仁寿二年（602），于此置湖州"①，以北滨太湖而得名，地处今浙江省北部，恰在前述江淮地理范围的南端。

再看除李益外其他四位作者的基本情况。皎然（720？— ？），俗姓谢，字清昼，吴兴（今浙江省湖州市）人。著名诗僧。传为南朝谢灵运十世孙。天宝后漫游全国各地，后定居湖州，与众多诗人诗酒酬唱。另作有《诗式》一书。刘全白，生卒年不详，幼能诗，为李白所知赏。代宗大历八年（773）为浙西节度从事、检校大理评事。后入朝为膳部员外郎。撰有《唐故翰林学士李君（白）碣记》②。李崿，崿，一作"萼"。今存其生平资料极少。据《新唐书·卓行传》载："赵人……字伯高……擢制科，迁南华令。大水，他县饥，人至相属，崿为具饔饩，及去，槖粮送之，吏为立碑。安禄山乱，崿客清河，为乞师平原太守颜真卿，一郡获全。历庐州刺史。"③颜真卿（709—784），字清臣，京兆万年（今陕西西安）人，祖籍琅琊临沂（今山东临沂）。出身士族且有儒学渊源。玄宗开元末进士。曾四任监察御史。安史乱发，真卿正在平原（治所在今山东陵县）太守任上，遂联络从兄、常山太守颜杲卿奋然起兵抵抗。德宗兴元初，被叛将李希烈所缢杀。封鲁郡公，世称"颜鲁公"。

据朱关田《颜真卿年谱》，颜真卿于大历七年（772）九月受命为湖州刺史，次年正月到任，大历十二年四月奉召返京。④颜真卿是湖州文人集团的组织者和盟主。皎然则为其第二号人物。据《新唐

①　（唐）李吉甫：《元和郡县图志》卷25"江南道一"，中华书局1983年版，第605页。下引版本同此。着重号为引者所加。

②　（唐）李白撰，（清）王琦注：《李太白全集》卷31《附录一》，中华书局1977年版，第1460页。

③　《新唐书》卷119，第5565—5566页。

④　朱关田：《颜真卿年谱》，西泠印社出版社2008年版，第241—317页。

书》卷60《艺文志》载：皎然"居杼山，颜真卿为刺史，集文士撰《韵海镜源》，预其论著。"① 也就是说，大历八年癸丑（773）到大历十二年（777），皎然一直待在湖州郊区杼山和州府所在地，与颜真卿等人编纂《韵海镜源》并时常诗酒唱和。② "是时皎然盖居于龙兴寺。两人相聚相知，当始于颜真卿初至湖州之日。"③ 而刘全白、李崿也常常参与其间。颜真卿《湖州乌程县杼山妙喜寺碑铭》云：

> 及刺抚州……公务之隙，乃与金陵沙门法海、前殿中侍御史李崿……而起居郎裴郁、秘书郎蒋志、评事吕渭、魏理、沈益、刘全白……往来登历。时杼山大德僧皎然工于文什……相与言曰："……若无记述，何以示将来……"④

鉴于联句之同时同地聚会联唱的创作特点，既然上引"滑语"联句的四位作者在这一时期都在湖州，余下的一位诗人李益，在这一时期必然也到过湖州。

笔者按，湖州酬唱的规模在整个唐代也是绝无仅有的，对唐诗之发展有重大影响。"在此之前唐人联句甚少"，此后，"联句大兴，著者便有李益、广宣、杜羔的红楼联句；韩愈与孟郊，与李正封，与张籍、张彻等的联句；裴度、白居易、刘禹锡、韦行式等的联句；段成式、张希复、郑符游长安诸寺的联句；皮日休在苏州与陆龟蒙的联句。"⑤ 从中可见，此次湖州之行对李益于宪宗元和至文宗大和年间在长安与广宣等人频繁的酬唱联句活动提供了创作经验上的准备与启迪。

---

① 《新唐书》卷60，第1615页。

② 参见贾晋华《皎然年谱》，厦门大学出版社1992年版，第58—93页。

③ 《颜真卿年谱》，第241页。

④ 《颜鲁公集》，第18—19页。

⑤ 尹占华：《大历浙东和湖州文人集团的形成和诗歌创作》，《文学遗产》2000年第4期，第65—73页。着重号为引者所加。

四、李益还到过同属江淮地区
范围的湖州附近的嘉兴县

李益诗集中有两首诗的写作地点，明确为距离湖州路程很近的嘉兴县。这两首诗的题目分别是《闻亡友王七嘉禾寺得素琴》和《嘉禾寺见亡友王七题壁》。嘉禾寺，寺名，旧址在今浙江省嘉兴市，建于唐玄宗开元八年（720）。宋赵明诚撰《金石录》卷5："第九百四十九，唐嘉禾寺禅院碑，徐楚璧撰、姚思义八分书，开元八年八月。"① 而《浙江通志·碑碣》之"嘉兴府"之下，亦有"唐嘉禾寺禅院碑"② 之载录。又，据《元和郡县图志》载，嘉兴县在唐代属"江南道"的"润州"下辖之"苏州"："本春秋时长水县……吴时有嘉禾生，改名禾兴县。后以孙皓父名，改为嘉兴县也。"③ 又，《大清一统志》卷220"嘉兴县"："（唐）贞观八年复置，属苏州……宋为嘉兴府治……明仍为嘉兴府治，本朝因之。"又，《大清一统志》卷220"嘉兴府"："北至湖州府乌程县界八十里。"④ 笔者按，乌程县，在唐代为吴兴县，即今浙江省湖州市吴兴区。又，"嘉禾寺"之命名，盖与"吴时有嘉禾生"的本地典故有关。

由上述材料我们可以推知，李益在南游江淮的过程中，大约是在湖州逗留后，又到八十里路之外的嘉兴县游历，而且访问了亡友王七曾经逗留过的嘉禾寺；或者，路线相反，李益是先到嘉兴县，又去湖州的。

五、李益在这一时期到过长江中游一带

李益诗集中有两首诗作明显写于长江中游一带，而且其中所呈现

① （宋）赵明诚：《金石录》（宋本），中华书局1991年影印本，第119页。
② （清）嵇曾筠等纂修：《浙江通志》卷256，影印文津阁《四库全书》本。
③ （唐）李吉甫：《元和郡县图志》，卷25"江南道一"，第601页。
④ （清）穆彰阿、潘锡恩等纂修：《大清一统志》卷220，影印《四部丛刊续编》本。

出的创作风格与心理意蕴，都可以为李益远涉江淮提供进一步的佐证。其一为《江南曲》："嫁得瞿塘贾，朝朝误妾期。早知潮有信，嫁与弄潮儿！"另一首为《山鹧鸪词》："湘江斑竹枝，锦翅鹧鸪飞！处处湘云合，郎从何处归？"细读这两首诗，至少有三层信息值得我们注意。

1. 这两首小诗都有南方民间情歌风味；而且以身履其地的、处于两性感情丰沛期的青年诗人写作这种题材的可能性最大。

2. 这两首诗都蕴含着女性多情，男子寡义的主题，这完全可以被看作李益决心抛弃霍小玉以后深重的愧疚自责心态的曲折反映。至于李益在贞元末的江淮之行，其时诗人已然到了知天命之年，其早年情事所留下的心灵印痕谅已变得淡漠，故而诗人再来舞弄此种年轻后生所热衷的情爱题材的可能性较小。

3. 从这两首诗中的"瞿塘贾"（经瞿塘峡往长江上游做生意的人）和"湘江"、"湘云"等地域色彩鲜明的语词来看，李益的这两首小诗当创作于长江中游荆楚地区。而由洛阳经邓州（今属河南）到长江中游沿岸的襄州（今湖北省襄阳市），再浮江东下，正是到江淮地区的主要路径之一。若自江淮北返洛阳，路径亦然。[①] 至此，我们可以说，对于李益在大历中期就到过江淮地区的论点，是基本上不存在什么可争议之处了。

只是，尚有一个细节问题，还需我们稍作讨论。如前所述，按照上引《霍小玉传》原文的时间线索来推算，李益"涉历江淮，自秋及夏"的具体时间是大历六年（771）秋至第二年夏；可是，前述李益所参与的湖州联唱活动的起止时间为大历八年到十二年，显而易见，这两者在具体时间的记载上稍有不合之处。那么，这又当作何解释呢？笔者认为，问题出在《霍小玉传》的作者蒋防身上。据卞孝

---

① 参见严耕望《唐代交通图考》（第六卷"河南淮南区"），上海古籍出版社 2007 年版，第 1855 页。

萱先生考证，《霍小玉传》的写作时间"当在长庆初"①，即821年或稍后。换言之，蒋防是在霍、李爱情故事发生半个世纪以后，才把它作为文人轶事来追记、描述的。鉴于人脑记忆易于遗忘或错记细节的生理心理特征，蒋防对这个故事之具体细节追记不够精确，是完全可能而且十分正常的。李益南游江淮的具体时间极有可能就这样被蒋防在不经意间"提前"了一两年；换句话说，李益此次南行的准确时间应该在大历七年或稍后一两年内。

结　语

综合对上述一系列材料的分析论证，可以得出这样一个结论：即李益在大历中期（773—777）就到过江淮地区，他不但参与过颜真卿、皎然主持的湖州联唱活动，而且去过附近的苏州嘉兴县，他还曾路经长江中游地区（或自洛阳由此去江淮、或从江淮经此返回洛阳）。这一发现，有助于我们更清楚地了解李益在大历时期的人生踪迹；进而对于长期以来流行于学术界的李益生平只有一次到过江淮地区（贞元末）的说法，无疑是一种值得重视的突破与修正。同时，这一发现对于更为全面地理解李益在元和年间及此后的诗歌创作，特别是酬唱联句活动，也是大有裨益的。

---

① 卞孝萱：《〈霍小玉传〉是早期牛李党争的产物》，《社会科学战线》1986年第2期，第266—267页。

第二章

李益政绩平议

李益是以其优秀诗作而闻名于后世的。而他的身世与生平却鲜为人知。其实，李益出身陇西高门大姓，是汉代名将李广的后裔，怀抱建功立业的远大政治理想；而他本人则中年之前仕途坎坷，晚年官位渐高，但始终在政治实绩方面乏善可陈。本章对李益这种祖先功勋显赫与自身在政治上少有作为之间的强烈反差进行了初步的探讨。

一、李益的仕历与平庸的政绩

李益所属的陇西李氏，自北魏以降即为声威显赫的高门大姓。唐人张鷟《朝野佥载》卷一载："后魏孝文帝定四姓，陇西李氏，大姓，恐不入，星夜乘鸣驼，倍程至洛。时四姓已迄，故今谓之'驼李'。"又《新唐书·高俭传》云："后魏太和中，定四海望姓，以（陇西李）宝等冠。"上引《朝野佥载》中所谓陇西李氏，即李益祖上一脉；而《新唐书》中提及的后魏李宝，更与李益有直接的关系——他就是李益的十世祖。李宝在当时堪称战功显赫、举足轻重的政治人物。《北史·列传·序》称："（魏太武帝）别遣使授宝持节、侍中、都督西垂诸军事、镇西大将军、开府仪同三司，领护西戎校尉、沙州牧、敦煌公，仍镇敦煌，四品以下听承制假授。"而由李宝上推，还有一位更令李益引以为荣的先人，那就是西汉"飞将军"李广。"（广）尝为陇西、北地、雁门、代郡、云中太守，皆以力战为名，广居右北平，匈奴闻之，号曰'汉之飞将军'，避之数载，不敢入右北平。"（《史记·李将军列传》）

作为历史上的高门名将之后，李益对这种家族背景深为自豪。他不止一次地自称，"关西将家子"（《边思》），"身承汉飞将"（《赴邠宁留别》），"本其凉国，则世将之后"（《从军诗序》）。而且，他还把这种身世当作自己人生的动力，常常以功业自期："名悬壮士籍，请君少相假"（《城旁少年》）；"行当收汉垒，直可取蒲泥"（《送常曾侍御使西蕃寄题西川》）。

但是，从政治角度纵观李益的一生，他却并没有像其祖先一样建树显赫的功勋，留下不朽的令名；相反，他被载入史册的政绩极少，他在政治建树上是相当平庸的。

李益在大历四年（769）中进士，时年二十四岁。两年后登制科举，始授官华州郑县尉。在此后的几年内，他基本上是在长安附近做着县尉、主簿一类的小官。其间，"同辈行稍进达，益久不升，郁郁去游燕、赵间"①。李益《从军诗序》亦云："出身二十年，三受末秩。"而同榜进士如齐映，却于"贞元二年，以舍人同中书门下平章事，俄改中书侍郎，封河间县男"（《新唐书》卷15《齐映传》）。在长期沉沦下僚，抱负无由施展的情况下，李益北游燕赵，就辟边幕。这既是李益的夙愿所归，同时也不失为仕途进身的明智之举。进入中唐，藩镇使府辟署制度日益发达，从军入幕成为文人士子跻身仕途的一条捷径。入幕者"或以白丁命官，或自下僚擢迁"（曹彦约《经幄管见》卷4），"游宦之士至以朝廷为闲地，谓幕府为要津"（封演《封氏闻见记·风宪》）。今人戴伟华在其《唐代幕府与文学》一书中也指出，安史乱后，"方镇不用朝廷法"，"可随便置员，接待容纳更多的文士，文士也就可以依靠幕主而升沉，他们如果走不通朝廷的仕宦正途，跑来方镇也具有同样的意义，而且这一条路更为方便"②。从德宗建中元年（780）到贞元十六年（800），李益先后辗转于朔方节度使崔宁幕，幽州节度使朱滔幕，灵州大都督、西受降城天德军、灵盐丰夏等州节度使杜希全幕，邠宁节度使张献甫幕，幽州节度使

---

① 傅璇琮主编：《唐才子传校笺》（二），中华书局1989年版，第93页。
② 戴伟华：《唐代幕府与文学》，现代出版社1990年版，第53—54页。

刘济幕做幕僚。① 从他的频频转幕看，他始终未能受到重用。刘济还算厚待李益，给了他一个营田副使的官职，以至李益有"感恩知有地，不上望京楼"（《又献刘济》）的感激之辞。而营田副使也只不过是一个"以益军储"（《唐六要》卷7《尚书工部》），即负责军粮供应的"粮草官"罢了。"汉将不封侯，苏卿劳远使"（《来从窦车骑行》），李益终于在贞元十六年（800）他五十五岁的时候满怀惆怅地离开了边塞，转而南下漫游江淮。元和元年（806）前后，已经年届花甲的李益却时来运转，应宪宗之召入朝为都官郎中。② 此后，他仕途较为顺畅，官位越做越高。至文宗大和元年（827）加礼部尚书衔致仕，两年后去世，享年八十四岁。除了在元和三年（808）与杨於陵、韦贯之一道，提携寒士牛僧孺、李宗闵（《旧唐书·韦贯之传》）；在元和十五年（820）与李绛、张唯素等一起谏穆宗"幸骊山"（《旧唐书·李渤传》）两事以正道直行为史所载外，李益在他平步青云的晚年，也并没有做出多少安邦济世的政治功绩来。

二、李益政绩平庸探因

笔者认为，造成李益这种祖上的政治荣光与自身的政绩平庸之间巨大反差的原因大致有三个方面：士族门阀走下坡路，尤其是关陇士族分崩堕落的社会政治环境，对出身于此的李益跻身政坛在客观上起着阻碍作用；傲慢的性格和猜忌之癖，对李益在政治上建树功业于主观方面产生了负面影响；富文华少吏材③的个体能力缺陷，是李益在政治上少有作为的最直接的原因。

首先，士族门阀制度是我国历史上特定阶段的特殊产物，它自身

---

　　① 参见《唐才子传校笺》（二），中华书局1989年版，第93—98页；傅璇琮主编《唐才子传校笺》（五），中华书局1995年版，第185—188页。

　　② 卞孝萱：《李益年谱稿》，《中华文史论丛》（第8辑），上海古籍出版社1978年版，第397—398页。

　　③ 参见陈元锋《北宋馆职、词臣选任及文华与吏材之对立》，《文学评论》2002年第4期。

有一个产生、发展和消亡的过程。"在隋初和唐初，南北朝以来各地的旧门阀业已丧失过去由制度所保证的政治经济特权。"① 具体到李益祖上所属的关中、陇西士族门阀，其衰弱由于李唐皇室出身于此要相对晚一些。但至迟到玄宗朝，也已"分崩堕落"。关于这一点，陈寅恪先生在他的《唐代政治史述论稿》上篇《统治阶级之氏族及其升降》中所论甚详："有唐一代三百年间其统治阶级之变迁升降，即是宇文泰'关中本位政策'所鸠合集团之兴衰及其分化。盖宇文泰当日融治关陇胡汉民族之有武力才智者，以创霸业；而隋唐继其遗产，又扩充之。其皇室及佐命功臣大都西魏以来此关中集团中人物，所谓八大柱国家及其代表也。当李唐初期此集团之力量犹未衰损，皇室以及将相大臣几乎全出于同一之系统及阶级，故李氏据帝位，主其轴心，其他诸族入则为相，出则为将，自无文武分途之事，而将相大臣与皇室亦为同类之人，其间更不容别一统治阶级之存在也。"② 而考察李益祖上的仕宦勋功，自北魏李宝始，至君虞之祖父成裕，皆功高位显。值得一提的是，其五世祖玄道，曾为"秦府学士"，官至常州刺史，显然属于唐太宗嫡系一派。而到了武周时期，特别是玄宗朝，其父李虬官名不显，默默以终。李益虽然发愤苦读进士及第，却依然摆脱不了久居下僚的命运，这与他的衰颓士族的家庭出身和当时"统治阶级之变迁升降"的政治走势应该是不无关系的。久居下僚的李益，在政治上自然难以有大的作为。

其次，应该看到，关陇士族集团的衰微只是一种大的政治背景，并不能直接地具体地注定其集团内部每一个成员的政治命运，甚至史书上还载有李益祖叔李揆在肃宗朝一度为相的特例（见两《唐书》之《李揆传》）；换言之，李益在其政治生涯的坎坷遭遇和少有作为，还应该与其自身因素有关。考察有关李益的史料记载及其诗文作品，笔者发现他的傲慢性格和疑忌之癖对其仕途发展和建功立业比上述客

① 唐长孺：《魏晋南北朝隋唐史三论》，武汉大学出版社 1993 年版，第 377 页。
② 陈寅恪：《隋唐政治史述论稿·隋唐制度渊源略论稿》，生活·读书·新知三联书店 2001 年版，第 234—235 页。

观的社会政治环境产生了更为明显的负面影响。《旧唐书·李益传》
称其在晚年入京为官后，"自负才地，多所凌忽，为众不容，谏官举
其幽州诗句（笔者按，即'感恩知有地，不上望京楼'等句），降居
散秩"。这一记载至少告诉我们两点信息：第一，李益自负的原因是
他的"才"与"地"。其中，所谓"才"当指他的才能，即"登进士
第，长为歌诗，贞元末，与宗人李贺齐名……"之类的文学才华。而
所谓"地"，就是前面已经提及的李益引以为荣的高门大姓的出身；
但时至中唐，陇西士族的威权早已一去不返。到处以门第自矜，只能
令人生厌；而恃才放旷所招致的也只有日益增多的反对者。第二，自
然而然的，李益自负的结果也只能是"为众不容"、"降居散秩"。

　　关于李益的疑忌之癖，比李益稍晚一辈的中唐大文学家柳宗元在
一篇格调严肃的文章中曾明言李益"少有癖疾"①。李益和柳宗元的
父亲柳镇是故交，因此，上述柳文中关于李益的记述应该是确凿可信
的。成书于五代的《旧唐书·李益传》所记更为详明，称其"少有
痴病，而多猜忌，防闲妻妾，过为苛酷，而有散灰扃户之谭闻于时，
故时谓妒痴为'李益疾'"。经查，除柳文与《旧唐书》外，在北宋
《新唐书》、南宋陈振孙《直斋书录解题》、元辛文房《唐才子传》、
明唐汝询《唐诗解》等书中也都有类似的记载，皆可作为李益确有
这种心理疾病的进一步的证据。李益身患此种"心疾"、"痴病"，猜
忌防闲，对待妻妾尚且如此，于其他亲友、同僚也未必不褊狭猜疑；
退一步说，即使李益能宽宏友善地对待妻妾以外的亲朋、同事，但大
多数人也会因为其家庭内部的这种乖张关系而有意疏远他。而且，从
中我们也可以窥见在李益的诗文作品中与友人酬唱的篇什不多，且感
情深挚者尤其寥寥可数之奇怪现象背后的某些主观原因。而由李益所
引起的这种不融洽的人际关系必然会进一步影响到他仕途的发展和抱
负的实现。上引柳宗元《先君石表阴先友记》中就说李益"少有癖
疾，以故不得用"；《旧唐书》本传亦载他"以是（'心疾'、'痴

---

① （唐）柳宗元：《柳宗元集》卷12《先君石表阴先友记》，中华书局1979年版校点
本，第303页。

病')久之不调";《唐诗解》也说他"有心疾,不见用"等等。凡此种种,皆为李益因其疑忌之癖仕途受阻的明证。在仕途屡屡受阻的情况下,李益即使有出众的政治才干也难以发挥出来。

最后,李益在政绩上的乏善可陈应该与他本人的富文华少吏材的个体能力缺陷关系更为直接,或者说,他有才情成为一位文学家,却没有才干去做一个政治家。李益在文学史上的地位虽然不足与李、杜等一流作家比肩,但在中唐已是名闻天下了。这从当时诗人们对他的赞誉即可看出。韦应物曾称赞他"二十挥篇翰,三十穷典坟。辟书五府至,名为四海闻"(《送李侍御益赴幽州幕》)。王建对他曾有"诗仙"之誉:"紫烟楼阁碧纱亭,上界诗仙独自行。"(《上李益庶子》)到了晚唐,张为作《诗人主客图》,更将李益推为"清奇雅正主"。这些具体的品第推崇是否十分妥当我们姑且不论,但至少可以说明李益生前和身后在诗坛的重要影响。而相形之下,李益在当时政坛的影响却是微乎其微的。在现存史料中我们找不到些许对其政治才能的赞许。如果说他在入京为官之前是英雄无用武之地的话,那么,在元和元年以后的二三十年间官位日高的情况下而再无大的作为,就不能不在很大程度上归因于其政治才干的缺乏了。历来史传作者在对诗人李益给予高度评价的同时,又把他当作一个平庸的官吏来看待,自然也在情理之中了。

其实,像李益这样富有文学才华而缺乏政治才干的人物在中国历史上有很多,曹植①和李白②就是两个更为极端的典型。只要对他们的一生行状和诗文作品稍加分析,就会发现他们根本就不具备做政治家而真正建功立业的实际素养和才干,尽管他们慷慨悲歌,抒发怀才不遇的诗文写得那样感动人心。诗文写得动人而千古传诵,只能证明他们是出色的文学家而已。从这个角度讲,李益与曹植、李白等是一类人。

---

① 徐公持:《魏晋文学史》,人民文学出版社1999年版,第72页。
② 乔象锺、陈铁民主编:《唐代文学史》(上),人民文学出版社1995年版,第444页。

第三章

李益交游考论

文学家与普通人一样，总是生活在一个人际交往的网络之中。我们的古代贤哲说："君子以文会友，以友辅仁。"（《论语·颜渊》）"观其交游，则其贤不肖可察也。"（《管子·权修》）西方的文艺理论家也说："艺术家本身，连同他所产生的全部作品，也不是孤立的。有一个包括艺术家在内的总体，比艺术家更广大，就是他所隶属的同时同地的艺术宗派或艺术家家族。"① 显然，认真细致地考察一位文学家的交游情况，不但对于了解他本人的生平履历、思想品行与文学创作的情形，而且对于探究他所属的那个时代的作家群体的情况与文学潮流的走向，都是大有裨益的。

下面，以李益与相关人物的存世作品为文本依据，以相关史籍为背景资料，依次梳理李益交游之各个方面，以期在某种程度上回答他在牛李党争中所处政治位置、道德思想倾向、情感世界的特质以及他在中唐诗坛的地位、影响等重要问题。

一、从与令狐楚的交游探讨李益在
"牛李党争"中的政治位置

李益与牛党人物令狐楚有着深厚的友情。考察二人之间的交往，可以在一定程度上窥见李益在中唐牛李党争中所持的政治立场。

令狐楚（766—837），字殼士，宜州华原（今陕西耀县）人，郡

---

① ［法］丹纳著：《艺术哲学》（插图本），傅雷译，广西师范大学出版社 2000 年版，第 38—39 页。

望陇西敦煌（今属甘肃）。德宗贞元七年（791）登进士第。宪宗时，擢职方员外郎，知制诰。出为华州刺史，拜河阳怀节度使。入为中书侍郎、同平章事。宪宗去世，为山陵使。穆宗即位后，因事贬宣歙观察使，转衡州刺史。卒于山南西道节度使任上。谥曰文。令狐楚是中唐时期著名的政治人物，属于牛党一系；他又是当时的著名文学家，诗文兼长。

从二人相互酬赠的诗作中，可以发现李益与令狐楚交往之密切。元和十五年（820）七月，令狐楚由宰相高位被贬为宣歙观察使；八月，再贬衡州刺史。此间，令狐楚与李益酬唱不息。有诗为证。其一，令狐楚《发潭州寄李宁（益）常侍》："君今侍紫垣，我已堕青天。委废（一作弃）从兹日，旋归在几年？心为西靡树，眼是北流泉。更过长沙去，江风满驿船。"（《全唐诗》卷334）其二，李益《述怀寄衡州令狐相公》："调元方翼圣，轩盖忽言东。道以中枢密，心将外理同。白头生远浪，丹叶下高枫。江上萧疏雨，何人对谢公。"元和十五年，李益正在右散骑常侍任上。令狐楚诗题中的"李宁"乃是李益之误。旧体"宁"（寧）字与"益"字形近易讹。在前一首诗中，令狐楚向李益倾吐内心的彷徨："委废从兹日，旋归在几年？"在后一首诗中，李益则以"东山再起"的谢安为比况、慰勉令狐楚。从这两首作于令狐楚失势外贬背景下唱和之作中，一者可见李益之珍重友谊，二者可见令狐楚与李益之交谊有素。

对于李益与令狐楚的友朋关系，已故著名学者卞孝萱先生已经从令狐楚为宪宗编辑《御览诗》选录李益诗最多，令狐楚为宪宗山陵使提携李益执事其间等几个方面做了论证。[①] 兹不赘述。

关于令狐楚与李益关系的亲近，笔者还可以补充卞孝萱先生未曾提及的若干材料。当代唐代文史专家李浩先生指出："牛李党争中两派主要成员的郡望分布具有极突出的地域特征，李党成员主要是山东郡姓士族，牛党成员基本上属关陇士族……牛李党争并非士族与庶族

---

① 卞孝萱：《〈霍小玉传〉是早期牛李党争的产物》，《社会科学战线》1986年第2期，第266—267页。

之争，而是士族之间的圈内之争，从地域分野来看，应是山东士族与关陇士族之争。"① 《新唐书》卷166《令狐楚传》："令狐楚，字殻士，德棻之裔也。"② 又，《新唐书》卷102《令狐楚传》："令狐德棻……其先乃敦煌右姓。"③ 可见，令狐楚的郡望为敦煌，而李益的祖籍是陇西狄道。因此，令狐楚与李益同属陇西士族，而这种身份认同，必然会促进他们关系的亲密程度。令狐楚被公认为牛党中人物，而李益在政治倾向上也应该属于，至少是接近于牛党一系。此即李益与令狐楚友情深厚的出身及政治动因。

二、从李益的交游看其道德思想倾向

（一）儒家的忠烈节义思想

在李益的友朋中，有不少具有儒家忠烈节义思想品行的人物。众所周知，儒家思想乃是中国古代政治大厦的基础和士人思想道德之树的主干。李益作为陇西士族出身的文人士大夫，受儒家思想的熏染本来就是很深的，而在他的周围又形成了以忠烈节义为主要特征的交际圈和气场。

1. 颜真卿，前述于大历年间与李益在湖州宴饮联句的颜真卿（709—784）是中国历史上杰出的书法家与著名的忠臣烈士。颜真卿出身山东士族且有儒学渊源。其远祖为孔子爱徒颜渊；其五世祖北齐黄门侍郎颜之推（著有《颜氏家训》等），从曾祖初唐秘书监颜师古（著有《五经定本》《汉书注》等）都是熟通儒家经典、信守儒学道义的大儒和名士。颜真卿早年"事亲以孝闻"④。而其抗击安史叛军的丰功和不受叛臣李希烈威逼利诱而壮烈殉国的义举，更是彪炳史

---

① 李浩：《从士族郡望看牛李党争的分野》，《历史研究》1999年第4期，第174—178页。

② 《新唐书》卷166《令狐楚传》，第5098页。

③ 《新唐书》卷102《令狐德棻传》，第3982页。

④ 《旧唐书》卷128《颜真卿传》，第3589页。

册，千古流芳。众所周知，南宋朱熹评论人物以严苛著称，然而他对颜真卿人品却极为推崇，把颜鲁公与诸葛亮、杜甫、韩愈、范仲淹五人并称为"五君子"。他赞扬这五位说："其所遭不同，所立亦异，然求其心，则皆光明正大，疏畅洞达，磊磊落落而不可掩者也。"①

2. 郭黄中，生卒年不详，大历十四年（779）登孝悌力田于乡间科②，其他事迹已不可考，从他所考中的科目来看，当是一位仁爱孝悌之君子。在李益诗集中有《答郭黄中孤云首章见赠》："孤云生西北，从风东南飘。帝乡日已远，苍梧无还飙。已矣玄凤叹，严霜集灵苕。君其勉我怀，岁暮执不凋。"仅由此诗末两句所用的松柏岁寒而后凋的典故来看，李益与郭黄中正是在道义上相互砥砺的君子之交。

3. 武元衡（758—815），字伯苍，缑氏（今河南偃师）人。建中四年（783）登进士第，曾多次入节度使幕。德宗皇帝知其才，召授比部员外郎。岁内，三迁至右司郎中，寻擢御史中丞。顺宗立，罢为右庶子。宪宗即位，复前官，进户部侍郎。元和二年，拜门下侍郎平章事，寻出为剑南节度使。八年，征还，复为相，力主征讨叛国作乱的淮西节度使吴元济。某日早朝时，被与吴元济狼狈为奸的平卢节度使李师道遣刺客刺死。赠司徒，谥忠愍。显然，武元衡乃是一位公忠体国的大臣。元衡诗风刚健瑰丽，晚唐张为《诗人主客图》③推之为"瑰奇美丽主"。他与中唐不少诗人诗酒唱和。李益诗集中，有酬和武元衡的两首诗作：《奉和武相公〈春晓闻莺〉（一作蜀川闻莺）》："蜀道山川心易惊，绿窗残梦晓闻莺。分明似写文君恨，万怨千愁弦上声。"《奉和武相公郊居寓目》："黄扉晚下禁垣钟，归坐南闱山万重。独有月中高兴尽，雪峰明处见寒松。"第一首题材笔涉风情，可以窥见武元衡心灵世界的丰富性。第二首前两句形容武氏雍容典重的宰相风度，后两句则以雪峰寒松来比况武氏的纯正廉直的高尚品质；而李益对这位刚毅忠义"武相公"的敬仰之情历历可见。

---

① （宋）朱熹：《晦庵集》卷75《王梅溪文集序》，影印文津阁《四库全书》本。

② （宋）王溥等编：《唐会要·制举科》，中华书局1955年版，第1389页。

③ 《诗人主客图》，《历代诗话续编》本，第98页。

4. 崔邠（754—815），字处仁，贝州武城（今山东省武城县）人。早年举进士，又登贤良方正科。贞元中，授渭南尉。入京为拾遗、补阙。曾上疏指斥裴延龄奸邪，以此有耿直廉正的美名。不久以兵部员外郎知制诰，迁中书舍人。后权知吏部选事，擢礼部侍郎，转吏部侍郎，赐以金紫。后改太常卿，知吏部尚书铨事。"故事，太常卿初上，大阅《四部乐》于署，观者纵焉。邠自私第去帽，亲导母舆，公卿逢者回骑避之，衢路以为荣。居母忧，岁余卒，赠吏部尚书，谥曰文简。"①兄弟同时奉朝请者四人，皆以忠义孝悌著称。李益有《同崔邠登鹳雀楼》一诗："鹳雀楼西百尺樯，汀洲云树共茫茫。汉家箫鼓空流水，魏国山河半夕阳。事去千年犹恨速，愁来一日即为长。风烟并起思归望，远目非春亦自伤。"此诗熔怀古、伤今、思归多种情愫于一炉，博大深沉。宋人李颀《古今诗话·鹳雀楼诗》云："河中鹳雀楼，唐人留诗者极多。唯王之涣、李益、畅当（笔者按，应为畅诸）诗最佳。"②诗题中的"同"即"和"的意思，也就是说，李益这首七律是与崔邠唱和之作。③还有一点值得一提，那就是李益的墓志铭便是出于崔邠的三弟崔郾的手笔。可见，李益与以忠孝著称的崔氏弟兄的关系已经超越了泛泛之交。

5. 杜羔，据有关资料，唐代有两个杜羔④。其一出自京兆（今陕西西安）杜氏，为杜佑之孙，杜牧之从兄弟，曾官延陵令；另一出自洹水（今河南省内黄县）杜氏。此处与李益为友者，为洹水杜羔。杜羔（？—821），字号不详。太宗朝中书令杜世伦五世孙。贞元五

①《新唐书》卷163《崔邠传》，第5016—5017页。

②（宋）李颀：《古今诗话》，郭绍虞辑《宋诗话辑佚》本，中华书局1980年版，第170—171页。

③ 鹳雀楼，位于唐代河中府城（今山西省永济县蒲州镇）西南黄河边高阜处。北周宇文护建，楼高三层，因鹳雀常栖息其上而得名。它在唐代是一处游人向往的名胜。唐代诗人登览题咏鹳雀楼的传世佳作不少。据《全唐文》所收李瀚撰《河中府鹳雀楼集序》（《全唐文》卷430，第4379—4380页），崔邠《登鹳雀楼》诗作于元和九年（814）七月，与会者无李益。李益此诗应是他读崔诗后的追和之作。

④ 参见邹福清《唐代洹水杜羔、京兆杜羔考辨》，《黄冈师范学院学报》2010年第2期，第27—29页。

年（789）登进士第。曾任万年令、户部郎中、谏议大夫、振武节度使、工部尚书等职，因其于安史乱后寻找父母的特出孝行而闻名。据李肇《唐国史补》卷中载："杜羔有至行，其父为河北一尉而卒。母氏非嫡，经乱不知所之。羔尝抱终身之戚。会堂兄兼为泽潞判官，尝鞫狱于私第，有老妇辩对，见羔出入，窃谓人曰：'此少年状类吾儿。'诘之，乃羔母也。自此迎侍而归。又往来河北求父厝所，邑中故老已尽，不知所询，馆于佛庙，日夜悲泣。忽睹屋柱烟煤之下，见字数行，拂而视之，乃其父遗迹，言：'后我子孙，若求吾墓，当于某村某家询之。'羔号泣而往，果有老父年八十岁余，指其邱垅，因得归葬。"① 李益诗集中存有广宣、李益、杜羔三人《兰陵僻居联句》一首。其中"二贤成往事，三径是今朝"两句值得注意。笔者按，"二贤"、"三径"典出东汉末年赵岐撰《三辅决录·逃名》："蒋诩归乡里，荆棘塞门，舍中有三径，不出，唯求仲、羊仲从之游。"② 显而易见，"二贤"本指求仲、羊仲，此处则代指知音好友；"三径"则暗示着联句者之间的交谊是以高洁超俗的襟怀为基础的。由三人联句的欢聚情形和上述两句诗的具体含义可以推测，李益与杜羔以及广宣乃是性情契合的好友。

6. 齐映（747—795），瀛州高阳（今河北高阳）人，代宗大历四年（769）己酉科状头（即状元）。与李益为"同年"关系。③ 德宗

① 《唐国史补》，第 41 页。

② （汉）赵岐：《三辅决录》（《关中丛书》本）卷 1《逃名》，陕西通志馆民国二十三年（1934）印。

③ 唐代同榜中进士者互称"同年"。"古人以偕受学为'同门友'，今人以偕升名为'同年友'。"（刘禹锡《送张盥赴举诗·引》，《全唐诗》卷 354）"〔进士〕俱捷谓之同年。"（李肇《唐国史补》卷下，上海古籍出版社 1979 年版，第 55 页）同年之间一般具有很深厚的情谊。相同的寒窗苦读的人生经历既已拉近了同年之间的心理距离，再经放榜以后的"谢恩"（拜谢座主）、"期集"（在期集院集会）、"过堂"（参谒宰相）、系列宴集〔如"大相识"、"次相识"、"小相识"、"闻喜"、"樱桃"、"月灯"、"打毬"、"牡丹"、"看佛牙"、"关宴"（曲江宴）等〕、"慈恩寺题名游赏赋咏"等群情欢畅、众心相得的种种集体活动，遂"结友定交"，亦是水到渠成之事。〔参见（五代）王定保《唐摭言》，中华书局 1959 年版，第 25、26、26、28、28、44 页〕有至老死而友情不衰者，更有相互扶持砥砺结成政坛朋党者，如中唐时期牛李党争中牛党的首领牛僧孺、李宗闵即为"同年"关系，二人均于德宗贞元二十一年（805）登进士第。

建中四年（783），朱泚之乱爆发，德宗奔奉天（今山西省乾县），齐映往投之。“授御史中丞，从幸梁，道险涩，常为帝御。会马骇突，帝恐伤映，诏舍辔，固不去，曰：‘马奔踶，不过伤臣；舍之，或犯清跸，臣虽死不中偿责。’帝嘉叹，擢给事中…… 贞元二年，以舍人同中书门下平章事，俄改中书侍郎，封河间县男，与崔造、刘滋并辅政。”① 可见，齐映不仅是一位才学卓异的状元郎，更是一位忠君爱国的好宰相。李益于贞元二年或稍后，写有题为《华阴东泉同张处士诣藏律师兼简县内同官因寄齐中书》的长诗一首。当时李益重游华山，致意旧时同僚，并寄赠官居宰相的齐映。诗中“群材既兼畅，顾我在草泽”两句，表达了李益本人怀才不遇、落魄无奈的尴尬处境与希求身居相位的同年给予援引的深隐心理。“烦君竟相问，问我此何适”两句，则从侧面表现出齐映对李益的深厚的关切、牵念。

7. 刘济（757—810），幽州（今北京附近）人，早年游学京师，第进士。幽州大都督府长史、卢龙节度使刘怦之子。刘怦病死后，刘济继任幽州卢龙节度使。其领地北处边境，常受乌桓、鲜卑等族的侵扰，济率军击败之，边境遂安。贞元年间，唐朝优容藩镇，节度使大都骄横不法，只有刘济对朝廷最为恭顺，进贡不断，德宗对他很是信任，屡次加官，升迁至同中书门下平章事，顺宗继位后，再迁检校司徒，宪宗时，再进位侍中。后在病中被其子刘总害死。宪宗赐谥“庄武”。可见，刘济也是一位文武兼备、忠于朝廷的封疆大吏。贞元十三年或稍后，李益“游河东、河北……入幽州刘济幕，为从事”②。“刘济约以大历末建中中游学京师、第进士。时益亦往来长安，疑或与之有旧，故刘招致前往。”③ 李益初为刘济从事，后擢营田副使（济自己兼任营田使）。唐代玄宗开元以后，“节度、观察、团练、防御等使均设副使，为正使的属官”④，营田副使即主管屯田事务的节

---

① 《新唐书》卷150《齐映传》，第4814页。

② 《李益年谱稿》，第394—395页。

③ 《唐才子传校笺》（二），第94页。

④ 邱树森主编：《历代中国职官辞典》，江西教育出版社1991年版，第584页。

度使的副手，可见这是藩镇中是级别较高、权力较大的官职。刘济对李益的提携，既有幕主对僚佐的欣赏之意，也有始于早年的朋友之情。李益诗集中有《献刘济》一诗："草绿古燕州，莺声引独游。雁归天北畔，春尽海西头。向日花偏落，驰年水自流。感恩知有地，不上望京楼。"虽然由于此诗的最后两句"感恩知有地，不上望京楼"，给李益在元和年间的仕途造成了某种不利影响①，但从另一个角度讲，李益肯定认为忠义廉正的刘济是值得自己依靠的。

　　通过上面的论述，我们既可以从一个侧面见出李益仁爱节义的儒家思想倾向，更可以在某种程度上回答为什么他写过推崇儒家诗教的《诗有六义赋》？② 为什么他最钟情于边塞诗的创作？为什么他的边塞诗中充满了报国立功的壮志和关怀普通士卒的仁心？③

---

　　① 《旧唐书·李益传》："幽州刘济辟（李益）为从事，（益）常与济诗而有'不上望京楼'之句。宪宗雅闻其名，自河北召还，用为秘书少监、集贤殿学士。自负才地，多所凌忽，为众不容，谏官举其幽州诗句，降居散秩。"（《旧唐书》卷137，第3771—3772页）

　　② 以其重要而鲜为人知，特录全文如下。《诗有六义赋》（以"风雅比兴，自家成国"为韵）："夫圣人理，原于始而执其中，观天文以审于王事，观人文而知其国风。故每岁孟春，采诗于道路，而献之泮宫，有以知下之化，达人之穷，发于《关雎》之首，及乎王道之终。故曰天明自人而视，天听自人而聪，所谓政于内系一人之本，动于外形四方之风。始于《风》，成于《雅》，失其道或天方荐瘥，得其宜或锡之纯嘏，是人情之大窦，未有不由于斯者。尔其德以颂宣，事以类比，陈之于学校，将可以反正辍淫；播之于丝桐，何有于蘍商变征。属辞庶因于劝戒，缘情孰多夫绮靡。嘉鱼作而贤者进焉，驺虞废而王道缺矣。至于诗之为称，言以全兴，诗之为志，赋以明类。亦有感于鬼神，岂止明夫礼义；王泽竭而诗不作，周道微而兴以刺。俾乃审音之人，于以知风之自。洎夫代见更改也，运历于诗亡；自天未丧斯文也，以至于皇唐。于是抑文尚质，崇俭去奢，振六艺以补化，秉一言之无邪。不然，何以天地奉若，而不兴云汉之嗟，用能德馨而繁可荐。诚达而来降生，虽九重岁招其谏诤，而九有日闻其颂声，且君非五谏何所弼？诗匪六义兮何成，我皇乃以诗而条之国政，本乎人情，故得行于蛮貊，岂独用之邦国。修之身则寿考不忘，垂乎后则子孙千亿，乃知诗之为教，盖亦玉献之至极。"（《全唐文》卷481，第4918—4919页）

　　③ 李益诗作言报国立功者如《塞下曲》："伏波唯愿裹尸还，定远何须生入关。莫遣只轮归海窟，仍留一箭定天山"；关心普通士卒的如《夜上受降城闻笛》："回乐烽前沙似雪，受降城外月如霜。不知何处吹芦管，一夜征人尽望乡。"

（二）佛道的恬退清净思想

李益一生中与具有恬退清净思想的道士僧人交往颇多。

道家、道教思想和佛家思想虽然有很多不同点，但二者都是出世的，都是对于儒家思想浸润下的古代文人心灵园地的一种异类的补充与调整。赵朴初先生认为佛教"是以独特的思想方式和生活方式，给人们以新的启发，把人们的精神生活推向一个新的世界"①。其实，道家、道教思想亦然。在唐代的大部分时期中，儒释道三家并行不悖，很多文士都能够或试图在这三家思想中融合折中、以获得更为广阔自由的精神空间。

1. 与道士隐者的关系。

在李益的诗集中，留下了他青年时代与隐士道家者流交往的历史记忆，时间是在大历时期，地点是在他任县尉、主簿等低级官职的华州、洛阳一带。他的交游对象包括华山隐者（《入华山访隐者经仙人石坛》）、纪道士（《寻纪道士偶会诸叟》）、萧炼师（《同萧炼师宿太乙庙》）②、王屋道士常究子（《长社窦明府宅夜送王屋道士常究子》）③ 等。在他的这类诗作中，既有对"久负青山诺"、"身志俱降辱"（《入华山访隐者经仙人石坛》）的仕宦生涯的厌倦，更有对"水花松下静，坛草雪中春"（《寻纪道士偶会诸叟》）、"落花坛上拂，流水洞中闻"（《同萧炼师宿太乙庙》）的清净世界的向往。但客观地讲，李益对隐士道家之类的生活与精神世界还保持着相当的距离，远未融入其中。

---

① 赵朴初：《佛教与中国文化的关系》，载《文史知识》编辑部《佛教与中国文化》，中华书局2005年版，第6页。

② 我国古代以某些道士懂得"养生"、"炼丹"之法，尊称为"炼师"。起初多指修习上清法者，后泛称修炼丹法达到很高深境界的道士。

③ 长社，古县名。西汉置。治所在今河南省长葛县东。唐代属河南道许州，西距洛阳不甚远（李吉甫撰《元和郡县图志》，中华书局1983年版，第208页），此诗当作于李益任河南府（治所在洛阳）参军时。

2. 与僧侣禅门的关系。

在中年以后，李益对于道家、道教的热情衰减了，转而亲近佛教，而且浸染日深；佛陀最终成为他生活与心灵天地中的一个不可或缺的方面。

这里先要提一下李益与韦应物的交游。韦应物（737—792），京兆万年（今陕西西安）人。出身关中望族、艺术世家。十五岁起以三卫郎为玄宗近侍，出入宫闱，扈从游幸。安史之乱起，玄宗奔蜀，应物流落失职，始立志读书。代宗广德至德宗贞元间，先后为洛阳丞、京兆府功曹参军、比部员外郎、滁州刺史、江州刺史、左司郎中、苏州刺史等职。贞元七年（791）卸职。其诗风恬淡高远，后人每以"王孟韦柳"并称。值得注意的是，韦氏在中年以后，特别是大历十一年（776）其妻子死后，日益亲近佛教。在建中初曾寓居长安郊区永福寺，在卸任苏州刺史后曾一度寓居苏州永定寺，长期过着一种佛教徒式的生活。李肇《唐国史补》卷下云："韦应物立性高洁，鲜食寡欲，所坐焚香扫地而坐。"① 德宗建中三年（782），韦应物"仍在尚书比部员外郎任。约四月间，有送李益赴幽州诗（后因朱滔之乱，李益或未成行）"。② 这首诗的题目是《送李侍御益赴幽州幕》③。在诗中他称赞李益"二十挥篇翰，三十穷典坟，辟书五府至，名为四海闻"，并且表达了对于李的"契阔晚相遇，草戚遽离群"的依依不舍之情。而李益与韦应物的交往，不能排除有佛教的因缘在其中。这是李益三十六岁时的事情。

下面考察李益在中年以后与几位名僧的交游情况。

1. 柏岩（756—815），贞元、元和间著名僧人。据权德舆撰《唐故彰敬寺百岩禅师碑铭并序》，他俗姓谢，名怀晖，泉州人。因常住太行百岩寺，世称百岩禅师。元和三年（808），被宪宗召进长安彰敬寺，每年入麟德殿为宪宗君臣讲论佛法。后以病辞。在他圆寂以

①　《唐国史补》，第55页。

②　参见傅璇琮《唐代诗人丛考》，中华书局2003年新1版，第315页。

③　《全唐诗》卷189。

后，一代名相兼文宗权德舆为作碑铭。① 可见，柏岩生前身后，都是一位受人尊崇的大德高僧。在柏岩禅师辞世以后，李益作有《哭柏岩禅师》一诗："遍与傍人别，临终尽不愁。影堂谁为扫，坐塔自看修。白日钟边晚，青苔钵上秋。天涯禅弟子，空到柏岩游。"此诗主要写了柏岩临终前泰然自若、了无挂碍的高僧气度。诗题中的"哭"字，饱含着诗人对禅师的怀悼之情。诗中的"天涯禅弟子"显然是诗人自指，从中可以看出诗人大半生奔波之苦楚及其皈依佛门的心理祈向。

2. 法振，生卒年不详。陈尚君先生考证，法振是天宝大历间江南诗僧，曾住长安大慈恩寺，又住无碍寺。与诗人王昌龄、皇甫冉、韩翃、李益等为友。② 在李益的诗集中，关涉法振的有两首作品。第一首是《送贾校书东归寄振上人》（一作《振上人院喜见贾岕兼酬别》）："北风吹雁数声悲，况指前林是别时。秋草不堪频送远，白云何处更相期。山随匹马行看暮，路入寒城独去迟。为向东州故人道，江淹已拟惠休诗。"笔者按，贾校书，即贾岕。据《柳宗元集》卷12《先君石表阴先友记》，岕，生卒年不详，长乐（今河北冀县）人，大历二年进士，授校书郎，未几卒。③ 从贾岕的生平来推断，此诗写作的时间当在大历年间。在诗中，李益把法振比作南朝宋齐间早年为僧且诗名远播的汤惠休④，并且自比江淹，从而热情地赞美了法振卓尔不群的诗歌才能。第二首诗是《晚春卧病喜振上人见访》："卧床如旧日，窥户易伤春。灵寿扶衰力，芭蕉对病身。道心空寂寞，时物自芳新。旦夕谁相访，唯当摄上人。"从诗中"灵寿扶衰力，芭蕉对

---

① （宋）姚炫编：《唐文粹》卷64，影印文津阁《四库全书》本。

② 《中国文学家大辞典·唐五代卷》，第632页。

③ 《柳宗元集》卷12，第304页。

④ 惠休，即汤惠休，南朝宋诗人，字茂远。生卒年不详。早年为僧，人称"惠休上人"。因善于写诗，被徐湛之赏识。孝武帝刘骏命其还俗，官至扬州从事。钟嵘《诗品》作"齐惠休上人"，可能卒于南齐初。又据《诗品》载，汤惠休深谙诗中三昧，曾谓"谢（灵运）诗如芙蓉出水，颜（延之）诗如错采镂金"。以上两处引文分别引自曹旭《诗品集注》，上海古籍出版社1996年版，第421、270页。

病身"两句来看，此诗当作于李益中年以后；而"年旦夕谁相访，唯当摄上人"两句，则是李益与法振情谊深厚、时相过从的明证。李益与法振另有题为《赋应门照绿苔》的联句一首，其内容虽无新奇出众之处，但可以从侧面见出二人之间的深厚友情及李益的佛门情怀。

3. 广宣，生卒年不详，据陈尚君先生考证，广宣是交州（今越南河内）人。贞元间居蜀，与女诗人薛涛唱和。元和间至长安，曾居大兴善寺。后奉召住安国寺红楼院。以诗供奉十余年，历宪、穆两朝。敬宗宝历前后以事被逐出红楼院。文宗时复入居。白居易、李益、韩愈、张籍、令狐楚、刘禹锡等皆与之游，并有诗酬和。① 笔者按，广宣能够像玄宗朝的大诗人李白一样，以诗供奉翰林，而且长期担任此职，这在当时乃是名满京华的莫大荣光。② 李益与广宣的交往大约始于李晚年入京为官以后，而且持续了相当一个时期。在李益诗集中，现存他写给广宣的诗作五首，由他与广宣共同参与创作的联句六首：

　　薙草开三径，巢林喜一枝。地宽留种竹，泉浅欲开池。紫阁当疏牖，青松入坏篱。从今安僻陋，萧相是吾师。（《喜入兰陵望紫阁峰呈宣上人》）

　　居北有朝路，居南无住人。劳师问家第，山色是南邻。（《答广宣供奉问兰陵居》）

　　石色凝秋藓，峰形若夏云。谁留秦苑地，好赠杏溪君。（《乞宽禅师瘿山罍呈宣供奉》）

　　柿叶翻红霜景秋，碧天如水倚红楼。隔窗爱竹有人问，遣向邻房觅户钩。（《诣红楼院寻广宣不遇留题》）

　　一国沙弥独解诗，人人道胜惠休师。先皇诏下征还日，今上

① 《中国文学家大辞典·唐五代卷》，第14页。
② 参见马自力师《唐代的翰林待诏、翰林供奉与翰林学士》，《求索》2002年第5期，第183—186页。

龙飞入内时。看月忆来松寺宿，寻花思作杏溪期。因论佛地求心地，只说常吟是住持。(《赠宣大师》)

策杖迎诗客，归房理病身。闲收无效药，遍寄有情人。[广宣]草木分三品，方书问六陈。还知一室内，尔我即天亲。[李益](《宣上人病中相寻联句》)

九重城接天花界，三五秋生一夜风。行听漏声云散后，遥闻天语月明中。[广宣]含凉阁迥通仙掖，承露盘高出上宫。谁问独愁门外客，清谈不与此宵同。[李益](《八月十五夜，宣上人独游安国寺山庭院步月，李舍人十兄迟明将至，因话昨宵乘兴联句》)

蟋蟀催寒服，茱萸滴露房。酒巡明烛刻，篱菊暗寻芳。[李益]新月和秋露，繁星混夜霜。登高今夕事，九九是天长。[广宣](《重阳夜集兰陵居与宣上人联句》)

千畦抱瓮园，一酌瘿尊酒。唯有沃洲僧，时过杏溪叟。[李益]追欢君适性，独饮我空口。儒释事虽殊，文章意多偶。[广宣](《与宣供奉携瘿尊归杏溪园联句》)

潘岳闲居赋，陶潜独酌谣。二贤成往事，三径是今朝。[广宣]生幸逢唐运，昌时奉帝尧。进思谐启沃，退混即渔樵。[李益]蠹简封延阁，雕栏闶上霄。相从清旷地，秋露浥兰苕。[杜羔](《兰陵僻居联句》)

佛刹接重城，红楼切太清。紫云连照耀，丹槛郁峥嵘。[广宣]槚栋烟虹入，轩窗日月平。参差五陵晚，分背八川明。[李益]松韵风初过，莲陂浪欲倾。敬瞻疑谛见，围绕学无生。[杜羔](《红楼下联句》)

笔者按，上引诗中多次提到的"兰陵居"、"兰陵僻居"等，是指元和四年(809)或稍前李益在官居中书舍人时，开始入住的位于当时长安市区兰陵坊的居所。①从上述所引诗作的题目中，我们可以

---

①　参见《李益年谱稿》，第401页。

发现二人过从之亲密、感情之深厚：在李益搬入兰陵坊新居前后，广宣频频问讯、颇多关切（《答广宣供奉问兰陵居》《喜入兰陵望紫阁峰呈宣上人》）；广宣生病了，李益就前往探望、安慰（《宣上人病中相寻联句》）；李益经常访问红楼院，有时会有"寻广宣不遇"的情形（《诣红楼院寻广宣不遇留题》）；李益广宣二人（有时也包括其他友人）聚谈联句是十分频繁的，地点不是在李益的兰陵坊居所，就是在广宣的红楼院，而时间则既有平常日子，也包括中秋、重阳等节日（《八月十五夜，宣上人独游安国寺山庭院步月，李舍人十兄迟明将至，因话昨宵乘兴联句》《重阳夜集兰陵居与宣上人联句》《兰陵僻居联句》《红楼下联句》等）。从具体的诗句中，我们更能够看到李益对于广宣的敬爱之情。有时把他比作一度出家而且能诗的南朝名士汤惠休："一国沙弥独解诗，人人道胜惠休师"（《赠宣大师》）；有时则把他比作佛理、诗才兼长的东晋高僧支遁："唯有沃洲僧，时过杏溪叟。"（《与宣供奉携瘿尊归杏溪园联句》李益句）① 从具体的诗句中，我们更能体会到李益对于佛门的亲近和对于清净无争的生活的向往：地宽留种竹，泉浅欲开池……从今安僻陋，萧相是吾师。（《喜入兰陵望紫阁峰呈宣上人》）居北有朝路，居南无住人。劳师问家第，山色是南邻。（《答广宣供奉问兰陵居》）笔者按，前一首诗中的所谓"萧相"即西汉初年相国萧何，萧何在为相后，置宅于偏僻之地，不为子孙积聚家产，在当时以简朴著称。② 在这里，李益是以萧何为榜样，表达了个人安于简朴恬淡生活的人生志趣，而佛理禅意的影响昭然可见。

---

① 沃州僧：本指东晋名僧支遁（字道林，世称支公、林公），此处用以美称广宣。沃州，又作"沃洲"，山名，在今浙江省新昌县东。上有放鹤亭、养马坡，相传为东晋支遁放鹤养马处。（唐）皇甫冉《题昭上人房》诗："沃州传教后，百衲老空林。"（《全唐诗》卷520）白居易《沃洲山禅院记》："东南山水越为首，剡为面，沃洲天姥为眉目。夫有非常之境，然后有非常之人居焉。"（《白居易集》卷68，中华书局1979年版，第1440页）后世即以"沃州（洲）僧"指代佛学修养高深而且文采风流的高僧。

② 司马迁：《史记》卷53《萧相国世家》："何置田宅必居穷处，为家不治垣屋。"曰："后世贤，师吾俭；不贤，毋为势家所夺。"（中华书局1983年版，第2019页）

由以上所述可知，与唐代的很多士子兼诗人一样，李益在其一生中与许多隐者道士和僧人有着密切的交往，他在博大精深的佛道思想中寻找到了保持心理平衡和心灵清净的精神资源，进而佛道思想显著影响了李益（特别是晚年）的生活与诗歌创作。①

三、从李益的怀念、酬赠之作看其
情感的深挚丰富性

在李益的诗集中，有一些怀念、酬赠友人的诗篇。从中我们可以窥见其深挚丰富的感情世界之一角。

（一）怀悼王七的诗作，体现了李益对友谊认同的终身性

《全唐诗》中称"王七"者，不止一人。此处与李益有深交者，据岑仲勉先生考证："又王七……李益……《闻亡友王七嘉禾寺得素琴》；名未详。"② 李益与王七情谊深厚，在王七去世以后，仍然不忘往日情谊。大约于大历年间李益第一次南游江淮之时，不仅在湖州与颜真卿、皎然等联句，还到离湖州不远的嘉兴县寻访了亡友王七生前曾经逗留过的嘉禾寺，他感激于人亡物在之场景，遂赋诗两首。

第一首诗为《闻亡友王七嘉禾寺得素琴》："故人惜此去，留琴明月前。今来我访旧，泪洒白云天。讵欲匣孤响，送君归夜泉。抚琴犹可绝，况此故无弦。何必雍门奏，然后泪潺湲。"在这首诗中，诗人连用两个与琴有关的富于感伤色彩的典故，来抒发他对于亡友的深沉怀悼。一个是西晋名士张翰以鼓琴的方式痛悼亡友顾荣（字彦先）的故事。《世说新语·伤逝篇》：

顾彦先平生好琴，及丧，家人常以琴置灵床上。张季鹰往哭

之，不胜其恸，遂径上床，鼓琴作数曲竟，抚琴曰："顾彦先颇复赏此不（否）？"①

可以想见，张翰之怀悼亡友乃是超乎流俗之深悲剧痛也。另一个是战国时代齐国琴师雍门子周以鼓琴使孟尝君（妫姓，田氏，名文）感伤流泪的故事。西汉刘向《说苑·善说》：

> 雍门子周以琴见乎孟尝君。孟尝君曰："先生鼓琴，亦能令文悲乎？"……雍门子周曰："然臣之所为足下悲者一事也。夫声敌帝而困秦者，君也；连五国之约南面而伐楚者，又君也。天下未尝无事，不从则横，从成则楚王，横成则秦帝。楚王秦帝，必报雠于薛矣。夫以秦、楚之强而报雠于弱薛，誉之犹摩萧斧而伐朝菌也，必不留行矣。天下有识之士无不为足下寒心酸鼻者。千秋万岁后，庙堂必不血食矣。高台既以坏，曲池既以渐，坟墓既以平，而青廷矣（卢云：'四字当误衍。'）。婴儿竖子樵采薪荛者，蹢躅其足而歌其上，众人见之，无不愀焉，为足下悲之曰：'夫以孟尝君尊贵乃可使若此乎？'"于是孟尝君泫然泣涕，承睫而未殒，雍门子周引琴而鼓之，徐动宫徵，微挥羽角，切终而成曲，孟尝君涕浪汗增，歔而就之曰："先生之鼓琴令文立若破国亡邑之人也。"②

这个典故所论重心在于政治与国家，但其人情中"伤逝"之感，亦是极为浓重的。后因以"雍门琴（奏）"泛指令人极其哀伤的曲调。懂得了这两个典故的感情内蕴，自然就可以更加深细地体会李益这首诗中所蕴含的缅怀亡友的深切感伤了。

第二首诗为《嘉禾寺见亡友王七题壁》："今日忆君处，忆君君

---

① （南朝宋）刘义庆撰，余嘉锡笺疏：《世说新语笺疏》，中华书局 2007 年版，第 753 页。下引版本同此。

② （汉）刘向撰，向宗鲁校证：《说苑校证》，中华书局 1987 年版，第 279—281 页。

岂知。空馀暗尘字，读罢泪仍垂。"与上首诗的用典以抒情的方式不同，此诗是直接抒发睹物思人的深沉感伤，不用典故，更无藻饰，而自是动人心弦。

怀悼王七的两首诗作，体现出李益对于早年交谊的终身坚守。

（二）写给邢校书和裴佶、王达的诗作，反映了李益对于高洁友谊的珍视

邢校书，生平事迹不可考。校书，即校书郎的省称。李益写给邢校书的诗作现存四首。《重赠邢校书》和《赋得路旁一株柳送邢校书赴延州使府》两诗均抒写了诗人与邢校书深厚的情谊。第三首诗《月下喜邢校书至自洛》则既写了"重君远行至，及此明月光"朋友相会的这般美景良辰，又抒发了"馀欢方自长"的美好情怀。第四首《喜邢校书远至对雨同赋远晚饭阮返五韵》云："雀噪空城阴，木衰羁思远。已蔽青山望，徒悲白云晚。别离千里风，雨中同一饭。开径说逢康，临觞方接阮。旅宦竟何如，劳飞思自返。"其中"别离千里风，雨中同一饭"两句，上句以"千里风"喻友人之间的思念之苦，下句以雨中聚饮反衬朋友会面的欢乐。"开径说逢康，临觞方接阮"两句，赞美邢校书的诗酒风流与真性情，可以比之为魏晋之际"竹林七贤"中的嵇康和阮籍；复以"三径"的典故来表现自己的安贫乐道和对于高洁之友的衷心欢迎之情。从这个典故可见李益对于超脱流俗之友情的推重。

裴佶、王达。裴佶（？—813），字弘正，弱冠举进士，历同州刺史，中书舍人、工部尚书。为人"清劲温敏，凡所订交，时称为第一流"[①]。王，生卒年不详，曾任扬州司户参军，为玄宗时冀州刺史王珦堂侄。[②]《城西竹园送裴佶王达》："葳蕤凌风竹，寂寞离人觞。怆怀非外至，沉郁自中肠。远行从此始，别袂重凄霜。"全诗共六句。中间两句，直接抒发送人者与被送者悲怆、沉郁的胸怀。后两句，则

---

① 《旧唐书》卷98《裴耀卿传》，第3084页。
② 参见《新唐书》卷72《宰相世系表二中》，第2640页。

以友人之间拉住袖子不忍遽别而霜花罩衣的细节，来反衬诗人与裴、王之间友情的深厚难分。而前两句，以秋风中摇曳的竹子起兴，不但渲染出别宴离席上寂寞感伤的气氛，而且映照出他们之间友情的坚贞与高洁。

（三）从李益与卢纶的交游，可见其对亲戚之情的珍重

卢纶（737？—799？），字允言，河中蒲（今山西省永济市）人。玄宗天宝末举进士不第；代宗大历六年，宰相元载举荐，授阌乡尉；八、九年间，由王缙荐为集贤学士，秘书省校书郎，升监察御史。与钱起、李端、韩翃等宴饮酬唱，游于驸马郭暧之门。为"大历十才子"之一。后去官外贬，为陕府户曹。德宗建中元年（800），为昭应令，兴元元年（784）为奉天行营副元帅浑瑊判官。后随浑瑊镇河中。贞元初，被召入朝，超拜户部郎中。李益与卢纶是姻亲关系，后者是前者的内兄。二人相互赠答的诗作现存几首，均创作于德宗一朝，从中可见二人之间感情之深挚。

德宗建中年间，李益除侍御史。卢纶以《玩春因寄冯卫二补阙戏呈李益（时君与李新除侍御史）》①一诗相贺："掖垣春色自天来，红药当阶次第开。萱草丛丛尔何物，等闲穿破绿莓苔。"②据卞孝萱《李益年谱稿》：（李益）"建中四年癸亥（七八三年），登拔萃科，为侍御史。"③故而，卢纶这首诗应作于本年。诗中以京城的大好春光、盛开的红色芍药来比况李益等人同居高第的荣耀与对于他们美好前程的祝福。后来，二人在河中节度使幕府中曾有一次欢聚。又，《李益年谱稿》载："贞元八年壬申（七九二年）……赴河中府，与卢纶唱和。"④又，据《唐才子传校笺》（二）谭优学撰"李益"条，"贞元六年或七年（七八〇—七八一），李益入邠宁节度使张献甫

---

① 《全唐诗》卷277。
② 《全唐诗》卷278。
③ 《李益年谱稿》，第384页。
④ 同上书，第391页。

幕……贞元八年，献甫以盐夏二州故，遣李益前往河中府请示洽商公务于朔方、河中、邠宁、晋绛兵马副元帅浑瑊。李益内兄诗人卢纶时在浑幕，卢、李诗酒酬唱。"① 李益诗名为《赠内兄卢纶》，诗曰："世故中年别，馀生此会同。却将悲与病，来对朗陵翁。"卢纶《酬李益端公夜宴见赠》诗云："戚戚一西东，十年今始同。可怜歌酒夜，相对两衰翁。"朗陵翁，代指内兄卢纶。西晋傅咸《赠何劭王济诗序》"郎陵翁何敬祖（劭），咸之从内兄也"②。端公，唐代对侍御史的别称。③ 这两首诗是李益与卢纶在浑瑊幕中的唱和之作，两人相互吐露人生辗转的酸辛与人过中年的伤感。此中的亲戚之情无疑是至深至厚的。千载而下，读者犹可想见当时之感人情景。而从另一个角度看，从中亦可察知李益对于亲戚之情的珍重。④

（四）写给许孟容的诗作，反映了李益感情世界的复杂性及其友情的较大张力

许孟容（743—818），行五，字公范，京兆长安（今陕西西安）人。大历十一年进士。自贞元初起的十余年中，长期参佐幕府，迁侍御史。后入京为礼部员外郎。元和初，任尚书右丞、京兆尹，拒绝宪宗的干预，拘捕借民钱不还的神策军吏，迫令偿还。后为河南府尹、东都留守。现存李益写给许孟容的七绝一首《答许五端公马上口

---

① 《唐才子传校笺》（二），第97—98页。

② （清）严可均辑：《全上古三代秦汉三国六朝文》之《西晋文》卷52，商务印书馆1999年版，第537页。

③ 李肇云："外郎御史遗补相呼为院长，上可兼下，下不可兼上，唯侍御史相呼为端公。"（《唐国史补》，第49页）《通典》卷24《职官六》："侍御史之职有四，谓推、（推者，掌推鞫也）弹、（掌弹举）公廨、（知公廨事）杂事、（台事悉总判之），定殿中、监察以下职事及进名、改转，侍御史之职……台内之事悉主之，号为台端。他人称之曰端公。"[（唐）杜佑：《通典》，中华书局1988年版，第672页]

④ 卢纶还有一首五古《宝泉寺送李益端公归邠宁幕》（《全唐诗》卷280），则是他送李益返回邠宁幕府时所作。卢纶另有一首《同李益伤秋》诗："岁去人头白，秋来树叶黄。搔头向黄叶，与尔共悲伤。"（《全唐诗》卷277）从诗中感伤头白体衰的情景看，也当是作于贞元八年甚或更晚一个时期。

号》："晚逐旄旗俱白首，少游京洛共缁尘。不堪身外悲前事，强向杯中觅旧春。"口号，随口吟出的意思，往往在诗题中被标示出来。许五端公，即许孟容。许孟容"贞元初，徐泗濠节度使张建封辟为从事，四迁侍御史"①。而"贞元四年，以建封为徐州刺史，兼御史大夫、徐泗濠节度、支度营田观察使……十二年，加检校右仆射。十三年冬，入觐京师"②。又，从"晚逐旄旗俱白首"的诗句来推测，此诗大约是李益在邠宁节度使张献甫幕中所作，时间在贞元六年（790）至十二年之间。③当时，李益四十六岁左右，许孟容则五十一岁上下，以当时人的寿命而论，都已届中老年之际；但恰恰又都处于人已老大而功名未就的生命焦虑之中。此诗略谓，我们两个的友情，乃是缔交于少年放荡之时，而一直保持到了鬓染霜华的中老年；人过壮年，往昔的成败浮沉自然难以全部忘怀，但是，不如把痛苦的回忆变为潇洒的谈笑，让我们老哥俩来重温一番早年的青春与快意吧。虽然此诗的情调略显低沉，但其间流淌的诗人与许孟容的友谊却是如清泉般美好的；而李益感情世界的丰富性与张力，自可想见。

（五）李益与窦牟的诗歌酬答，则刻画出李益情感世界的活泼性

窦牟（749—822），字贻周，行二，京兆金城（今陕西兴平）人，郡望扶风（今属陕西）。其父窦叔向，有诗名，家居孝谨，善事继母，以奇文异行，闻名京师。其舅父给事中袁高，重名当时，甄拔甚多。牟却不去拜谒。于贞元二年（786）进士及第。授秘书省校书郎。两度出佐军幕，后归东都。元和五年，入朝为尚书虞部郎中，转洛阳令。后迁尚书都官郎中。出为泽州刺史。仕终国子祭酒。居东都别业以终。牟与兄常，弟群、庠、巩俱工诗，世称"五窦"。"（窦牟）元和五年（810），真拜尚书虞部郎中转洛阳令。"④当时李益任

---

①　《旧唐书》卷158《许孟容传》，第4100页。

②　《旧唐书》卷144《张建封传》，第3830页。

③　《唐才子传校笺》（二），第97—98页。

④　屈守元等主编：《韩愈全集校注》，巴蜀书社1996年版，第2529—2531页。

河南府少尹。当时二人交往十分密切。此间，窦牟有五律《缑氏拜陵回道中呈李舍人少尹》（《全唐诗》卷271）一首，是赞美李益的诗才超卓，诗人自觉"酬和不相如"的。笔者按，洛阳县、缑氏县在唐代皆属河南府。① 而下面因酒而起的李、窦之间的酬答戏谑，则颇富故事性和幽默色彩。某日，李益送给窦牟一小榼酒。② 窦牟遂写成一首五绝《李舍人少尹惠家醖一小榼立书绝句》答谢并戏谑之："禁琐天浆嫩，虞行夜月寒。一瓢那可醉，应遣试尝看。"（《全唐诗》卷271）此诗的大意是说，李兄您送给小弟的酒好比皇宫里的琼浆玉液，味道真是好极了；但是，只有这么一点点，根本醉不倒我，您老兄呀，太抠门啦！李益对于窦牟的玩笑，回敬以五绝《答窦二曹长留酒还榼》一首："榼小非由榼，星郎是酒星。解醒元有数，不用吓刘伶。"窦二曹长，即窦牟。李肇《唐国史补》卷下："尚书丞、郎、郎中，相呼为曹长。"③ 窦牟在其兄弟五人中排行第二，又曾任尚书虞部郎中，故李益称其为窦二曹长。星郎，典出《后汉书·明帝纪》："馆陶公主为子求郎，不许，而赐钱千万。谓群臣曰：郎官上应列宿，出宰百里，苟非其人，则民受殃，是以难之。"④ 后遂称郎官为"星郎"。"酒星"，在古代本指天上的星宿名称。也称酒旗星。东汉末孔融《与曹操论酒禁书》："天垂酒星之燿，地列酒泉之郡，人著旨酒之德。"⑤ 唐代李白《月下独酌四首》其二："天若不爱酒，酒星不在天。"⑥ 后来则用以借指善于饮酒之人。又，唐代裴说《怀

---

① 参见《元和郡县志》卷5，第130页。

② "榼"：《说文解字》："酒器也。"《汉语大词典》："古代盛酒或贮水的器具。"《左传·成公十六年》："使行人执榼承饮。"唐皎然《酬秦山人出山见呈》诗："手携酒榼共书帏，回语长松我即归。"南宋周密《癸辛杂识续集·回回沙碛》："人则以面作饼，各贮水一榼于腰间。"由这些例句来看，"榼"当是一种近于酒葫芦大小可以随手携带或挂于腰间的酒器。也就是说，李益馈赠窦牟的酒，从量上言，不算多。

③ 《唐国史补》卷下，第49页。

④ （南朝宋）范晔：《后汉书》卷2《明帝纪》，中华书局1965年版，第124页。

⑤ （明）张溥编：《汉魏六朝百三家集》卷21《汉孔少府集》，文津阁《四库全书》本。

⑥ 《李太白全集》卷2，中华书局1977年版，第1063页。

素台歌》："杜甫李白与怀素，文星酒星草书星。"① 在此诗中，以
"星郎"和"酒星"代指窦牟，形容其酒量不凡。刘伶，魏晋之际的
"竹林七贤"之一，行为放诞，以嗜酒能饮著称，作有《酒德颂》。
此处诗人以刘伶自况。此诗意谓：老弟嫌弃这只榼盛酒不多，可从平
常看来也不算少；只是您这"星郎"变成了"酒星"，酒量特大罢
了；尽管您的酒量大，但还吓不倒我的，因为愚兄可是当代的刘伶
哟！如此一扬一抑之间，饶多豪爽戏谑之趣，从中足以瞥见李益内心
世界中长久为人忽略的活泼生动的那个侧面。

　　西晋陆机《文赋》有"诗缘情"② 之说，而英国近代"湖畔诗
人"诗人华兹华斯则认为："诗歌是人的强烈感情的自然流溢。"③ 无
疑，情感乃是诗歌的血液。而由上述例证，我们可以感受到李益对友
谊认同的终身性、对高洁友谊的珍视、对亲戚之情的珍重、情感世界
的丰富性与活泼性等。要而言之，感情丰富而深挚，是李益人生中的
一大亮点，同时也为他成为一位杰出诗人奠定了心灵方面的厚实
基础。

四、从李益的交游论其在当时诗坛的地位与影响

　　德宗贞元到文宗大和时期，也就是李益从壮年到晚年这段时间，
其诗歌创作实绩与在当时诗坛的影响都达到了个人的顶峰状态。④ 在
这一时期，他与当时很多重要诗人、特别是晚辈诗人都有交往。从这
一侧面可以清楚地看出，他在当时诗坛的地位与影响。

---

　　① 《全唐诗》卷720，第8260页。
　　② （晋）陆机：《陆机集》，中华书局1982年版，第2页。
　　③ ［英］华兹华斯：《抒情歌谣集·序言》，载刘若端编，曹葆华译《十九世纪英国诗
人论诗》，人民文学出版社1984年版，第273页。
　　④ 参见本书中编第二章及拙文《贞元诗歌的总体特征及诗史意义——以顾况、李益、
孟郊的诗歌创作为中心》，《德州学院学报》2007年第3期，第13—16页。

（一）与孟郊的关系

孟郊（751—814），字东野，湖州武康（今浙江德清）人，祖籍平昌（今山东省临邑县东北）。早年生活贫困，无所遇合，又屡试不第。四十六岁始登进士第。后任为溧阳县（今江苏省溧阳市）尉。宪宗元和初，任河南水陆转运从事、试协律郎，定居洛阳。六十岁暴病去世。私谥为"贞曜先生"。孟郊是中唐时期独具个性的优秀诗人。

李益不但与孟郊本人有来往，而且与孟郊的父辈更有交情。据卞孝萱《李益年谱稿》：（李益）"贞元四年戊辰（七八八年）……入邠宁节度使张献甫幕……同幕有柳缜、孟十五、孟二十二（皆孟郊之叔父）、韦重规等。"① 现存孟郊写给或者涉及李益的诗作有三首：即《抒情因上郎中二十二叔监察十五叔，兼呈李益端公柳缜评事》（《全唐诗》卷 377）、《监察十五叔东斋招李益端公会别》（《全唐诗》卷 379）、《同李益、崔放送王炼师还楼观，兼为群公先营山居》（《全唐诗》卷 379）。从诗作的题目，就可以看出，李益与孟郊的两位叔叔都是好朋友，经常在一处饮酒聚谈。我们从第一首诗中的"一日引别袂，九回沾泪痕"两句，第二首诗中的"欲知惜别离，泻水还清池"两句，均可体会出孟郊对其叔父和李益等前辈的情谊非同一般。稍后几年，李益则有《惜春伤同幕故人孟郎中兼呈去年看花友》一诗，诗中表达了对去世不久的孟郎中（孟郊叔父之一）的深切悼念之情："畏老身全老，逢春解惜春。今年看花伴，已少去年人。"

简言之，孟郊虽然与李益在年龄上相差只有 5 岁，但从年辈和诗坛资历上讲，则明显是介于后者的晚辈与朋友之间。

（二）与杨巨源的关系

杨巨源小李益 9 岁，属于同辈朋友关系。杨巨源（755—?），字景山，河中（今山西永济西）人。贞元年间进士。由秘书郎擢为太常博士、礼部员外郎，后出任凤翔少尹，复召除国子司业。为诗以近体见长，为时所重。张籍称赞其"诗名往日动长安"（《送杨少尹赴凤翔》，《全唐诗》卷385）。唐人赵璘《因话录》卷2评其诗"诗韵不为新语，体律务实，功夫颇深"①。巨源平生交友甚广，与白居易、刘禹锡、张籍、王建、贾岛、马戴皆有唱和。可见，杨巨源在当时诗坛独树一帜，影响非小。

"（李益）元和四年己丑（八九年）或稍前，为中书舍人……卜居万年县兰陵坊（里）。"② 其间，杨巨源有《送李舍人归兰陵里》七律一首，诗曰：

> 清词举世皆藏箧，美酒当山为满樽。三亩嫩蔬临绮陌，四行高树拥朱门。家贫境胜心无累，名重官闲口不论。唯有道情常自足，启期天地易知恩。③

从中可见，杨对李面对荣华富贵所抱持的淡泊心境是十分赞同和钦佩的。"清词举世皆藏箧"一句，以一"清"字来准确概括李益诗风，恰与晚唐张为对李益"清奇雅正主"④ 的中晚唐诗史之定位相吻合；复以"举世"一词来形容李益诗歌受众之广泛，则在某种程度上显示出李益在当时诗坛的重要地位与广泛影响。

（三）与柳宗元的关系

柳宗元（773—819），字子厚，祖籍河东解县（今山西运城解州镇），生长于长安。出身官宦书香门第。贞元九年（793）进士及第。贞元二十一年（即永贞元年），参与"永贞革新"。后被贬为永州

---

① （唐）李肇：《唐国史补》，上海古籍出版社1979年版，第80页。
② 《李益年谱稿》，第400—401页。
③ 《全唐诗》卷333。
④ （唐）张为：《诗人主客图》，《历代诗话续编》本，中华书局1983年版，第85页。

（今湖南省零陵市）司马。十年后又改任柳州（今广西柳州市）刺史，病逝于任上。柳宗元是中唐时期杰出的哲学家和文学家。

柳比李益小 27 岁。虽然现存史料未见李益与柳宗元有直接来往的信息，但是李益与柳宗元的父亲柳镇和叔父柳缜均为好友，则是可以找到明确证据的。柳宗元在其《先君石表阴先友记》中即是把李益作为其父柳镇的生前好友来载录的："李益，陇西姑臧人，风流有文词……"① 再从李益方面来看，他于贞元年间，作有《九月十日雨中过张伯佳期柳镇未至以诗招之》一诗。诗曰："柳吴兴近无消息，张长公贫苦寂寥。唯有角巾沾雨至，手持残菊向西招。"诗题中的柳镇（739—793），即宗元父。镇早年奉母避乱，后历官殿中侍御史，鄂岳沔都团练官，侍御史等职。柳吴兴，即柳恽（465—517），南朝梁诗人，字文畅，河东解县人；善尺牍，通琴棋，武帝时曾任吴兴太守。此处李益以柳恽代指柳镇，可以见出诗人对柳镇文采风流的推服；"近无消息"的感叹，则体现诗人对柳镇的牵念；"手持残菊向西招"的动作，则显示了诗人与刘镇友谊的亲密。另外，孟郊有《抒情因上郎中二十二叔监察十五叔，兼呈李益端公柳缜评事》一诗，从诗名可以看出，李益与宗元之叔父柳缜②也是友朋关系。

要之，李益与柳宗元的父辈是有很深厚的交情的；此外，我们还可以从李益的相关诗作中察知柳宗元所承继的家族文化基因。

（四）与刘禹锡的关系

刘禹锡（772—842），字梦得，彭城（今江苏徐州）人，祖籍中山（今河北定州），匈奴族后裔。与柳宗元同榜登进士第。为"永贞革新"重要成员，与王叔文、王伾、柳宗元同为政治革新的核心人物，称为"二王刘柳"。革新失败后，贬连州（今广东连县）刺史，朗州（今湖南常德）司马。后任夔州刺史等职。文宗大和初，任东

---

① 《柳宗元集》卷 12，中华书局 1979 年版，第 303 页。

② 柳缜，即柳宗元叔父，见柳宗元《故叔父殿中侍御史府君墓版文》（《柳宗元集》卷 12，第 316—319 页）。

都尚书省主客郎中。以后历官苏州、汝州、同州刺史。从开成元年
（836）始，改任太子宾客、秘书监分司东都的闲职。武宗会昌元年
（841），加检校礼部尚书衔致仕。他是中唐时期优秀的哲学家和文
学家。

　　刘禹锡小李益26岁，属晚辈之列。李益大约在贞元十七年
（801）南游江淮途中，与刘禹锡相遇于扬州，宴饮甚欢。① 刘当时作
有《扬州春夜，李端公益、张侍御登、段侍御平路、密县李少府曙、
秘书张正字复元，同会于水馆，对酒联句，追刻烛击铜钵故事，迟辄
举觥以饮之，逮夜艾，群公沾醉、纷然就枕，余偶独醒，因题诗于段
君枕上，以志其事》一诗："寂寂独看金烬落，纷纷只见玉山颓。自
羞不是高阳侣，一夜星星骑马回。"（《全唐诗》卷365）"玉山颓"，
典出《世说新语·容止篇》："嵇康身长七尺八寸，风姿特秀……山
公曰：'嵇叔夜（嵇康字）之为人也，岩岩若孤松之独立；其醉也，
傀俄若玉山之将崩。'"② 嵇康风姿特秀，体态俊美，山涛就用"玉
山"来作比。后遂以"玉山"比况英俊洒脱的男子，以用"玉山自
倒"、"玉山颓"等，来形容英俊风雅之士的醉态。"高阳侣"，指不
醉不归的豪放友人。《世说新语·容止篇》刘孝标注引《襄阳记》
云："汉侍中习郁于岘山南，依范蠡养鱼法作鱼池，池边有高堤，种
竹及长楸，芙蓉菱芡覆水，是游燕名处也。山简每临此池，未尝不大
醉而还，曰：'此是我高阳池也！'襄阳小儿歌之。""高阳池"，故而
又名"习家池"。③

　　在这首诗中，刘禹锡以嵇康、山简等魏晋名士比况李益等参加
宴饮者，则其间"对酒联句"的风雅热闹自然可以想见。而在诗题
中将李益列名最前，也可窥见刘禹锡对于这位老辈诗人的尊敬
之意。

---

① 参见《李益年谱稿》，第397页。
② 《世说新语笺疏》，第716页。
③ 同上书，第866—867页。

（五）与王建的关系

王建（约767—约830），字仲初，颍川（今河南省许昌市）人。早年家贫，居家终日以衣食为忧。后来又从戎求取功名。四十岁以后，才步入仕途，然亦沉沦下僚，担任县丞、司马之类的微职。他写有大量的乐府诗，同情百姓疾苦，与张籍齐名，世称"张王"；又写过《宫词》百首，在传统的宫怨之外，还广泛地描绘宫中风物。又写过一些小词，亦别具一格。他在中唐诗坛上具有较高的成就与地位。

王建小李益约21岁，无论从年龄上说，还是从在诗坛成名早晚看，王建都属晚辈之列。王建对李益崇拜有加，他写给李益的诗作现存两首，在诗中充满敬仰之情：

　　大雅废已久，人伦失其常。天若不生君，谁复为文纲。……少小慕高名，所念隔山冈。集卷新纸封，每读常焚香。古来难自达，取鉴在贤良。未为知音故，徒恨名不彰。谅无金石坚，性命岂能长。常恐一世中，不上君子堂……①

　　紫烟楼阁碧纱亭，上界诗仙独自行。奇险驱回还寂寞，云山经用始鲜明。藕绡纹缕裁来滑，镜水波涛滤得清。昏思愿因秋露洗，幸容阶下礼先生。②

第一首诗作于贞元后期，李益在幽州刘济幕时。第二首诗作于元和八年（813）以后李益任职太子右庶子期间。"天若不生君，谁复为文纲"的诗句，令人想到"文起八代之衰"的韩退之，"紫烟楼阁碧纱亭，上界诗仙独自行"的诗句，则令人产生李太白再生之感，这无疑都是评价文学家的最高级了。虽然不能完全排除其中有溢美的成分，但与李益在当时诗坛的地位与影响总不至于相差太远。"常恐一世中，

---

① 《寄李益少监兼送张实游幽州》，《全唐诗》卷297。
② 《上李益庶子》，《全唐诗》卷3。

不上君子堂","昏思愿因秋露洗,幸容阶下礼先生"的愿承教诲的殷殷之情,恐怕也代表了当时很多诗坛后进对于前辈李益敬慕有加的真挚心声。

(六) 与贾岛的关系

贾岛(779—843),字浪(阆)仙,自号"碣石山人",幽州范阳县(今河北省涿州市)人。早年出家为僧,法号"无本"。游历洛阳期间,结识韩愈、孟郊等人。旋还俗参加科举,屡考不中第。在文宗朝,被贬为遂州长江县(今四川省蓬溪县)主簿。武宗会昌初年,由普州司仓参军改任司户,未到任即病逝。为诗反复推敲,喜写荒凉、凄苦之情境,长于近体,有"诗囚"之称。他是中唐后期一位独具面目的优秀诗人。

贾岛小李益 33 岁,相对于李益来讲,是不折不扣的晚辈后生。贾岛生平至少曾有两次投谒李益。

卞孝萱《李益年谱稿》:"元和五年庚寅(八一〇年)……春,贾岛投谒,在李益处度过夏、秋。"① 此是第一次。贾岛有两首诗当写于这一时期。第一首题为《投李益》:"四十归燕字,千年外始吟。已将书北岳,不用比南金。"(《全唐诗》卷 572)此诗的后两句需要稍作阐释。北岳,即今山西境内的恒山,自先秦以来即为海内名山。"将书北岳,或指(李)益'北游河朔,幽州刘济辟为从事'(《旧传》)之事。"② 南金,本义为南方出产的铜,亦被用来借指贵重之物。《诗经·鲁颂·泮水》:"元龟象齿,大赂南金。"③ 后来又被借以比喻南方的优秀人才。《晋书》卷 68《薛兼传》:"(兼)清素有器宇,少与同郡纪瞻、广陵闵鸿、吴郡顾荣、会稽贺循齐名,号为'五俊'。初入洛,司空张华见而奇之,曰:'皆南金也。'"④ 故而,"已

---

① 《李益年谱稿》,第 403 页。
② (唐)孟郊著,黄鹏笺注:《孟郊诗集笺注》,巴蜀书社 2002 年版,第 95 页。
③ 程俊英、蒋见元注析:《诗经注析》,中华书局 1991 年版,第 1009 页。
④ (唐)房玄龄等:《晋书》卷 68《薛兼传》,中华书局 1974 年版校点本,第 1832 页。

将书北岳，不用比南金"两句，实是表达了贾岛对于李益功业文章的敬重。第二首诗题为《欲游嵩岳留别李少尹益》，诗云："孤策迟回洛水湄，孤禽嘹唳幸人知。嵩岳望中常待我，河梁欲上未题诗。新秋爱月愁多雨，古观逢仙看尽棋。微眇此来将敢问，凤凰何日定归池。"（《全唐诗》卷574）细品此诗，可以看到李益对贾岛的赏爱之意和贾岛对李益的感激之情。李益于"元和十五年庚子（八二〇年）……转右散骑常侍"。又，"文宗大和元年（八二七年）……正月，为礼部尚书致仕①。贾岛第二次投谒李益，当在820年到827年之间。有贾岛《再投李益常侍》诗可证："何处初投刺，当时赴尹京。淹留花柳变，然诺肺肠倾。避暑蝉移树，高眠雁过城。人家嵩岳色，公府洛河声。联句逢秋尽，尝茶见月生。新衣裁白苎，思从曲江行。"（《全唐诗》卷573）其中，"淹留花柳变，然诺肺肠倾"两句，尤能使人想见贾岛与李益感情的深厚以及相知之深。

值得注意的是，在贾岛到洛阳第一次投谒李益期间，李、贾与当时的名士韦执中、诸葛觉至少有过一次聚会宴饮活动，并留下题为《天津桥南山中各题一句》的联句一首："野坐分苔席，［李益］山行绕菊丛。［韦执中］云衣惹不破，［诸葛觉］秋色望来空。［贾岛］"韦执中，生卒年不详，据贾晋华先生考证，韦执中是"京兆（今陕西西安）人，元和五年（810）任河南县令，与韩愈、窦牟等联唱。后官至泉州刺史。"② 诸葛觉，生卒年不详。据已故学者吴汝煜先生考证，他是"越州（今浙江绍兴）人，初为僧，名澹然，即韩愈《嘲酣睡》诗中所描写的澹师。早年隐居山林。曾与韩愈、孟郊、贾岛、李益、韦执中等交往酬唱……后还俗。约卒于大中以后。"③ 笔者按：诗题中的"天津桥"始建于隋，废于元代。《元和郡县图志》卷五："隋炀帝大业元年初造此桥，以架洛水。用大缆维舟，皆以铁

---

① 《李益年谱稿》，第408—411页。

② 周祖譔主编：《中国文学家大辞典·唐五代卷》，中华书局1992年版，第72页。

③ 同上书，第673页。

锁钩连之。南北夹路，对起四楼，其楼为日月表胜之象。"① 再联系到这首联句中"山行绕菊丛"、"秋色望来空"等语句，我们可知，他们这次聚会联唱，时间当在元和五年的秋天，地点则是在洛阳天津桥以南的山中。继而，仔细考察与李益、贾岛联唱的韦执中、诸葛觉二人的生平交游情况，就会发现他们都与韩愈等所谓"韩孟诗派"中人物交情很深。由此，我们就可以进一步推断，贾岛于元和六年，也就是发生这次联唱的第二年，结识韩愈、孟郊并受到韩的热情揄扬②，背后的推动者乃是李益。很有可能，李益就是通过韦执中、诸葛觉这一纽带向当时的诗文领袖韩愈推荐贾岛的；孟郊作为李益的感情深厚的晚辈、朋友，在这一过程中也起到了积极的助推作用。

故而，笔者以为，人们在传布贾岛与韩愈等订交的这则诗史佳话的时候，不应该忽略了同时存在的贾岛对李益的仰慕之情与李益对贾岛的栽培之恩。

由上述可知，李益在贞元至大和时期诗坛是具有很高的地位和广泛的影响的，并且以自己的方式积极地推动了唐代诗史的发展进程。李益在中晚唐所获得的"御览诗人之首"的桂冠③和"清奇雅正主"的定位，亦是大致符合诗史原貌的。

本编小结

本编主要从诗史融通的视角，对李益青年时代第一次南游江淮、理想远大与政绩平庸与一生交游等重要问题，做了较为翔实的考证和

---

① 《元和郡县图志》卷 5，第 132 页。

② 参见傅璇琮主编《唐五代文学编年史》（中唐卷），辽海出版社 1998 年版，第 690 页。

③ 《御览诗》，又名《唐新诗》《选进诗》《元和御览》，是时任翰林学士的令狐楚奉宪宗之命，在元和九年到十三年间（814—818）编辑的一部从大历初到元和前期部分诗人作品的选集。原书共收诗 311 首，现在所能见到的只有 30 位诗人的诗作 289 首，而李益的诗作入选最多，为 36 首，占 12% 强。笔者按，此处《御览诗》之版本，以傅璇琮主编《唐人选唐诗新编》（陕西人民教育出版社 1996 年版）所收者为准。

论述。

一、目前学界普遍认为，中唐诗人李益仅在德宗贞元末年去过一次江淮地区。然而，根据《霍小玉传》的相关记载，以李益及其友人的存世诗作为文本依据，以相关史籍为背景资料，以他与友人之交游为纽带，以颜真卿主持的湖州联句活动为重点，通过认真地梳理与考辨，发现李益在大历中期即已到过江淮地区。此一发现对于上述学界所谓"李益一到江淮说"是一种修正，对于理解李益此后的联句创作也有裨益。

二、李益祖上是功勋卓著的陇西高门大姓，而且其本人也怀有建树功业的远大政治抱负，但穷其一生却在政治实践上少有建树。当时的社会政治环境、个人的性格气质和富文华少吏材的能力缺陷是形成李益这种身世与生平之间巨大反差的三个主要原因。

三、李益年寿既长交游又广，通过考察他与中唐时期各界重要人物的交游情况可以发掘出许多重要信息：通过李益与令狐楚等人的交往可见，他在政治倾向上，应该属于、至少是接近于牛党一系；李益在其一生中与许多隐者道士和僧人有着密切的交往，他在博大精深的佛道思想中寻找到了保持心理平衡和心灵清净的精神资源，进而佛道思想显著影响了李益（特别是晚年）的生活与诗歌创作；李益在与诸多亲友的交往之中，体现出终生坚守友谊、珍视高洁之友、珍重亲戚之情、情感世界丰富而活泼等特质，这不仅成为他人生中的一大亮点，亦为他长期卓立诗坛奠定了心灵上的厚实基础；不少同辈、晚辈诗人对李益心怀推重、敬仰之情，这在一定程度上反映出他在当时诗坛所占的重要地位和所产生的较大影响。

中编

李益诗歌研究:以个体与群体之互动为主要视域

引 子

　　起于唐玄宗天宝十四载（755）、止于代宗广德元年（763）的
"安史之乱"不仅彻底打破了唐帝国在此前数十年中形成的盛世局
面，而且给后世埋下了藩镇割据、宦官专权、边患相仍等诸多祸根。
此后的代、德、顺三朝都为中兴王室、重振国威做出了各自的努力。
代宗先后任用元载①、刘晏、杨绾等整顿朝纲，安抚天下，增加财政
收入；德宗则支持杨炎改革税制，倚重陆贽、李晟等革除弊政，打击
拥兵割据的藩镇；顺宗在位虽不过数月，却锐意改革，重用所谓"二
王八司马"，实施"永贞革新"。这样，一方面国家所面临的各种严
峻形势尚未得到根本扭转，甚至其间还发生了一场危及唐王朝存亡绝
续的大规模兵乱——"建中之乱"；另一方面，政治形势总体趋于稳
定，社会生产在缓慢恢复，人民生活有所改善。在这种危机与转机并
存的政治背景下，永贞元年（805）八月，宪宗李纯即位，次年改元
元和。他在位十五年，先后任用李绛、裴度等良相振作朝政，大力削
藩，使得自安史之乱以来割据四方的藩镇终于至少在表面上全部归命
于朝廷。此时，政治较为清明，经济较为繁荣，国力较为强盛，史称
"元和中兴"。可是这所谓的"中兴"局面，不但与"开元盛世"相
去甚远，而且好景不长。元和末年，宪宗迷信神仙，荒于政事，河朔
三镇再度发生叛乱，随之天下重新陷入分裂局面。其后的穆、敬二帝
都在位日短，昏庸荒唐，无心也无力收拾日益严重的各种危机。敬宗
死后，文宗继位。他与前两帝不同，恭俭儒雅，欲为振作，力图消灭

---

　　① 此人无德而有能，参见吕思勉《隋唐五代史》（上），上海古籍出版社1984年版，
第264页。

左右朝政甚至危及皇帝性命的宦官势力。不料,在大和九年(835)的"甘露之变"中非但没有实现这一目标,反而忠良喋血,文宗自己也彻底变成了傀儡。此后,唐王朝更是无力回天,只得一步步走向了末路。

自代宗大历元年(763)至文宗大和九年(835)约七十年间,在唐诗史上一般被称为中唐时期。这一阶段的历史大势,如上所述,可以被描述为一条中间高、两头低的曲线。曲线的至高点为"元和中兴",至高点之前为代、德、顺三朝的曲折发展和缓慢上升,至高点之后为穆、敬、文三代的迅速衰落和不断下滑。要之,这是一个失望与希望相继,无奈与抗争并存的时代。"歌谣文理,与世推移。"① 中唐诗歌就是在这样的社会历史背景下产生、发展和衍变的。而李益的诗歌创作生涯则几乎与中唐诗史相始终。

本编的研究思路是:以李益诗歌为中心,把中唐诗史切分为大历、贞元和元和三个阶段,探讨李益诗歌创作在这三段中分别发生了哪些变化,开端如何,高潮如何,终结如何;同时更把李益诗歌放在中唐乃至盛、中唐诗坛的大背景下,与相关的诗人诗作进行纵横比较,还要考察李益在当时诗坛的交游情况,进而探讨诗人个体与诗坛整体的交互作用,以期对李益诗歌与中唐诗坛的相互关系作出比较全面深入的把握。

对于中唐诗史的分段探讨古已有之。唐人李肇在论及唐代诗风(也包括文风)时,就曾有过"大历之风尚浮,贞元之风尚荡,元和之风尚怪"② 的比较全面的见解。而宋人严羽则径以"大历体"和"元和体"来概括中唐诗史的发展历程,对贞元诗歌却略而未论。③ 严羽的这种论列忽略了贞元诗坛的客观存在,掩盖了李肇的上述论断,遗憾的是至今却仍为多数学者所接受。根据当时诗人的更替与诗

---

① (南朝梁)刘勰撰,范文澜注:《文心雕龙注》(下),人民文学出版社1958年版,第671页。

② (唐)李肇:《唐国史补》卷下,上海古籍出版社1979年版,第57页。

③ (宋)严羽撰,郭绍虞校释:《沧浪诗话校释》,人民文学出版社1983年版,第53页。

风的变化，我们对中唐诗史做出如下划分。第一阶段从代宗广德元年（763）到大历十四年（779），其中大历长达十四年，所占时间最久，称大历诗坛；第二阶段从德宗建中元年（780）到顺宗永贞元年（805），其中贞元历时二十年，几占其全部时间，称贞元诗坛；第三阶段从宪宗元和元年（806）到文宗大和九年（835），其间元和为时最长，称元和诗坛。大历诗坛大致由以刘长卿、戴叔伦为代表的江南地方官诗人群，以"大历十才子"为主体的台阁诗人群，方外诗人群以及自成一家，超逸时流的韦应物构成。他们中的大多数人生长于开天盛世，亲历过安史之乱，而主要创作活动则在大历年间。他们的诗作在内容上主要是对战乱、衰颓局面的写实，和对宁静、淡漠心境的刻画；在风格上呈现出一种淡雅悠远的韵致，冷落感伤的情调和清丽纤秀的阴柔之美。"气骨顿衰"① 成为大历诗风的主导特征。在这一时期，李益作为晚生后辈，与上述三个诗人群体均无密切交往，诗歌数量不多，成就也不太高；在接受典型大历诗风的影响的同时，已经初步展现出自己绍绪盛唐刚健洒脱的创作个性来。接下来是贞元诗坛。在这一时期，诗坛呈现出新老交替的独特格局。从建中末到贞元初，钱起、李端、韩翃、刘长卿、戴叔伦、司空曙、韦应物等大历诗坛宿将相继去世；由于身处垂暮之年，他们中的大多数人（韦应物在晚年仍有不少佳作，是个例外）在进入德宗朝后诗歌创作也步入低沉期。直到贞元后期，孟郊、韩愈、李翱等先后在汴州和徐州会合，作为此后元和诗坛两大派别之一的韩孟集团才初步形成。除孟郊而外，此时韩、李等人的创作成就还不算高。而元白一派的兴盛比韩孟一派还要晚些；其他如刘禹锡、柳宗元等人的创作状况和文学地位也与元白相差不多。在整个贞元诗坛，创作较丰、影响较大的当属从大历诗坛走来的顾况、李益和稍晚一些的孟郊等屈指可数的几位。在这一时期，虽然高手较少却各具面目，与大历时代的诗人们的大合唱已自不同。其中，顾况诗风"俗"、"奇"互见，孟郊为诗古直瘦硬；而李益则凭借着他寥廓苍秀的边塞诗以及清新爽丽的"南游诗"与顾、

---

① （明）胡应麟：《诗薮·内编》卷3，上海古籍出版社1979年版，第50页。

孟二人一道成为当时诗坛的主要支柱人物。元和诗坛较之大历、贞元两个阶段更是发生了重大变化。宪宗一朝是唐诗继盛唐之后第二个繁荣期："唐诗至元和间，天地精华，尽为发泄，或平或奇，或高深或雄直，旗鼓相当，各成壁垒"①；又，"各人各具一种笔意"②。其间，韩孟、元白两派分流；李长吉自成一家；刘禹锡、柳宗元亦自具面目，可谓名家辈出，百花齐放。而在从元和末年到大和中期这一阶段，诗坛又出现了一段高手寥落、诗风不振的低潮期。从元和初年开始，年老气衰的李益就与诗坛中心日渐疏离，诗歌创作也进入衰颓状态；而其昔日的诗名却延留下来，就这样一直到大和三年他去世。

---

① （清）方南堂：《辍锻录》，《清诗话续编》本，上海古籍出版社 1983 年版，第 1941 页。

② （清）陈衍：《石遗室诗话》，辽宁教育出版社 1998 年版，第 254 页。

第一章

大历诗坛·雏燕凌空

一、趋同与立异

（一）诗坛鸟瞰

进入大历时代，唐帝国虽然度过了最为艰危的日月，但已元气大伤。代宗皇帝在位十七年，虽然也做了一些起衰除弊的事情，但唐帝国的衰弱局面，并没有发生多大改观。这种缺乏生机的社会环境，给当时的诗坛也蒙上了一层黯淡的色调。

从代宗广德元年到大历十四年，称大历诗坛。在这一时期，盛唐诗坛的最后一批巨擘名家也相继谢世了。肃宗上元二年（761）王维卒，代宗宝应元年（762）李白卒，永泰元年（765）高适卒，大历四年（769）岑参卒，大历五年（770）杜甫卒。这时，充当大历诗坛主体的是比李杜高岑要晚一辈的诗人们。按蒋寅先生的观点①，当时的诗坛可以划分为三大诗人群体。首先是会聚唱和于长安、洛阳一带的以"大历十才子"为代表的台阁诗人群。"十才子"中，以钱起（开元十年生）、韩翃（天宝十三年登进士第）年辈最长。其中，又以钱起在当时声名最大，以至被高仲武所编《中兴间气集》推为大历诗人之冠："右丞没后，员外为雄。"② 由于他们身处京城，位近台

---

① 参见蒋寅《大历诗人研究》上册相关章节，中华书局1995年版。

② 傅璇琮主编：《唐人选唐诗新编》，陕西人民教育出版社1996年版，第463页。

阁，故而其诗歌以表现"升平气象"与对"精雅诗风的回味"① 为主
要特色。与京城"十才子"南北呼应的是江南地方官诗人群。其中
主要有刘长卿、戴叔伦、李嘉祐、严维、张继、戎昱等人。他们皆长
期在江南为官，"窃占青山白云，春风芳草，以为己有"②，诗歌以描
写江南风景，抒发淡雅情怀为旨归。其中以刘长卿辈分最长，影响最
巨，清代的卢文弨甚至说："随州诗……子美之后定当推为巨擘。"③
而戴叔伦则堪称江南"地方官诗人的代表"④。这里应该指出的是，
台阁诗人群与江南地方官诗人群的划分是相对的，有些台阁诗人后来
有过任地方官（如李端、耿湋等）或幕僚（如韩翃、卢纶等）的经
历，而某些地方官诗人也曾入朝为官（如李嘉祐）。除了台阁诗人群
和江南地方官诗人群，在大历诗坛还值得一提的是方外诗人群，如隐
士诗人秦系、顾况、于鹄、张潮，羽流诗人吴筠、韦渠牟、李季兰以
及诗僧灵一、皎然、灵澈等人。他们大都长期居住、往来于江南一
带，以诗歌寄托其高蹈不仕（不一定终生不仕）、放旷不羁的人生理
想，从而成为大历诗风的别调。而真正能够代表大历诗风主导倾向的
则还是以"钱（起）、郎（士元）、刘（长卿）、李（嘉祐）"⑤ 为代
表的台阁与江南地方官两大诗人群。在这三大诗人群之外，大历诗坛
还有一位特殊人物——韦应物。他的人生经历了由玄宗侍卫到高雅文
士的富有传奇色彩的转变；他的仕宦踪迹或北或南，显然把他归于台
阁诗人群或江南地方官诗人群都不妥当；他从青年时代起就亦官亦
隐，并有数次闲居佛寺的经历。更主要的是，他的诗歌创作在诗史上
"高雅闲淡，自成一家之体"（白居易《与元九书》）。显然，韦应物
的诗史意义属于大历时代又超越了大历时代，他在大历诗坛的地位是
无与伦比的。因此我们在论及大历诗风时就以台阁和江南地方官两大
诗人群与韦应物的诗作作为主要依据。

---

① 许总：《唐诗史》下册，江苏教育出版社 1994 年版，第 107 页。

② （唐）释皎然撰，李壮鹰校注：《诗式校注》，齐鲁书社 1986 年版，第 197 页。

③ （清）卢文弨：《抱经堂文集》卷 7《刘随州文集题辞》，《四部丛刊》本。

④ 蒋寅：《大历诗人研究》（上册），第 51 页。

⑤ 傅璇琮主编：《唐才子传校笺》（一），中华书局 1987 年版，第 323 页。

对于大历诗歌的探讨研究，自唐迄今未曾断绝：

唐人李肇："大历之风尚浮。"①

明人陆时雍："中唐诗近收敛，境敛而实，语敛而精，势大将收，物华反素，盛唐铺张已极，中唐所以一反而之敛也……然其病在雕刻太甚，元气不完，体格卑而声气亦降，故其诗往往不长于古而长于律，自有所由来矣。"②

明人胡应麟："气骨顿衰。"③

明人胡震亨："详大历诸家风尚，大抵厌薄开、天旧藻，矫入省净一途。自刘（长卿）、郎（士元）、皇甫（冉、曾）以及司空（曙）、崔（峒）、耿（漳），一时数贤，窈籁即殊，于唱非远，命旨贵沉宛有含，写致取淡冷自送。玄水一歃，群醸覆杯，是其调之同。而工于浣濯，自艰于振举，风干衰，边幅狭，专诣五言，擅场饯送，此外无他大篇伟什肖望集中，则其所短耳。"④

清人沈德潜："中唐诗渐秀渐平，近体句意日新，而古体顿减浑厚之气矣。"⑤

近人苏雪林："大历诗人不为不多，不过天才都算在二三流以下，其作品婉转清扬纤绵秀丽如春鸟秋虫，幽花野草，令人可爱，但只能说是'优美'而不能说是'壮美'。"⑥

近人闻一多："十才子的诗有两大特点：（一）写的逼真，如画工之用工笔，描写细致；（二）写的伤感，使人读了真要下同情之泪，像读后来李后主的词一样。"⑦

---

① 《唐国史补》卷下，第57页。

② （明）陆时雍：《诗镜总论》，《历代诗话续编》本，第1417页。

③ （明）胡应麟：《诗薮·内编》卷3，第50页。

④ （明）胡震亨：《唐音癸签》，上海古籍出版社1981年版，第64页。

⑤ （清）沈德潜选注：《唐诗别裁集》，上海古籍出版社1979年版，第87页。

⑥ 苏雪林：《唐诗概论》，上海书店出版社1992年版，第107页。

⑦ 郑临川、徐希平整理：《笳吹弦诵传薪录——闻一多、罗庸论古典文学》，上海古籍出版社2002年版，第124页。

与以上诸家相比，今人蒋寅的专著《大历诗风》①对大历诗风的研究最称深入全面。综括前人时贤诸说，可以对大历诗风作出以下简要的概括：

（1）在题材内容上，主要集中于唱和酬答、羁旅聚散、山水隐逸等方面；

（2）在体制形式上，近体量多质高，笔致细腻炼饰，富于表现力和感染力；

（3）在感情基调上，以低沉感伤为主，多给人以内敛甚或压抑之感；

（4）在美学风格上，富于阴柔之美，境界清幽淡远。

以上几点，将作为研究李益在大历时代诗歌创作的主要背景与参照系。

（二）成长者的歌唱

玄宗天宝五载（746），李益在一个门祚渐衰的陇西大姓之家呱呱坠地。"君虞长始八岁②，燕戎乱华。"（李益《从军诗序》）长达八年的"安史之乱"刚刚平息，吐蕃即于代宗广德二年（764）大举入侵。"永泰三年（765），河朔、陇西沦于寇盗。"（《旧唐书·地理志》）为避乱，李益举家东迁中原，是年李益十八岁。李益于大历四年（769年）中进士，时年二十二岁。两年后登制科举，始授官华州郑县尉，后迁华州主簿。其间，"同辈行稍进达，益久不升"③。约于大历十二年（777）前后，李益罢职。李益在大历时期［德宗建中元年（780）从军之前］所创作的诗歌流传下来的不多，总数在二十首左右，总体成就也不高，还没有完全形成自己的鲜明特色。李益早期诗歌创作对大历主流诗风既有趋同的一面，又有立异的一面。

---

① 参见蒋寅《大历诗风》，上海古籍出版社 1988 年版。

② 笔者按：据《李益墓志铭》，"八岁"，应为"十岁"。

③ 傅璇琮主编：《唐才子传校笺》（二），中华书局 1989 年版，第 94 页。

1. 时代印痕：酬赠送别诗

在大历时期李益写得比较多的是送别酬赠的篇章。

五律《送同落第者东归》是诗人及第之前的一首送别酬赠之作：

> 东门有行客，落日满前山。圣代谁知者，沧州今独还。片云归海暮，流水背城闲。余亦依嵩颖，松花深闭关。

整首诗景色暗淡，情绪低沉，仿佛一落第再难有金榜题名之时，一落第就失去了整个世界，与其内兄卢纶《落第后归终南别业》（"久为名所误，春尽始归山"）、《与从弟瑾同下第出关言别》（"孤村树色昏残雨，远寺钟声带夕阳"）等诗作一样，都体现了饱经沧桑、心灰意懒的大历士人的典型心态。与王维《送綦毋潜落第还乡》、岑参《送杜佐下第归陆浑别业》等盛唐诗歌所体现的乐观向上、朝气蓬勃的人生意气迥异其趣。又如《月下喜邢校书至自洛》一诗以秋夜苍凉之景衬托故人相逢的喜悦之情，却在整体上给人一种低沉萧瑟之感。这首诗的姊妹篇《喜邢校书远至对雨同赋远晚饭阮返五韵》诗云："别离千里风，雨中同一饭"，同样使人觉得一二友朋的欢聚总敌不过整个社会环境的冷落。像这样友人相逢尚且不无几分凄凉，一旦离别则更是"别袂重凄霜"（《城西竹园送裴佶王达》）了。这样的情景在大历诗歌中是很常见的。如李端诗云："暗涧泉声小，荒村树影闲"（《云际中峰喜见苗发》）；刘长卿诗云："徘徊暮郊别，惆怅秋风时"（《别陈留诸官》）；皇甫冉诗云："惆怅烟郊晚，依然送此君"（《送萧献士》）；韩翃诗云："别后心期如在眼，猿声烟色树苍苍"（《送齐明府赴东阳》）等都是与上述李益的三首诗同一声气的。

而五律《喜见外弟又言别》则是李益早期这类送别酬赠诗的代表作：

> 十年离乱后，长大一相逢。问姓惊初见，称名忆旧容。别来沧海事，语罢暮天钟。明日巴陵道，秋山又几重。

　　细品此诗，表兄表弟身遭十年战乱流离，而能各保平安，得以重逢，望外之喜也；至亲相逢，只觉面貌仿佛，却不能马上相认，而以"问姓"相试探，欣喜中又有多少心酸！至亲意外相逢，叙长道短，万语千言，久苦而一甘也；今日相聚，明朝复又长别，人生何其乐少哀多也！这首诗高出一般诗作的优长之处在于诗人以自己的深刻体验将人生聚散的悲喜浓缩于"见外弟又言别"这一点上，然后极细腻、极含蓄地将这种人类普遍的复杂情愫艺术地表现出来，使人"抚衷述愫，罄快极矣"① 既蕴蓄着亲友离别的凄凉与无奈，同时又使人觉得尚有一缕温情与希冀潜存于心底。其艺术感染力之强，千载之下，犹能使具有类似人生经历的人们产生深深的共鸣。其实，这样的好诗在大历诗歌中还有不少，宋人范晞文《对床夜语》卷 5 曰："'马上相逢久，人中欲认难'②，'问姓惊初见，称名忆旧容'，'乍见翻疑梦，相悲各问年'③，皆唐人会故人之诗也。久别倏逢之意，宛然在目，想而昧之，情融神会，殆如直述。前辈谓唐人行旅聚散之作，最能感动人意，信非虚语。"④ 可以说，李益等人的这类感情深挚、动人心弦的好诗的美学价值已经超越了大历，超越了有唐一代，给为了生活聚散奔波的一辈又一辈的后人以深切的慰藉。在李益早期的送别酬赠之作中，还有一首与其他同类诗篇不同的风格明快的五律《竹窗闻风寄苗发司空曙》：

　　　　微风惊暮坐，临牖思悠哉。开门复动竹，疑是故人来。时滴枝上露，稍沾阶下苔。何当一入幌，为拂绿琴埃。

　　此诗因风而发，以幻觉的形式来表现对友人的思念，细致入微，清新隽永，以致其颔联被蒋防引入其传奇《霍小玉传》中（在传奇

---

① 《诗镜总论》，《历代诗话续编》本，第 1419 页。

② 郎士元：《长安逢故人》，《全唐诗》卷 248。

③ 司空曙：《云阳馆与韩绅卿宿别》，《全唐诗》卷 42。

④ （宋）范晞文：《对床夜语》，《历代诗话续编》本，第 444 页。

中"门"作"帘")。

2. 青春浪漫：咏怀言志诗与山水游仙诗

如果说李益的酬赠送别诗主要受了大历主流诗风的深刻影响而向其靠拢的话，他的一些抒写怀抱志趣的篇章和山水游仙诗则体现了他对时代潮流的青春叛逆。这些诗作"或多或少地表现出盛唐诗歌的那种昂扬精神风貌，那种风骨，那种气概，和那种浑然一体的兴象韵味"①。它们是兀傲地向盛唐之音乃至汉魏风骨的回归，而不是随波逐流地对以谢朓为代表的齐梁诗风的趋附。

有几首诗表现了他的志向和抱负。五排《府试古镜》是一首应试诗。此诗循规蹈矩，分"点题"、"镜之制"、"镜之典"、"镜之用"（清人李因培编选，凌应曾注《唐诗观澜集》卷15②）几部分，却在末尾表达了诗人"幸居君子室，长愿免尘蒙"的人生志趣。而"本其凉国，则世将之后"（李益《从军诗序》）的特殊出身，则使李益很早就在心底萌发了效法祖先，立功边塞的渴盼。如在五古《城旁少年》一诗中诗人便借对边城少年侠士的生动描写，抒发了自己的雄心壮志：

> 生长边城旁，出身事弓马。少年有胆气，独猎阴山下。偶与匈奴逢，曾擒射雕者。名悬壮士籍，请君少相假。

诗中"曾擒射雕者"一句，用诗人远祖西汉"飞将军"李广的典故，来凸显边城少年的英武之气和为国靖边的豪情。据《史记·李将军列传》载，李广任上郡太守时，匈奴侵扰上郡，射伤汉"中贵人"。李广断定"是必射雕者也"，亲自射杀入侵者二人生擒一人，结果证实他们果然是匈奴的射雕者。这首诗与东汉末年曹植的《白马篇》相比，虽然在气象与美感方面要稍逊一筹，但与曹诗中"幽并游侠儿""白马饰金羁，连翩西北驰"的英雄豪气和"捐躯赴国难，视死忽如

---

① 罗宗强：《隋唐五代文学思想史》（修订本），中华书局1999年版，第130页。

② 转引自郝润华辑校《李益诗歌集评》，甘肃人民出版社1997年版，第127页。

归"的爱国精神却是息息相通的。而这种功业理想和人生意气在盛唐边塞诗人和李白的笔下则表现得更加酣畅淋漓,激荡人心。因此,这是一首体现汉魏风骨和盛唐气象的朝气蓬勃的青春之歌。

这类诗歌在其他大历诗人的集子中也有些微体现,如韦应物诗云:"驱马涉大河,日暮怀洛京"(《饯雍聿之潞州谒李中丞》);韩翃诗云:"谁道廉颇老,犹能报远警"(《赠故将军》);司空曙诗云:"翩翩羽骑双旌后,上客亲随郭细侯"(《送卢彻之太原谒马尚书》),正表现了诗人们建功立业,慷慨报国的豪情壮志。此外,在刘长卿、李端、戎昱等人的诗作中也有盛唐之音的余响。可惜从大历诗歌"由崇尚汉魏风骨转向追慕以谢朓为代表的六朝清丽纤秀之风"①的时代主潮来看,这些不过是吉光片羽罢了,因此像李益《城旁少年》这类刚健之作也就更显得难能可贵了。值得注意的是,到了贞元时代,在李益、卢纶等人的边塞诗中又奏出了更为悲壮慷慨的曲调。对此下文将详加论述。

李益中进士后又登制科,此后他长期在华州一带做县尉、主簿一类的小官。由于沉沦下僚,久不升调,此间他创作了多首诗歌来抒发自己的抑郁之情,今人卞孝萱、乔长阜称之为"华州诗"②所谓的"华州诗"约有六七篇,在数量上,约占现存李益在大历时期创作的诗歌总数的三分之一;在题材上,属于山水游仙诗一类;就体式而论,多是古体诗;就创作方法而论,大都富于浪漫奇幻色彩。这些特点是与典型的大历诗风截然不同的,所以对于李益本人和唐代诗史的流变都有特殊的意义。

先看五古《华山南庙》:

> 阴山临古道,古庙闭山碧。落日春草中,搴芳荐瑶席。明灵达精意,仿佛如不隔。岩雨神降时,回飙入松柏。常闻坑儒后,

① 蒋寅:《大历诗风》,上海古籍出版社 1988 年版,第 237 页。

② 卞孝萱、乔长阜:《李益评传》,载吕慧娟等编《中国历代著名文学家评传》第二卷,山东教育出版社 1983 年版,第 363 页。

此地返秦壁。自古害忠良，神其辅宗祐。

此诗主要描写华山风光，颂扬明灵不隔。末两句却表现了诗人对于国事的忧虑，说明他虽然遭逢不偶向往神仙，但却并未完不管世事，其游山水寻神仙无非是为了排遣抑郁不得志的忧闷罢了。对此，孙昌武先生曾精辟地指出，唐代文人"脱屣世事，入道求仙，往往是因应某种客观形势的解脱之计，或到道教中去寻求安慰，或只是为了追求一种更加自由的、无所挂碍的人生境界而已"[①]。再看五古《入华山访隐者经仙人石坛》：

> 三考西岳下，官曹少休沐。久负青山诺，今还获所欲。尝闻玉清涧，金简受玄箓。凤驾升天行，云游恣霞宿。平明矫轻策，扪石入空曲。仙人古石坛，苔绕青瑶局。阳桂凌烟紫，阴萝冒水绿。隔世闻丹经，悬泉注明玉。前惊羽人会，白日天居肃。问我将致词，笑之自相目。竦身云遂起，仰见双白鹄。堕其一纸书，文字类鸟足。视之了不识，三返又三复。归来问方士，举世莫解读。何必若蜉蝣，然后为局促。鄙哉宦游子，身志俱降辱。再往不及期，劳歌叩山木。

此诗开篇有"久在樊笼里"（陶渊明《归园田居》其一）的郁闷，接写入山寻仙的殷切，继叹白鹄纸书的神秘，终悟误入官场的愚顽。值得注意的是，此诗写山水寻神仙，在汉魏风骨之外，更多了一层李白式的孤傲与洒脱，饶有盛唐余韵。陆时雍《唐诗镜》卷33评此诗曰："绰有古趣，可作青莲后一人"[②]，极是。李益在罢官后所作的五古《罢秩后入华山采茯苓逢道者》与此诗异曲同工，而神奇之境过之，就更多李白式的异想天开了："遂逢五老人，一谓西山灵。或闻樵人语，飞去入昂星。授我出云路，苍然凌石屏。视之有文字，

---

① 孙昌武：《道教与唐代文学》，人民文学出版社2001年版，第183—184页。

② （明）陆时雍：《唐诗镜》卷33，转引自郝润华辑校《李益诗歌集评》，第29页。

乃古黄庭经。左右长松列，动摇风露零。上蟠千年枝，阴虬负青冥。下结九秋霰，流膏为茯苓。取之砂石间，异若龟鹤形。"

另有两首五律《寻纪道士偶逢诸叟》和《同萧炼师宿太一庙》，意思与前三首相类，只是境界不大，艺术上也较为逊色。

在李益集中还有一首七古《登天坛夜见海》（天坛，山名，为王屋山绝顶）。它同样也是山水游仙之作，而气象则更见雄浑，与李白《梦游天姥吟留别》一诗非常相似，特别是诗中"九州下视杳未旦，一半浮生皆梦中"两句，被清人乔亿誉为"眼界胸次阔大不可言，前唯青莲，后唯玉局可以语此"①。虽然此诗所咏地点在王屋山，但却同样体现了魏晋遗风与盛唐余韵，在精神气象上是与"华州诗"别无二致的。

当然，"时有变而诗因之"②。李益的"华州诗"也多少受到了当时衰落国势的曲折挤压和当代诗坛风气的影响。这主要表现在这些诗篇的境界总体还不够阔大，气韵还不够飞动；正如明代陆时雍所言，李益诗歌"得太白之深，所不能者澹荡耳"③而且从体制上看，李益这一时期的诗作，虽曰古体为夥，却多是五言，与太白之尤擅七古者自是不同。凡此种种，都说明李益在大历时期的诗歌创作既有汉魏盛唐的遗风，同时又不能完全脱离当时的社会思潮与诗坛风尚。这也可以被视为唐诗史上的所谓"盛中之变"在李益诗中的生动体现。

二、李益不在"十才子"之列

"大历十才子"，是代宗大历时期（766—779），活动于长安和洛阳一带的一个著名的诗人群体。据唐人姚合（779？—846？）所编

---

① （清）乔亿：《大历诗略》卷 4，转引自郝润华辑校《李益诗歌集评》，第 42 页。笔者按：玉局，指北宋苏轼。苏轼暮年由海南遇赦北返，"复朝奉郎，提举成都玉局观，居从其便"（苏辙《亡兄子瞻端明墓志铭》，《苏辙集·栾城后集》卷 22，中华书局 1990 年版，第 1126 页）。故被尊称为"玉局翁（公）"，简称"玉局"。

② （清）叶燮：《原诗》，《清诗话》本，第 569 页。

③ （明）陆时雍：《诗镜总论》，《历代诗话续编》本，第 1419 页。

《极玄集》卷上"李端"名下所注"十才子"分别是李端、卢纶、吉中孚、韩翃、钱起、司空曙、苗发、崔峒、耿湋和夏侯审。① 《旧唐书》卷163《李虞仲传》提及"大历十才子"这一集体性名号，但未尽录十人的具体姓名。《新唐书》卷203《卢纶传》复将《极玄集》中的人员界定写入正史。而将李益归入"十才子"之列，最早始于南宋的计有功："大历十才子，《唐书》不见人数。卢纶、钱起、郎士元、司空曙、李端、李益、苗发、皇甫曾、耿湋、李嘉祐。又云：吉顼、夏侯审亦是。或云：钱起、卢纶、司空曙、皇甫曾、李嘉祐、吉中孚、苗发、郎士元、李益、耿湋、李端。"②

　　从唐代至今，大多数学者赞成《极玄集》的说法③，其中专论李益不在"十才子"之列的，有明人胡应麟《诗薮》④、吴庚舜《"大历十才子"无李益》⑤ 等，但都存在论述过简的不足。同时，至今仍有将李益纳入"十才子"之列的，如焦文彬等选注《大历十才子诗选》⑥。笔者也是赞同《极玄集》之界说的，并且拟在已有论述的基础上，再从诗作酬答与人格品行两个方面补充考论如下。

　　通过诗歌作品考察李益在大历时期的交游情况，不难发现李益与当时的所谓"十才子"中的一些成员是结下一定的友情的，但是，彼此关系总的来说比较疏远，李益不可能在"十才子"之列。

　　据笔者检核，在大历时期，与李益有较多过从的人大都是一些身处下层的文士和隐士道家之流。下层文士如与李益"同落第者"（李益《送同落第者东归》）；隐士道家之流如"华山隐者"（李益《入华山访隐者经仙人石坛》）、"华山道者"（李益《同萧炼师宿太一

---

①　傅璇琮主编：《唐人选唐诗新编》，陕西人民教育出版社1996年版，第539页。

②　（宋）计有功编，王仲镛校笺：《唐诗纪事校笺》，巴蜀书社1989年版，第813—814页。

③　参见黎国韬《大历十才子名号考》，《中山大学学报》2009年第3期，第60—64页。

④　（明）胡应麟：《诗薮·外编》卷3，上海古籍出版社1979年版，第172页。

⑤　《社会科学战线》1979年第3期，第199页。

⑥　陕西人民出版社1988年版。

庙》）、"华山诸叟"（李益《寻纪道士偶会诸叟》）等。此外，李益还有诗相赠裴佶、王达（李益《城西竹园送裴佶王达》）等当时似不甚落魄，但也未为闻达的文士（裴佶，大历五年进士，晚年官至工部尚书；王达，后来曾官扬州司户参军）。

李益与卢纶是姻亲关系，后者是前者的内兄。二人相互赠答的诗作现存几首，可以见出二人之间感情的深挚，但明显均作于大历以后的德宗朝。

能够表明李益与当时声名籍甚的"大历十才子"（卢纶除外）有所交往的作品，现在只能见到他所写的《竹窗闻风寄苗发司空曙》一诗。苗发（？—786），字不详，潞州壶关（今属山西）人，宰相苗晋卿子。弱冠入仕。历任饶州乐平令、秘书丞、都官员外郎、驾部员外郎、终兵部员外郎。与钱起、卢纶等诗酒唱和，游于驸马郭暖之门，预"大历十才子"之列。司空曙（720？—790？），字文明，一作文初。广平（今河北永年）人。大历五年任左拾遗，大历初登进士第。大历末贬长林（今湖北荆门）丞。二人于大历中皆与钱起、卢纶等诗酒唱和，游于驸马郭暖之门，而就"大历十才子"之列。李益全诗为："微风惊暮坐，临牖思悠哉。开门复动竹，疑是故人来。时滴枝上露，稍沾阶下苔。何当一入幌，为拂绿琴埃。"此诗风格清新隽永，抒情细致入微，笔触因风而发，以幻觉的形式来表现对故人，即苗发与司空曙的不尽思念。① 李益对苗发与司空曙的感情固然很诚挚，但在他们两人以及"十才子"其他成员的现存的诗歌作品中，我们却寻不到对于李益的任何情感上、乃至应酬上的回应。相对于"十才子"之间大量酬唱诗作的存在②，在排除了作品亡佚等的客

———————

① 笔者按：这首五律的颔联，在当时已经很受人们喜爱，蒋防把这两句诗直接引入其传奇《霍小玉传》中（只是在该传奇中"门"作"帘"而已），而元稹的《会真记》则在此基础上又生发出"待月西厢下，迎风户半开。拂墙花影动，疑是玉人来"四句，进而为《王西厢》承继保留下来。后世的读者只知道感叹王实甫的文笔超群，却不知感谢李益及元稹的创始功劳。

② 参见储仲君《试论"大历十才子"的诗作》，《晋阳学刊》1984 年第 4 期，第 68—72 页；刘燕燕《大历十才子研究》，硕士学位论文，内蒙古大学，2006 年，第 27—28 页。

观因素之后，我们仍然可以感受到此种友谊的不平衡性和"十才子"群体对李益感情的冷漠。

笔者认为，李益没有进入"十才子"的圈子而且与其关系疏远的情形，除去显而易见的年龄长幼（"十才子"稍年长于李益）、及第早晚（"十才子"大多及第早于李益）和为官地点及官职层次的差异（"十才子"常在长安、洛阳二都，属京官；李益长期为地方官，在都城的时间很短）外，更为主要的是由其人生志趣的不同造成的。李益与"十才子"在当时都仕途坎坷，沉迹下僚。李益心存"名悬壮士籍"（《城旁少年》）的大志，有着"莫以衣上尘，不谓心如练"（《游子吟》）的高洁品性，在时运不济，壮志难伸的情况下，寄情山水，探访神仙，虽有消极避世之嫌，但却能做到洁身自好，独善其身，可以说此时的李益是一位孤傲的高士。相形之下，"十才子"可就大不相同了。他们大都没有高远的志向，也不讲什么出处原则，为了在仕途上飞黄腾达，竟置自己的人格尊严于不顾，一味攀附豪门，为他们歌功颂德。"十才子如司空曙附元载之门，卢纶受韦渠牟之荐[①]，钱起、李端入于郭氏贵主之幕，皆不能自远权势。"[②] 他们有的在权贵面前低声下气，乞求援引："鹡鸰无羽翼，愿借宪鸟翔"（钱起《清泥驿迎宪王侍御》，《全唐诗》卷236）；有的向权臣求依附、表忠心："岂能裨栋宇，且贵出门阑"（崔峒《咏门下画小松上元王杜三相公》，《全唐诗》卷294）；一旦干谒不果，他们就垂头丧气："应怜在泥滓，无路托高车"（卢纶《郊居对雨寄赵涓给事包佶郎中》，《全唐诗》卷278）。可见，"十才子"在本质上不过是奔走于权门的帮闲文人而已。所以，单从品行方面而论，后人把李益归之于"十才子"之列，也是不恰当的。

大历时期是李益诗歌的成长期。从现存诗歌来看，李益在这一时期的创作数量不多，成就也不算太高，并且尚未完全形成自己的独特风格。其诗歌创作与大历诗坛的交互关系主要表现在以下几个方面。

---

① 笔者按，此事发生于德宗朝，见《新唐书》卷203《卢纶传》。

② （明）胡震亨：《唐音癸签》，上海古籍出版社1981年版，第268页。

首先，典型的大历诗风在他这一时期的诗歌创作，尤其是送别酬赠之作中留下了明显的印痕；其次，李益在创作上也有迥异时流的叛逆行为，这主要表现在体现着汉魏遗风和盛唐余韵的"华州诗"以及少数表现人生理想的古体诗中；最后，李益在大历诗坛不过是一个晚生后辈，他与当时的"十才子"等诗坛名流并没有多少来往，他对当时诗坛也尚未产生显著的影响。一言以蔽之，大历诗坛是诗人李益赖以成长的巨巢，而青春的叛逆又不时奔突于这位年轻诗人的热血中，但他无论在年龄上还是在诗艺上毕竟都还很年轻。

第二章

贞元诗坛·一大支柱

一、诗坛一角君虞支

历史进入德宗时代，李益也迎来了他诗歌创作的辉煌阶段。"大明瞳瞳天地分，六龙负日升天门"（李益《大礼毕皇帝御丹凤门改元建中大赦》），这样焕然一新的社会环境，激发了广大文人士子乘时而起、建功立业的人生热情。李益从建中元年开始至贞元十六年前后，"从事十八载，五在兵间"（李益《从军诗序》）；尔后又南游江淮一带。这一时期，李益创作了大量的奠定其在当时诗坛重要地位的优秀边塞诗，以及一些描写江淮风土人情的风格优美的诗篇。以现存的作品而论，上述两类诗歌合计有七十余首，约占无著作权之争的李益诗作的一半。因此，贞元时期堪称李益诗歌创作生涯中数量质量双丰收的高峰期。同时，从诗史发展的情形来看，李益与顾况、孟郊三位诗人又合力对整个贞元诗坛起到了无可替代的支撑作用，换言之，贞元诗坛至少有一角是由李益以自己的创作实绩来支撑的。

（一）贞元诗歌总体风貌与李益等人所起的支撑作用

德宗一朝的社会政治状况较之大历时期更为复杂。一方面，"德宗初政可谓能起衰振弊而终无成功"①，而且在"建中之乱"的重创之下，德宗转而对割据的藩镇采取了妥协政策，并日益猜忌朝臣而重用宦官，政治称不上清明，国力更不能说强大；而另一方面，"当恢

---

① 吕思勉：《隋唐五代史》，上海古籍出版社1984年版，第282页。

复中央权力的奠基人宪宗在 805 年登上皇位时，宪宗的的确确发现，他采取强有力的政策所需要的制度手段以及财政、军事资源基本上已经具备，这应归功于德宗不事声张和坚持不懈的努力"①。故而，总的来说，德宗算是一位有些作为的君主，德宗时代应该被视为唐帝国在安史之乱以后国力缓慢回升，为"元和中兴"做准备的重要阶段。这种生机初现的时代背景也使当时的诗坛平添了许多生气。

早在中唐时代，李肇就在其《唐国史补》中从诗歌创作角度指出，"贞元之风尚荡"②。可惜的是，后世在此基础上对贞元诗风的进一步申说却中断了，仿佛只是一段没有代表性诗人因而缺乏个性可言的过渡时期，贞元诗坛长久地被绝大多数诗论家和文学史家所漠视。他们或以"大历体"、"元和体"来遮蔽贞元诗坛的客观存在③；或视之为处于"大历之后"、"元和中兴"之间而"流于委靡"④ 微不足道的阶段，甚至在近年具有代表性的文学史著作（如中国社会科学院"中国文学通史系列"之《唐代文学史》、袁行霈主编《中国文学史》等）和学术专著（如蒋寅著《大历诗风》⑤）中这种偏颇的看法依然存在。少数论著（如许总著《唐诗史》⑥）虽然提及贞元诗风，可惜语焉不详。实际上，这一时期的诗坛既具有由大历诗风向元和新变的过渡性，又呈现出自身的鲜明风貌。

钱起（贞元元年，即 785 年卒）、李端（贞元二年卒）、韩翃（约贞元三年卒）、刘长卿（贞元四年卒）、戴叔伦（贞元五年卒）、司空曙（贞元六年卒）、韦应物（约贞元七年卒）等大历诗坛宿将中的大多数人随着各自人生暮年的来临，在进入德宗朝以后诗歌创作进

---

① ［英］崔瑞德：《剑桥中国隋唐史》，中国社会科学出版社 1990 年版，第 513—514 页。

② （唐）李肇：《唐国史补》，上海古籍出版社 1979 年版，第 57 页。

③ （宋）严羽著，郭绍虞校释：《沧浪诗话校释》，人民文学出版社 1983 年版，第 53 页。

④ （明）许学夷：《诗源辩体》，人民文学出版社 1987 年版，第 248 页。

⑤ 蒋寅：《大历诗风》，上海古籍出版社 1988 年版。

⑥ 许总：《唐诗史》，江苏教育出版社 1994 年版。

入了低沉期（韦应物在晚年仍有不少佳作，是个例外）。换句话说，这些诗人诗歌创作的辉煌期主要在大历时代。到贞元十一年（796）至贞元十六年（800）间，孟郊、韩愈、张籍、李翱等先后在汴州和徐州会合，作为此后元和诗坛两大派别之一的韩孟诗派才初步形成。除孟郊以外，韩愈等人在贞元后期（尽管韩在这一时期已逐渐成为古文运动的领军人物）诗歌创作的成就还不算很大①。而元白一派的兴盛比韩孟一派还要晚些，迟至贞元十八年（802），年轻的白居易、元稹在长安应吏部试期间方始订交，其时二人作品还不多，名气也小；其他如刘禹锡、柳宗元等人的创作状况和文学地位也与元白相差无几。显而易见，除了年纪较大的孟郊以外，韩、白、元、刘、柳等人到了元和时期才在诗坛大放异彩。

其实，贞元诗坛还是有其鲜明的风貌和支柱人物的。上述唐人李肇所云"贞元之风尚荡"，语言虽嫌简略，却十分明确地将贞元视为唐诗流变中的一个独立阶段。此时诗坛的面目既有异于大历时期的风格趋同，又不同于元和时代的千姿百态，砥柱其间的诗人为数虽少却各具一副笔意。在这二十多年中，"大历十才子"与地方官诗人群凋零较早（卢纶是个例外，他在贞元年间久佐军幕并创作了一些优秀的军旅题材诗篇）；方外诗人群主要是顾况、皎然在支撑门户，台阁诗人前有包佶，后有权德舆引领风气；李益则北上边塞南游江淮，诗名扬于天下；值得注意的是，作为韩孟诗派先驱的孟郊也在贞元后期脱颖而出，"寒"气逼人。在上述这些诗人中真正具有创作实绩，具备诗史意义的当属从大历时代走来的顾况、李益与崛起于贞元后期的孟郊三家。顾况在建中初至贞元末先入韩滉幕为判官，再入朝为校书郎等职，不久被贬为饶州司户参军，最终归隐受道箓。在这期间，顾况先后创作了大量的题画诗、音乐诗、山水诗和感怀诗，风格"俗"、"奇"互见，充分反映了诗人的生活热情和放旷情怀。孟郊从建中元年至贞元二十年经历了漫游、应试、为溧阳尉及辞官等人生转变，却

---

① 贾晋华：《论韩孟集团》，《唐代文学研究》第五辑，广西师范大学出版社1994年版，第403—405页。

因拙于生事，潦倒始终，所以其诗"寒"、"怪"相融，好古守拙的寒士之风洋溢其中，从而引导了韩孟一派的创作风气。而李益则自建中元年至贞元十六年五度北上从军，在随后的几年中又南游江淮一带。这二十余年是李益诗歌创作的高峰期。其间他创作了数十首悲壮苍凉的优秀边塞诗和多首清新优美的描写江淮风光和反映南国风情的动人诗篇，诗风刚柔相济。三人在当时鼎足而立，尽管诗风各异，但都精神饱满，元气充沛，以各自的优秀诗篇交相辉映，充分展示出贞元诗坛"尚荡"的独特风貌。

如果说，李肇把大历诗风概括为"浮"，把元和诗风概括为"怪"都有失公允的话，他用一"荡"字来形容贞元诗风则是比较恰切的。按照笔者的理解，在这里，"荡"首先是一种心理状态，一种处于低沉与振奋之间的临界性的心理状态。随着历史由"大历低谷"向"元和中兴"攀升，人们的内心也由一潭死水逐渐荡起涟漪而终至波涛澎湃，而贞元时代人们的心态恰恰就处于这个微波荡漾的阶段。进而，这种心理状态反映到诗歌创作中，便呈现出一种奇崛放任、疏荡磊落的诗歌风貌，这就是"荡"字在文学批评方面的主要内涵。这是从"气骨顿衰"的大历诗风到百舸争流的元和诗风之间必然要经历的重要阶段。对于"尚荡"的贞元诗风，可以从"由上返下"、"由冷变热"、"由平转奇"三个方面来作具体分析。

首先，诗人的生活道路、诗歌思想格调"由上返下"。大历时代的主要诗人，无论是"十才子"还是江南地方官诗人，其生活范围基本上是在社会的中上层；而到了贞元时代，处于中坚地位的诗人们则大都有社会下层生活的体验。李泽厚认为，以两税法的国家财政改革为法律标志，世俗地主日益取代门阀世族，中唐世俗地主在多方面开拓世俗化，在文艺美学领域贵族气派也随之逐渐让位于世俗风度①。顾况家门不显，一生大部分时间是隐居，而他的隐居（晚年入道后除外）只是远离名攻利夺之地，对于民间的世俗生活却是非常亲近，这既与他的出身有关，也是受当时盛行于南方的洪州禅之类主张融入日

---

① 参见李泽厚《美的历程》第八章，天津社会科学出版社 2001 年版。

常生活的"世上禅"影响的结果（当时许多的方外诗人如秦系、于
鹄、刘方平、皎然等人都是这样）。就李益而言，虽然出身陇西大姓，
但到他的父辈那一代已经门祚衰微，他早年又长期沉迹下僚，尤其是
贞元时代北上边塞南游江淮的经历使他接近了下层百姓特别是戍边士
卒的生活，深刻体验到了他们的爱国情怀和思乡之苦。和李益有些相
似，"大历十才子"中的卢纶在仕途遭到挫折后，于贞元元年入河中
浑瑊幕为判官，在长达十余年的幕僚生涯中，既亲见军旅之威武，又
深知士卒之苦辛。孟郊一生穷愁潦倒，在人生的绝大部分旅程中，生
计甚至比平常百姓还要艰难。"借车载家具，家具少于车"（《借
车》），"一步一步乞，半片半片衣"（《送淡公》），正是诗人窘困生
活的生动写照。

　　贞元时代的诗人们有了这样的人生经历和生活体验就能写出反映
民生甘苦、士卒哀乐以及其他人间真相的诗篇，就能够在诗歌中写出
民间气息和民歌风味。他们的诗作，有的关注百姓命运，如顾况的
《上古之什补亡训传十三章》，孟郊的《寒地百姓吟》《织女词》；有
的描写边塞将士之勇敢、军旅生涯之苦乐，如李益的众多边塞诗以及
卢纶的《逢病军人》等军旅题材诗；有的同情遭遇婚恋不幸之妇女，
如顾况的《弃妇词》，李益的《杂曲》《江南曲》等。民间风味和俚
俗气息在顾况的诗作中表现得最为突出，他的《石苔藓歌》明白如
话，《杜秀才画立走水牛歌》诙谐土气，《古仙坛》戏谑天真。在顾
况的诗集中这样的例子还可以举出很多。孙光宪《北梦琐言》卷7所
载的顾况替秀才续诗的那则轶事，尤其可见顾况诗风俚俗放诞的一
面。这种俚俗气息在卢纶诗中也有反映，以至于许学夷对他的《与张
擢对酌》有"读之诚欲呕吐"[1]之讥；《四库全书总目提要》对他的
《王评事驸马花烛诗》以及《送道士》也有"颇涉俗格"之评。显然
顾况等的粗豪俚俗之作已经开启了"元轻白俗"（苏轼《祭柳子玉
文》）的先声。而在上述李益的几首妇女诗中，民歌风味也是很浓郁

----

① （明）许学夷：《诗源辩体》，第248页。

的，"殊有汉魏乐府之遗"①。

其次，诗人的生活态度和诗歌情感指数"由冷变热"。由于国家形势的衰弱和人生前途的迷茫，大历诗人们对国家、社会甚至对自身都表现得相当漠然。他们的心态从总体上讲是暗淡无光的，甚至是未老先衰的。这种情况到了贞元时代则发生了很大变化。随着国家整体形势的好转，诗人们开始有了希望，心中也平添了不少热情。他们开始关注现实，尽管现实还并不算美好；他们开始关注自身，尽管人生还有很多的不如意。顾况虽然被目为方外诗人，但他对世俗生活却充满热情。除了在晚年受道箓以后，他一生大部分时间都把自己融入现实生活之中，尤其是满怀热情地追求生命自由和人生理想，痴迷地构建自己瑰丽迷人的艺术世界。他为人绝不为名缰利锁所束缚，相反，活得很张扬、很痛快。且看作为诗人兼画家的顾况在作画时是何等的激情四溢："每画，先帖绢数十幅于地，乃研墨汁及调诸采色各贮一器，使数十人吹角击鼓，百人齐声啖叫。顾子着锦袄缠头，饮酒半酣，绕绢帖走十余匝，取墨汁摊写于绢上，次写诸色，乃以长巾一，一头覆于所写之处，使人坐压，己执巾角而曳之，回环既遍，然后以笔墨随势开决为峰峦岛屿之状。"② 李益从军边塞近二十年，边陲大漠的偏远荒凉，军旅生涯的奔波艰险并没有使他为国靖边的热忱和建功立业的热望有丝毫的消磨。"莫遣只轮归海窟，仍留一箭定天山"（《塞下曲》），"幸应边书募，横戈会取名"（《赴邠宁留别》），正是李益的热诚自白。孟郊长年饥寒交迫，厄运相仍，但他的心底还是热的。他孝敬老母（《游子吟》），爱恋妻子（《结爱》），痛悼夭子（《杏殇》），牵挂兄弟（《忆江南弟》），惦念朋友（《汴州离乱后忆韩愈李翱》）。贞元时代诗人们心头的种种热情，反映到创作中来，便是顾况诗之放旷，孟郊诗之冷硬，李益边塞诗之悲慨。究其实，这

---

① （清）贺裳：《载酒园诗话又编》，《清诗话续编》本，上海古籍出版社 1983 年版，第 341 页。

② （唐）封演著，赵贞信校注：《封氏闻见记校注》，中华书局 1958 年版，第 43—44 页。

放旷，这冷硬，这悲慨，皆是诗人们各自生活热情的不同表现罢了。而这种种创作热情的进一步生发，则开启了此后元和时代孟、韩、元、白、刘、柳、长吉诸人千帆竞渡各逞诗才的兴盛局面。

最后，诗人的生存方式和诗歌审美趣味"由平转奇"。蒋寅指出："大历诗人有个普遍的倾向，就是共性突出而个性平淡。"[1] 换句话说，大历诗人的生活是比较低调的，甚至是平庸的。而贞元时代的诗人们则力图在生存方式上打破平庸，活得更为张扬，更有个性。顾况思想深受道教和禅宗的影响，为人狂放不羁。早在大历时代就与被流放江南的放达之士李泌、柳浑"为人外之交，吟咏自适"（《旧唐书》卷130《李泌传》）。建中末，顾况入韩滉幕，主要是因为与幕主及僚友戴嵩、张符等在艺术（主要是绘画）趣味方面的投合。贞元三年，当柳浑举欲荐他入朝为校书郎时，他竟以"此身还是笼中鹤，东望沧溟叫数声"（顾况《答柳相公》）狂诞诗句相辞[2]。虽然对于这个为人艳羡的清望之职始辞终受，但他却依旧我行我素、不自检束，终因"作《海鸥咏》嘲诮权贵"[3]，被贬为饶州司户参军以后，顾况彻底脱离官场，入茅山为道士，寿近期颐。由此可见，顾况是一个桀骜不驯的"狂生"（顾况曾多次如此自称），一个无功无名的奇士。与顾况不同，孟郊的生平特征是"寒"与"直"。"寒"主要是指他生活的贫寒；而"直"主要是指诗人甘于这种贫寒生活的寒士风范。他幼年丧父，生活窘困，屡试不第，至贞元十二年四十六岁时才中进士，五十二岁始为溧阳县尉。在任上仍以游览赋诗为务，出薪俸之半请人代理曹务，终因贫困至极而辞职。此后他又有丧子之痛，最终在六十四岁时暴病而卒。其实，穷愁潦倒的生活并不完全是命运的安排，而在很大程度上是与孟郊正道直行、视富贵若浮云的人生操守有关。在《伤时》一诗中他曾自言君子固穷之志："常闻贫贱士之常，草木富

---

① 蒋寅：《大历诗人研究》，中华书局1995年版，第113页。

② （唐）李实：《尚书故实》，王启兴等校注《顾况诗注·附录》，上海古籍出版社1994年版，第179页。

③ 傅璇琮：《唐才子传校笺》（一），中华书局1987年版，第645页。

贵莫相笑。"在夤缘攀附成风的中唐时代，孟郊这种古直高洁的品性是难能可贵的，以至于在五百年后元人辛文房对孟郊的为人仍然满怀敬意："郊拙于生事，一贫彻骨，裘褐悬结，未尝俯眉为可怜之色。"① 与顾况之"狂"、孟郊之"寒"不同，李益的生活主调是"刚"。李益性情之"刚"主要表现在他北上边塞、"五在兵间"（李益《从军诗序》）的人生选择上。李益五度从军，前后历时近二十年，次数之多，时间之长，不要说在中唐，就是在盛唐的边塞诗人中也极为少见，而这恰恰凸显了他勇武坚毅的襟怀。

诗人们个性突出、不甘平庸的生存方式，使其诗歌在审美趣味上也发生了由平到奇的转变。贞元诗风之奇，首先表现在顾况诗歌的奇幻上。顾况之诗以古诗和歌行为最多，这类诗体限制最少，最易表现放旷不羁的情怀；从题材内容上讲，顾况写得最好的是题画诗、音乐诗、山水诗和咏怀诗，诗中多表现他对艺术的钟爱，对自然的皈依，对尘世的喟叹，以及对神仙缥缈之境的向往。奇幻放荡的内容配以最少约束的形式真可谓水乳交融，相得益彰。想象过人，笔致纵横，意象新奇，境界奇幻是这些诗作最为突出的特点。韩门弟子皇甫湜对顾诗所作的"偏于逸歌长句，骏发踔厉，往往若穿天心、出月胁，意外惊人语非寻常所能及"② 的评价，并非虚誉。贞元诗风之奇，同时表现在李益边塞诗的悲壮上。正如苏雪林所指出的大历诗歌可以说是"优美"而不能说是"壮美"③，而从建中初到贞元末，李益在边幕中陆续创作了大量寥廓悲慨的边塞诗。尽管诗中的情调不如盛唐边塞诗那样高昂，但却掩不住凛凛的阳刚之气。贞元诗风之奇，还表现在孟郊诗作的怪诞上。孟诗在内容上多写某些极端的事物，如寒冷、饥饿、疾病等等。诗人这种以丑为美挑战传统的审美趣味主要是由他穷愁潦倒、厄运相仍的生平遭际所造成的。他选择这些令人不快甚至恐

---

① 傅璇琮：《唐才子传校笺》（二），中华书局 1989 年版，第 512 页。

② （唐）皇甫湜：《唐故著作左郎顾况集序》，《全唐文》卷 686，中华书局 1983 年版影印本，第 7026 页。

③ 苏雪林：《唐诗概论》，上海书店出版社 1992 年版，第 107 页。

惧的事物作为吟咏对象，是"企图通过对丑恶事物的描述，在理性上给予否定，从而达到对美的肯定。同时，在心理感受上，又努力以丑怪、奇异、荒诞、突兀的形象和画面，使读者震惊；震惊之余，使读者在回味中思考这些形象和画面所留下来的哲学因素"①。与此相应，孟诗在用词、造句、修辞等方面也有不少一反常态之处。总括来讲，李益诗风的悲慨是对建安风骨和盛唐气象的新变；顾况诗风的奇幻是对李白诗歌飘逸气息的发展；孟郊诗歌之怪诞则比顾况更进一步，直接开启了元和诗坛的尚怪诗风。

综上所述，在世俗地主社会地位日益上升的贞元时代，诗人们与社会下层的关系较之大历时代更为密切，下层生活的体验也就更为深广。这无疑会激发出他们关注社会关注人生的生命热情和饱满的艺术活力，并促使他们创作出或放旷或悲壮或怪诞的元气充沛的优秀诗篇，不但成为从大历向元和过渡的诗史纽带，同时也呈现出贞元诗坛自身疏荡奇崛的独特风貌。

（二）悲慨苍秀的边塞诗

边塞诗是李益诗歌中的最大亮点。下面首先参考卞孝萱先生所撰《李益年谱稿》和《唐才子传校笺》谭优学笺、陈尚君补笺李益条，对其从军边塞的行踪及创作情况略做勾勒。建中元年（780），李益第一次从军，入朔方节度使（治所在今宁夏灵武）崔宁幕，并随崔宁"巡行朔野"（《从军诗序》）；次年，崔宁受宰相杨炎排挤而罢职，李益也失意东归。建中三年，李益第二次从军，入幽州节度使（治所在今北京）朱滔幕，旋以幕主叛唐，弃之而归。次年，李益登书判拔萃科，授侍御史。贞元元年（785）李益再次从军塞上，入灵州大都督、西受降城天德军、灵盐丰夏等州节度使杜希全幕。贞元六年或七年，李益又入邠宁节度使（治所在今陕西彬县）张献甫幕。贞元十三年，李益第五次也是最后一次从军，复至幽州，被节度使刘济辟为从事，后进为营田副使，颇得眷顾。贞元十六年，李益最终脱离了幕

---

① 陈铭：《唐诗美学论稿》，中州古籍出版社1987年版，第86页。

府，结束了他近二十年的军旅生涯。李益的边塞诗绝大部分诞生于这一时期，而且还呈现出随着时间的推移诗作数量和质量都渐次下滑的创作特点。在第一次从军跟随幕主"巡行朔野"期间，李益写出了诸如五古《五城道中》，七古《登夏州城观送行人赋得六州胡儿歌》（简称《六州胡儿歌》）、《从军夜次六胡北饮马磨剑石为祝殇辞》（简称《祝殇辞》），七律《盐州过胡儿饮马泉》，七绝《拂云堆》《度破讷沙二首》《塞下曲四首》《夜上西城听梁州曲二首》《暖川》（一作《征人歌》）、《暮过回乐烽》及最负盛名的《夜上受降城闻笛》等佳作。第二次从军时间短促，基本上没有留下什么篇什。此后的两次入幕时间较长，而李益所创作诗歌的数量和质量都比在崔宁幕中时要逊色不少，但还是写下了七绝《赴渭北宿石泉驿南望黄烽堆》《上黄烽堆》《邠宁春日》，五律《赴邠宁留别》等少数名篇。最后在刘济幕中，李益在创作上的收获就更小了，除了描写边地风光的几首诗较好外，基本上乏善可陈；值得附带一提的是，他在此时还留下了"感恩知有地，不上望京楼"（《献刘济》）的诗句，以致成为日后在朝中受人排挤的口实。李益这种创作热情和成就随时间递减的现象，主要与他在这一阶段的遭遇和心态有关。从军之初，面对一个新的广阔天地，希望满怀，自然诗兴勃发，佳作迭出；越到后来，年岁愈大，而境况如旧，不免灰心丧气，创作热情随之也消退了许多；最后，虽然受到刘济的看重，而以其半百之年仍未能一展怀抱，边塞诗的创作也就不可能再有多大起色了。但总的来看，李益在这漫长的军旅生涯中"或因军中酒酣，或时塞上兵寝，相与拔剑秉笔，散怀于斯文。率皆出于慷慨意气，武毅犷厉"（李益《从军诗序》）；这近二十年是李益一生中的激情燃烧的岁月，也是李益诗歌创作上高潮中的高潮。

"（李益）贞元末，与宗人李贺齐名……'回乐烽前沙似雪，受降城外月如霜'之句，天下以为歌词"（《旧唐书·李益传》）；"君虞边塞诗最佳"（沈德潜《唐诗别裁》卷2）。从中唐到当代，对于李益边塞诗的研究已经取得很大成就。但探讨的焦点仍大都集中在诗人五十余首边塞诗中的十数首名作上，其与盛唐、中唐其他诗人同类诗作的宏观比较研究则更为鲜见。① 下面，即由盛、中唐边塞诗发展嬗变之宏观视角通过纵向横向的双重比较，从作品数量、情感特征和美学风貌三个方面，对李益的边塞诗进行比较全面的考察。

1. 显而易见的数量优势

由于每位诗人的诗作散佚情况不同，边塞诗的范畴又有一定的模糊性，所以笔者做的只能是不完全统计②。李益现存诗一百七十四首，其中边塞诗近五十首，占他全部诗作的三分之一弱③。在盛唐，高适现存诗二百四十多首，边塞诗有四十多首，占总数的六分之一强④；岑参现存诗约四百首，边塞诗近八十首，约占五分之一⑤；王昌龄现存诗一百七十七首，有边塞诗二十三首，占八分之一强⑥；李白现存诗一千多首，边塞诗十余首，约占百分之一⑦；杜甫现存诗一千四百多首，边塞诗近二十首，约占七十分之一⑧；李颀、崔颢现存诗作总量不过百余篇和四十多首，边塞诗的数量都不多；王翰、王之涣流传下来的诗作寥寥，基本属于以数篇边塞佳作名垂千古的一类。在中唐，染指边塞诗的诗人和边塞诗总量虽然不减盛唐⑨，但高手名作却远不如盛唐多。李益而外，戎昱、卢纶、戴叔伦等人的边塞诗成就算是比较高的。戎昱现存诗近一百二十余首，边塞诗近二十首，约占六分之一⑩；卢纶现存诗三百三十多首，其中边塞诗三十余首，约占十分之一⑪；戴叔伦现存诗近一百九十首，边塞诗也只有十余首，约占

---

① 参见黄刚《边塞诗论稿》，黄山书社 1996 年版。

② 笔者按：这里，把反映边塞战争冲突、状写边塞将戍边生活、描绘边塞民俗风景的诗作都纳入统计范围。

③ 据范之麟校注《李益诗注》，上海古籍出版社 1984 年版。

④ 据刘开扬笺注《高适诗集编年笺注》，中华书局 1981 年版。

⑤ 据陈铁民、侯忠义校注《岑参集校注》，上海古籍出版社 1981 年版。

⑥ 据李云逸校注《王昌龄诗注》，上海古籍出版社 1984 年版。

⑦ 据瞿蜕园、朱金城校注《李白集校注》，上海古籍出版社 1990 年版。

⑧ 据（清）仇兆鳌校注《杜诗详注》，中华书局 1979 年版。

⑨ 黄刚：《边塞诗论稿》，第 105 页。

⑩ 据臧维熙校注《戎昱诗注》，上海古籍出版社 1994 年版。

⑪ 据刘初棠校注《卢纶诗集校注》，上海古籍出版社 1989 年版。

十八分之一①。

由以上比较可见，从盛唐到中唐，李益的边塞诗在绝对数量上仅次于岑参居第二位，在所占个人诗作总量的比例上则首屈一指。因而单从数量上看，李益在唐代边塞诗史上也是占有重要地位的。

2. 慷慨悲凉的感情旋律

从盛唐到中唐，唐帝国总体由盛转衰。边塞是展现国力盛衰的一面镜子。在感情基调方面，李益的边塞诗与盛、中唐的其他边塞诗相比，其突出之处在于唱出了中唐时代广大戍边将士慷慨报国的最强音和久戍思家的最低音。

首先，"莫遣只轮归海窟，仍留一箭定天山"。

慷慨报国的歌声至迟在《诗经·秦风·无衣》中就有了，只是在唐代，尤其是在盛唐这种歌声空前的雄浑豪壮。盛唐国力强大，民心昂扬，包括文士在内的广大青年雄心勃勃，渴望驰骋疆场，报效国家，建功立业。盛唐边塞诗就酣畅淋漓地表达了这样的壮志豪情："离魂莫惆怅，看取宝刀雄"（高适《送李侍御赴安西》）；"愿将腰下剑，直为斩楼兰"（李白《塞下曲六首》其一）；"黄沙百战穿金甲，不破楼兰终不还"（王昌龄《从军行七首》其四）；"近来能走马，不弱幽并儿"（岑参《北庭西郊候封大夫受降回军献上》）。这样慷慨激昂的边塞乐章在盛唐不胜枚举。读这样的诗，谁人不热血沸腾、豪气顿生！这就是边塞诗中的盛唐。

安史乱后，国力衰弊。边塞战争多处于被动防御的境地。面对外族的野蛮入侵，一些戍边将士发出了同仇敌忾、杀敌报国的怒吼："愿得此身长报国，何须生入玉门关"（戴叔伦《塞上曲》）；"吾身许报国，何暇避锋镝"（武元衡《塞下曲》）；"独立新扬令，千营共一呼"（卢纶《和张仆射塞下曲六首》其一）。这样刚健慷慨的边塞诗气度是不减盛唐的，但在中唐不是太多。主要是由于中唐国力大不如前，边关将帅狡黠腐败，士卒服役期限过长而使士气低沉不扬所致。

---

① 据蒋寅校注《戴叔伦诗集校注》，上海古籍出版社 1993 年版。

在李益的边塞诗中，这种抒发慷慨报国的诗篇有十多首，这在中唐是不多见的。

伏波唯愿裹尸还，定远何须生入关。莫遣只轮归海窟，仍留一箭定天山。（《塞下曲》）

破讷沙头雁正飞，鸊鹈泉上战初归。平明日出东南地，满碛寒光生铁衣。（《度破讷沙二首》其二）

腰悬锦带配吴钩，走马曾防玉塞秋。莫笑关西将家子，只将诗思入凉州。（《边思》）

第一首，连用四典，三位历史人物一起登场，坚毅勇猛，睥睨敌军，似一幅虎虎生风的历代名将图；第二首，直写白描，旭日初升，铁甲铮铮，一股豪壮之气蕴于无声之中，似一幅边地冬晨凯旋图。第三首，精描细绘，将门之后，儒雅英武，似一幅驰骋边陲、赋诗寄兴的诗人自画像。其他如《赴邠宁留别》（"身承汉飞将，束发即言兵"）、《再赴渭北使府留别》（"平戎七尺剑，封检一丸泥"）、《塞下曲》其四（"请书塞北阴山石，愿比燕然车骑功"）、《拂云堆》（"单于每向沙场猎，南望阴山哭始回"）、《送柳判官赴振武》（"君逐嫖姚将，麒麟有战功"）、《送常曾侍御使西蕃寄题西川》（"行当收汉垒，直可取蒲泥"），或自言非凡的身世，或抒发文武全才报国立功的壮志，或描写击退敌寇边境无虞的胜利场景，或勉励友人建功边庭，或借送朋友出使抒发收复失地的渴盼。这些诗篇无不写得壮怀激烈，神完气足，千载之下读之，犹使人荡气回肠。与盛唐高、岑等人之作相比，气势不让锱铢。故辛文房说李益："往往鞍马间为文，横槊赋诗，故多抑扬激厉悲离之作，高适、岑参之流也。"① 其中，除了把"悲离"一词借用来形容高岑边塞诗不甚恰当以外，这种比拟基本上是准确的。这是李益边塞诗富于盛唐余韵在诗歌思想感情方面的生动体现，同时也恰恰是李益在中唐边塞诗人群中能够一峰横绝的一个重要

① 《唐才子传校笺》（二），第99页。

原因。

在中唐的大多数边塞诗人都歌喉低沉的情况下，李益的边塞诗为什么却不乏盛唐之音呢？这应该与他的"关西将家子"的特殊家世和他出身的关陇一带尚武任侠的人文环境不无关系。首先，是李益的家世使然。据史载，李益为陇西姑臧人。陇西李氏自北魏以降即为声威显赫的高门大姓。《新唐书·高俭传》云："后魏太和中，定四海望姓，以（陇西李）宝等冠。"这位李宝，就是李益的十世祖。其在当时堪称战功显赫、举足轻重的政治人物。《北史·列传·序传》称："（魏太武帝）别遣使授宝持节、侍中、都督西垂诸军事、镇西大将军、开府仪同三司，领护西戎校尉、沙州牧、敦煌公，仍镇敦煌，四品以下听承制假授。"而由李宝上推，还有一位更令李益引以为荣的先人，那就是他的二十七世祖①西汉"飞将军"李广。这种"关西将家子"（《边思》）的特殊出身，必然使李益对于从军出塞较一般文士更富自觉性和自豪感。其次，是李益早年生活的地域风习历史积淀使然。李益出生成长于陇西边地。自上古以来，这里就处于草原民族与农耕民族的交界地带，尚武任侠之风源远流长。东汉班固曾指出："山西天水、陇西、安定、北地处势迫近羌胡，民俗修习战备，高尚勇力……其风声气俗自古而然。"（《汉书·赵充国辛庆忌传》）唐代杜佑的观点与班固所论也十分一致："其安定、彭原之北，汧阳、天水之西，接近胡戎，多尚武节。"②推而言之，在我国古代，刚健豪勇乃是北方人的主导性格。仅就唐代边塞诗人而论，其中的绝大多数是出身于包括关陇之地在内的北方地区的。王之涣，绛州（今山西绛县）人；李颀，嵩阳（今河南登封）人；王昌龄，京兆万年（今陕西西安）人；高适，郡望渤海蓨（今河北景县），出生地不详，早年曾寓居梁宋一带；崔颢，汴州（今河南开封）人；王翰，并州晋阳（今山西太原）人；祖咏，洛阳（今属河南）人；岑参，祖籍南阳棘阳（今河南新野），生于江陵（今湖北江陵）；卢纶，河中蒲

---

① 王亦军等校注：《李益集注·前言》，甘肃人民出版社1989年版。
② （唐）杜佑：《通典》卷174，中华书局1988年版，第4560页。

（今山西永济）人……在这些诗人中，除岑参出生于南方外，其余的都是地地道道的北方人。李益就是这众多北方籍边塞诗人中的一员。这是李益边塞诗铁骨犹存的地域文化因素。

其次，"不知何处吹芦管，一夜征人尽望乡"。

自有战争，就有边愁乡思，早在《诗经》中就有了"我徂东山，慆慆不归"（《豳风·东山》）的叹息。在唐代，从"唐玄宗改府兵制为募兵制，兵农分离，兵成为一种专门的职业"①，并且在边镇还设立了"长征兵"（同上）以后，士兵服役的期限被延长了。边塞生活艰苦，而且战争意味着死伤，这使得士卒们思念亲人和故乡的情绪更加滋长起来。在盛唐的边塞诗中，就有思乡之作。如岑参《逢入京使》："故园东望路漫漫，双袖龙钟泪不干。马上相逢无纸笔，凭君传语报平安。"又如王昌龄《从军行七首》其一："烽火城西百尺楼，黄昏独坐海风秋。更吹羌笛关山月，无那金闺万里愁。"在高适的《燕歌行》中也有"少妇城南欲断肠，征人蓟北空回首"的离思乡愁。但由于盛唐国力强盛，边塞军营中乐观向上的精神在总体上占上风，所以思乡而不见消沉，更不绝望。

进入中唐，情形就大不一样了。这一时期，因为国力衰弱，边患不息，士兵只能长年戍边，复员返乡的希望变得非常渺茫。漫长艰辛的边塞生活使士兵们倍加思念温暖的故园，归乡无期又反过来使他们备感戍边生涯艰辛漫长。其中的边愁比盛唐更为深沉，乡思中多了凄苦、无奈甚至绝望：

> 看图闲教阵，画地静论边。乌垒天西戍，鹰娑塞上川。路长唯算月，书远每题年。无复生还望，翻思未别前。（李约《从军行》）

把诗中"路长"一联与岑参"凭君传语报平安"的诗句对读，同是乡思，前者如巨石压胸，后者若天涯咫尺，一沉重，一轻快，况味判

---

① 范文澜：《中国通史简编》第三编第一册，人民出版社1965年版，第98页。

然；而国力的盛衰也隐然可见。

由于时代的原因，中唐边塞诗中抒写边愁乡思的作品不胜枚举。在李益的边塞诗中这类作品所占比例最大，有近二十首。《五城道中》在描述了"仍闻旧兵老，尚在乌兰戍"的凄苦遭遇后，发出了"未知朔方道，何年罢兵赋"的沉重叹息。《军次阳城烽舍北流泉》则以"今朝望乡客，不饮北流泉"的曲折笔法，写出了无尽而又强烈的思乡之情。《塞下曲四首》其三则上溯两汉，以苏武、蔡琰的故事为背景，慨叹千年以降，九曲黄河浩瀚大漠不知埋葬了多少戍边将士的愁思和遗憾：

　　　　黄河东流流九折，沙场埋恨何时绝。蔡琰没去造胡笳，苏武归来持汉节。

下面五首诗同样是抒写戍卒的思乡而都以曲调悲凉的音乐为触媒：

　　　　行人夜上西城宿，听唱梁州双管逐。此时秋月满关山，何处关山无此曲。（《夜上西城听梁州曲二首》其一）
　　　　鸿雁新从北地来，闻声一半却飞回。金河戍客肠应断，更在秋风百尺台。（《夜上西城听梁州曲二首》其二）
　　　　边霜昨夜堕关榆，吹角当城片月孤。无限塞鸿飞不度，秋风卷入小单于。（《听晓角》）
　　　　回乐烽前沙似雪，受降城外月如霜。不知何处吹芦管，一夜征人尽望乡。（《夜上受降城闻笛》）
　　　　天山雪后海风寒，横笛偏吹行路难。碛里征人三十万，一时回首月中看。（《从军北征》）

这五首所写的时间都在边地秋冬季节的黄昏、夜晚或清晨。渐凉的或严寒的自然环境，最易引发戍边士卒的孤独凄苦、眷念故园的情怀；更哪堪幽幽芦管、凄凄横笛缭绕耳际、回荡心间！

还有一首《登夏州城楼观送行人赋得六州胡儿歌》，其突出之处在于描写了当时已经归附的突厥余部的青年也加入了抗击侵略的行列，他们的亲人唱歌跳舞送他们赶赴边关。"无定河边数株柳，共送行人一杯酒"，一样的难割难舍；"心知旧国西州远，西向胡天望乡久"，不一样的乡情乡思，汉族人的家乡就在脚下，"六州胡儿"的家乡却远在天边。可见，当时的少数民族的乡思边愁一点也不比汉族人民轻浅，乡思边愁之外他们还别有一种断蓬无依之伤感。在古代作家中，能像李益这样深刻感受并成功表现了"胡儿"之漂泊无着的苦衷的，恐怕并不多见。

李益写边愁乡思的这些诗篇在他的边塞诗中不仅数量最多而且成就也最高，在当时就为他在诗坛赢得了很高的声誉："李益诗名早著，有'征人歌且行'一篇①，好事者画为图障。又有云：'回乐烽前沙似雪，受降城外月如霜。不知何处吹芦管，一夜征人尽望乡。'天下亦唱为乐曲。"② 这些诗篇的卓越成就，使李益成为中唐边塞诗人之翘楚。

要之，李益边塞诗与盛中唐其他边塞诗在思想感情方面相比较，与众不同或者说高出众人之处主要有两点，一是他的有些边塞诗充满了慷慨报国的豪情，不乏盛唐之音；二是他有更多更优秀的边塞诗抒发了戍边士卒的边愁乡思，在对普通士卒内心世界观照的深度上独步盛唐与中唐。

3. 刚柔相济阴柔偏胜的美学风貌

阳刚与阴柔，是两种相反相成的最基本的美学风格形态。早在先秦时代的《周易》中，就有"分阴分阳，迭用柔刚，故《易》六位而成章"③ 的精辟论断；其中所体现的虽然是华夏先民的朴素的世界观，但是我们仍然可以把它看作后世文艺美学意义上的刚柔范畴的滥

---

① 余正松、王胜明两位先生认为，"征人歌且行"一篇即李益《送辽阳使还军》一诗，见余正松、王胜明《李益生平及诗歌研究辨正》，《文学遗产》2004年第3期。

② （唐）李肇：《唐国史补》，上海古籍出版社1979年版，第55页。

③ 高亨注：《周易大传今注》，齐鲁书社1979年版，第610页。

觞。此后经过南北朝刘勰《文心雕龙》等文艺理论著作的阐发,至清人姚鼐形成最为系统详尽之论说:

> 鼐闻天地之道,阴阳刚柔而已。文者,天地之精英,而阴阳刚柔之发也……其得于阳与刚之美者,则其文如霆,如电,如长风之出谷,如崇山峻崖,如决大川,如奔骐骥;其光也,如杲日,如火,如金镠铁;其于人也,如冯高远视,如君而朝万众,如鼓万勇士而战之。其得于阴与柔之美者,则其文如升初日,如清风,如云,如霞,如烟,如幽林曲涧,如沦,如漾,如珠玉之辉,如鸿鹄之鸣而入寥廓;其于人也,漻乎其如叹,邈乎其如有思,暖乎其如喜,愀乎其如悲……且夫阴阳刚柔……糅而偏胜可也,偏胜之极,一有一绝无,与夫刚不足为刚,柔不足为柔者,皆不可以言文。①

就边塞诗而言,由于受其大漠边陲、金戈铁马的题材内容的制约,故而在总体上是以姚氏所比况的劲健壮朗的阳刚之美为首要审美特质的。这一点,在盛唐边塞诗中表现得极为突出。对此,古人时贤论列甚详,兹不赘述。那么,中唐边塞诗又表现为何种美学风格呢?严格讲来,中唐边塞诗中的美学意味较之盛唐边塞诗要浅淡得多。如前所述,新乐府诗人群的边塞诗大都以叙事、议论为能事,有些像古代的奏札或者今天的报告文学,思想上虽有深度,艺术上却少美感,因而很难谈到美感和风格问题。卢纶的《塞下曲六首》场景生动,气势高昂,颇有刚健之气;戎昱的《塞下曲六首》描写吐蕃入侵后所造成的边塞惨象,给人以强烈的悲剧性美感;戴叔伦的《关山月二首》在凄凉的边塞夜色中弥漫着征人怀乡的伤感,可谓悱恻动人。可是,由于他们的这些诗数量太少,不能形成规模,所以也难以形成鲜明的美学风貌。

相形之下,由于李益的边塞诗数量既多,艺术水平又高,在中唐

---

① (清)姚鼐:《惜抱轩诗文集》,上海古籍出版社1992年版,第93—94页。

边塞诗界最有实力高张自己的美学旗帜。这面旗帜不但可以胜出中唐，而且与盛唐边塞诗相比也是自有面目，同中见异。简言之，其在美学风格方面的相同之处在于，两者都洋溢着豪迈壮朗的阳刚之美。先看一首在李益边塞诗中不太起眼的五律《送柳判官赴振武》：

> 边庭汉仪重，旌甲事云中。虏地山河壮，单于鼓角雄。关寒塞榆落，月白胡天风。君逐嫖姚将，麒麟有战功。

这首诗首先展示给读者一幅雄奇壮阔的边塞秋晚图，随后表达了对友人立功军幕的热情祝愿。其境界之阔大、感情之激昂，与盛唐高适的《送李侍御赴安西》（"离魂莫惆怅，看取宝刀雄"）、岑参的《送李副使赴碛西官军》（"功名只向马上取，真是英雄一丈夫"）相比，也并不逊色。在李益集中，这样洋溢着阳刚之美的边塞诗还有不少：

> 行当收汉垒，只可取蒲泥。（《送常曾侍御使西蕃寄题西川》）
> 侠少何相问，从来事不平。（《赴邠宁留别》）
> 平戎七尺剑，封检一丸泥。（《再赴渭北使府留别》）
> 莫笑关西将家子，只将诗思入凉州。（《边思》）
> 莫遣只轮归海窟，仍留一箭定天山。（《塞下曲》）
> 平明日出东南地，满碛寒光生铁衣。（《度破讷沙二首》其二）
> 请书塞北阴山石，愿比燕然车骑功。（《塞下曲四首》其四）

如果李益的边塞诗仅仅是盛唐高岑等人诗作的翻版，那它们的美学价值将会大打折扣，因为翻得再像，也出不了前人的樊篱，也不能形成自己的个性鲜明的美学风格。而事实则是，李益更多的边塞诗展现出的是一种独特的阴柔"偏胜"之美，这才是李益边塞诗卓尔不群的美学价值所在。那么李益边塞诗的这种阴柔"偏胜"之美体现在什么地方呢？

　　第一，体现在其大多数边塞诗所表达的凄凉哀怨的边愁上。通过前文论述可知，这种愁思给人的主要是一种忧郁而非昂扬，凄凉而非热烈，委婉而非率直的美感。正如姚鼐所言，它所引发的是一种"愀乎其如悲"的阴柔型的审美心理状态。

　　第二，体现在其大多数边塞诗所描绘的苍凉冷寂的景物上。通过前文论述可知，这种景物在色调上是冷的而非热的，在听觉上是静寂的而非喧闹的，其时间背景多在秋冬季节的傍晚及清晨这一段。正如姚鼐所言，这是一种"如鸿鹄之鸣而入寥廓"的阴柔型的审美意象。

　　第三，体现在其大多数边塞诗所具备的情与景平衡交融的意境中。清人王夫之对情景交融曾有过这样的论述："景生情，情生景，哀乐之触，荣悴之迎，互藏其宅。"（《姜斋诗话·诗绎》）王氏的论说告诉我们，情景交融是一种含蓄的、平衡的美感状态。而具有阳刚之美的诗篇则相反，它们往往处于景随情生、以情驭景的不平衡的美感状态。

　　第四，体现在其边塞诗以七绝为主的短小体制的选择上。据笔者统计，在李益近五十首边塞诗中，律诗绝句共有三十三首，其中仅七绝就有二十二首，占到总数的几乎一半。似乎巧合的是，盛唐高、岑边塞诗的代表作多为七古，李益的优秀边塞诗则多为七绝。这种差异恰恰从一个侧面反映了他们所具有的阳刚与阴柔两种主导风格的不同。我们知道，七古是中国古代诗歌中约束最少，容量最大，最适合表现激昂奋发、纵横捭阖的阳刚之美的诗体。"七言古诗，要铺叙，要有开合，有风度，要迢递险怪、雄峻铿锵，忌庸俗软腐。"[1]"七古以气格为主，非有天资之高妙，笔力之雄健，音节之铿锵，未易言也。"[2]而七绝所擅长营造的则是一种委婉含蓄、摇曳生姿的阴柔之美："七言绝句，以语近情遥、含吐不露为贵。"[3]"七绝亦切忌用刚笔，刚则不韵。即边塞之作，亦须敛刚于柔，使雄健之章，亦饶顿

---

① （元）杨载：《诗法家数》，《历代诗话》本，中华书局1981年版，第731页。
② （清）钱泳：《履园谭诗》，《清诗话》本，上海古籍出版社1978年版，第872页。
③ （清）沈德潜选评：《唐诗别裁集》，上海古籍出版社1979年版，第653页。

挫，乃不落粗豪。"① 李益的边塞诗的阴柔偏胜之美显然是与诗人对短小诗体的偏爱大有关系的。

可见，从美学风格角度而论，李益边塞诗所体现出的是一种刚柔相济阴柔偏胜的独特风貌。以柔美为重心的边塞诗是以壮美为主要面目的传统边塞诗在中唐特殊的历史文化背景之下的一次新变。它的主要贡献是，为边塞诗开辟出了一片崭新的审美园地。同时，这也暗示了唐代边塞诗发展所面临的窘境。虽然李益当之无愧地跻身唐代一流边塞诗人之列，遗憾的是在他之后这一领域却再也没有出现一位大家高手。喧宾夺主的阴柔之美，美则美矣，然终非边塞诗本色。

总之，从整个盛、中唐边塞诗纵横比较的宏观视角来考察，显而易见的数量优势、慷慨悲凉的感情旋律、刚柔相济阴柔偏胜的美学风貌构成了李益边塞诗的三大鲜明特征。这一方面体现了李益在边塞诗创作方面的杰出成就；另一方面也传递出中唐以降边塞诗创作总体衰微的令人叹惋的诗史信息。

（三）清新优美的"南游诗"

虽然李益对他的最后一位幕主刘济曾一度心存感激，但从实际来看，刘济依然没有真正给他一展才智的机会。"胶胶司晨鸡，报尔东方旭。无事恋君轩，今君重凫鹄。"（《闻鸡赠主人》）贞元十六年（800）夏，五十五岁的李益终于离开塞上军营，转而南游江淮一带，直到贞元末才北返长安。此间，李益的主要行踪是，贞元十七年春，到达扬州并客居于此，一两年后，从扬州溯江西上，在巴陵滞留一段时间后，乃北还京洛。②

在这前后四五年的客游南方的过程中，李益创作并流传至今的诗篇有近二十首，形成了继边塞诗大丰收之后的又一次独具特色的创作

---

① （清）施补华：《岘佣说诗》，《清诗话》本，上海古籍出版社1978年版，第992页。

② 关于李益的"南行"踪迹，参见卞孝萱《李益年谱稿》，《中华文史论丛》（第8辑），上海古籍出版社1978年版，第397—398页。

高潮；令人遗憾的是，这些诗章却被人们长久地忽略了。直到 20 世纪 80 年代，当代学者卞孝萱、乔长阜才将它们引入学术探讨的视野，并在其合著的《李益评传》中把它们命名为"南行诗"①，但论析的深度和广度却很有限。直至今日，对李益"南行诗"的研究仍然停留在比较粗浅的层面。

故而，对李益"南行诗"的题材内容、审美风貌以及盛、中唐时期北方诗人在"南行"过程中诗风嬗变的情形作一较为全面深入的梳理，是十分必要的。

1."南行诗"的题材内容

就题材内容而论，李益的"南行诗"可以细分为羁愁乡思、怀古伤今、妇女婚姻三小类。

在李益的"南行诗"中，以表现羁愁乡思的诗作为最多。其中，有两首以候鸟起兴的：

> 早雁忽为双，惊秋风水窗。夜长人自起，星月满空江。(《水宿闻雁》)

> 江上三千雁，年年过故宫。可怜江上月，偏照断根蓬。(《扬州早雁》)

第一首诗将客游他乡的寂寞情怀全部融化于秋风冷水长夜星空之中，"不著一字，尽得风流"②。第二首诗则以迁徙有常的大雁为比衬，以断根的蓬草自喻，形象地展现出诗人漂泊不定的行踪和客游无依的愁思。

有以美景写乡思的：

> 柳花飞入正行舟，卧引菱花信碧流。闻道风光满扬子，天晴

---

① 卞孝萱、乔长阜:《李益评传》,《中国历代著名文学家评传》(第二卷),山东教育出版社 1983 年版,第 368 页。

② (清)马位:《秋窗随笔》,《清诗话》本,上海古籍出版社 1978 年版,第 832 页。

共上望乡楼。(《行舟》)

此诗的独特之处在于以江淮美景反衬游子乡思,正所谓:"虽信美而非吾土兮,曾何足以少留!"(东汉王粲《登楼赋》)

有客中送客,更添羁愁的:

> 青枫江畔白蘋洲,楚客伤离不待秋。君见隋朝更何事,柳杨南渡水悠悠。(《柳杨南渡》)
>
> 南游直入鹧鸪群,万岁桥边一送君。笛里望乡听不得,梅花暗落岭头云。(《扬州送客》)
>
> 烟草连天枫树齐,岳阳归路子规啼。春江万里巴陵戍,落日看沉碧水西。(《送人归岳阳》)

前一首诗在为江畔的夏日景象蒙上一层苍凉色彩以外,还以朝代兴替见人事沧桑,更添伤感。后两首诗在写景抒情的同时,把鹧鸪"行不得也哥哥"的劝说和子规"不如归去"的呼唤送到读者耳畔,别情相思被点染得更深了一层。乡愁太沉重了,信使便成了诗人传递思念的天使:

> 无事将心寄柳条,等闲书字满芭蕉。乡关若有东流信,遣送扬州近驿桥。(《逢归信偶寄》)

离开家园太长久了,以至于诗人泪下沾襟:

> 寒山吹雨唤春归,迁客相逢泪满衣。洞庭一夜无穷雁,不待天明尽北飞。(《春夜闻笛》)

"人归落雁后"(隋薛道衡《人日思归》)的无尽乡思,半生不遇的身世之感,初春时节的冷寂山水,在诗人闪闪的泪光中一并融入那清扬哀婉的笛声中,一起飘向遥远的天际。清人乔亿对这种情思绵邈的特色评价甚高，"意深于太白"①。

在李益的"南行诗"中，还有几首以怀古伤今为主题的。其中三首与隋炀帝有关：

> 故国歌钟地，长桥车马尘。彭城阁边柳，偏似不胜春。(《扬州怀古》)
>
> 碧水东流无限春，隋家宫阙已成尘。行人莫上长堤望，风起杨花愁杀人。(《汴河曲》)
>
> 燕语如伤旧国春，宫花一落已成尘。自从一闭风光后，几度飞来不见人。(《隋宫燕》)

当年隋炀帝开运河、造龙舟、起宫殿、下扬州，酒筵歌舞，何其繁华；转眼间，人死国灭，受到了历史的无情嘲弄，引发出后人的深沉感叹，这是上面三首诗的表层内容；而其更深的内涵在于，大唐帝国的盛衰剧变，当时国君臣民的困难处境，才是更"愁杀人"的。下面这首七绝《上汝州郡楼》没有发思古之幽情，而只是痛伤今朝，但其中蕴含的今昔之感，家国之忧却比前面三首更鲜明、更沉重：

> 黄昏鼓角似边州，三十年前上此楼。今日山川对垂泪，伤心不独为悲秋。

史载，唐德宗建中三年（782）淮西节度使李希烈据蔡州反叛，直到宪宗元和十二年（817）淮西叛镇才被裴度等人削平。在这期间，汝州一直处于唐王朝抗击淮西叛军的前沿。此番登楼，时当贞元末期，叛镇四起，山河破碎，生灵涂炭，与三十年前所见所感自是不同，怎不教人怆然泪下。清人黄叔灿选注《唐诗笺注》评之曰："'似'字见风尘满地，三十年中乱离飘荡，山川如故，风景已非。

---

① （清）乔亿：《大历诗略》卷4，转引自郝润华辑《李益诗歌集评》，甘肃人民出版社1997年版，第112页。

伤心不独为悲秋，俱含在内。"① 可谓中肯之言。

　　在李益的"南行诗"中，还有数篇涉及妇女婚恋问题的。如《江南曲》：

　　　　嫁得瞿塘贾，朝朝误妾期。早知潮有信，嫁与弄潮儿。

唐代商业繁荣，江淮一带尤其如此。这首诗就刻画了江南商人妇望夫不归的怨艾情状。尤其后两句虽系"荒唐之想，写怨情却真切"②，可谓"以无理而妙者"③。又如《山鹧鸪词》：

　　　　湘江斑竹枝，锦翅鹧鸪飞。处处湘云合，郎从何处归。

这首小诗同样是"以无理而妙者"。首句以斑竹暗示少妇思夫之伤怀，次句以鹧鸪远飞隐喻郎君外出不归；末两句则写少妇竟一时把她的郎君痴想做鹧鸪鸟，唯恐云层挡住了郎君的归路，皆因她"望郎归切，意炫目迷，故为此言"④。与《江南曲》《鹧鸪词》这两首小诗相比，五古《杂曲》中的女主人公的内心世界则要复杂细腻得多。诗的开篇，就是她对夫妻聚少别多的埋怨："十日或一见，九日在路歧"；随即她又对既有婚姻表达了深切的认同："妇人贵结发，宁有再嫁资"；但现实却又与她"宁以贱相守，不愿贵相离"的婚姻理想相去甚远；接下来，她就根据自己的切身体会，寄言身边的未婚女子对待婚姻大事要慎之又慎："有义即夫婿，无义还他人"；转而又写夫君远行，她不计前嫌深情相嘱："既为随阳燕，勿学西流水"；最后她向丈夫坦露了患难与共、生死相随的心曲："托身天使然，同生复同死。"怨艾与依恋同在，缠绵与坚贞相融，如此丰富细腻的心理

―――――――――

　　① 转引自郝润华辑《李益诗歌集评》，第117页。

　　② （明）钟惺、谭元春：《诗归》，湖北人民出版社1985年版，第548页。

　　③ （清）贺裳：《载酒园诗话》，《清诗话续编》本，上海古籍出版社1983年版，第209页。

　　④ （清）黄叔灿选注：《唐诗笺注》，转引自郝润华辑《李益诗歌集评》，第86页。

活动，使得女主人公的形象非常立体丰满。

要之，从他的"南游诗"所体现出的思想感情看，客中思乡的李益是一个多愁善感的游子，怀古伤今的李益是一位有识见、有良知的思想者，关注女性婚恋问题的李益则是一位感情细腻尊重女性的好男人（但在实际生活中李益的所作所为却与诗中并不一致）。

2. "南行诗"的审美风貌——兼及唐代北方诗人"南行"中的诗风嬗变

除了上述思想内容层面以外，还可以从审美风貌的角度来认识李益的"南行诗"。与其边塞诗所表现的苍凉寥廓的境界迥异其趣，这些诗作给人的最突出的美感是清新优美的南国风味。

李益以妇女婚恋为主题的诗章，最能体现南国的柔美特色。首先，诗中的主角都是女性。《周易·杂卦》有言："乾道为男，坤道为女"，"乾刚坤柔"。① 女性本身就是柔美的象征与体现。其次，女主人公的感情也以哀怨、缠绵为主。这恰恰是与"缈乎其如叹，邈乎其如有思，暖乎其如喜，愀乎其如悲"② 的阴柔之美相吻合的。此外，上述妇女婚恋、羁愁乡思以及怀古伤今等诗作所描写的景物人事也大都具有独特的南国风味。《江南曲》中的"弄潮"（据《元和郡县图志·杭州·钱塘县》载："浙江……舟人渔子溯潮触浪，谓之'弄潮'。"）、《水宿闻雁》中的"水宿"（在船上住宿称"水宿"），这些都是只有在河湖密布的南国水乡才常见的事情。《行舟》中的"菱花"，《柳杨送客》中的"青枫江畔白蘋洲"，《送人归岳阳》中的"烟草连天枫树齐"，《山鹧鸪词》中的"湘江斑竹枝"等也都是南方所特有的景物。就连《扬州送客》《山鹧鸪词》中的"鹧鸪"、《送人归岳阳》中的"子规"，也是南方标志性的鸟儿。在李益的"南行诗"中，还有这样一首诗，不写乡愁不怀古，也与女性婚恋无涉，而是直接以优美的笔触，为读者呈现出一幅江南水国拂晓时分的水墨画："月落寒雾起，沉思浩通川。宿禽啭木散，山泽一苍然。漠

---

① 高亨注：《周易大传今注》，齐鲁书社1979年版，第654页。

② （清）姚鼐：《惜抱轩诗文集》，上海古籍出版社1992年版，第93页。

漠沙上路，沄沄洲外田。犹当依远树，断绝欲穷天。"（《水亭夜坐赋得晓雾》）诗中什么也没有，只有一派清新静谧，诗人的身心与江南水国的自然景物融为一体了。

在肯定清新优美的南国风味是李益"南行诗"首要审美特征的同时，我们也应该认清其与地道的南方文学的差异。"江左宫商发越，贵乎清绮；河朔词义贞刚，重乎气质。"（《隋书·文学传序》）细读李益的"南行诗"，就会发现它们在浓郁的阴柔之美的后面，还蕴蓄着些微阳刚之气，还有一层阔大爽朗的美感。如《行舟》一诗，主题是思乡，可诗中的景物却被描写得清丽明朗，尤其末句"天晴共上望乡楼"的举动，可见诗人思乡而不低沉凄苦，饱览扬子风光的兴致并未因乡愁而减低。再如《送人归岳阳》一诗，本是客中送客，但那"烟草连天"、"春江万里"的美景，境界阔大而非狭小，色调明朗而非晦暗，与李白的《送孟浩然之广陵》有相通之处，正所谓"放笔阔远，亦青莲气象"[①]。它如《柳杨送客》《扬州送客》《水宿闻雁》等篇章同样是柔中含刚，景色优美而不柔腻，感情深沉而不低沉。这种复杂的美学风貌的形成，与诗人的北方出身、戎马生涯及在这种环境中形成的刚毅性格是息息相关的。

其实，北方诗人在漫游江南期间，诗风也随之发生由壮美到优美的变化的情形，在盛、中唐诗人中并不少见。在李益之前大约半个世纪，盛唐时代的王昌龄（京兆万年，即今陕西西安人）、崔颢（汴州，即今河南开封人）等北地豪侠型诗人在到了南方以后，同样"禁不起南方那美丽的毒素的引诱"[②]，而分别创作出了《采莲曲二首》《长干曲四首》等为数不少的具有浓郁南国风味的诗篇，而且同样具有柔中蓄刚、清新爽丽的美感。对此，今人赵昌平先生在其《盛唐北地士风与崔颢李颀王昌龄三家诗》[③]一文中已有精辟的探析，在此无须赘述。此外，笔者认为，王昌龄、崔颢、李益等南行而创作出

①　（清）乔亿：《大历诗略》卷4，转引自郝润华辑《李益诗歌集评》，第116页。

②　闻一多：《唐诗杂论》，上海古籍出版社1998年版，第11页。

③　《唐代文学研究》（第5辑），广西师范大学出版社1994年版。

清朗秀美的篇章，至少有两点值得我们注意。一方面存在决定意识，诗人们到了南方受其自然、人文环境的双重濡染，会情不自禁地向当地的审美风尚靠拢，从而写出洋溢南国风情的诗篇来；另一方面意识对存在又具有能动的反作用，北方诗人在创作中会自觉或不自觉地以自身既有的艺术个性、审美趣味对南方文学进行改造，为其柔美的质地注入北方文学的刚健因子，使得此南国风味已非彼南国风味也。从某种程度上讲，李益正是盛、中唐北方诗人在"南行"过程中诗风发生变化的代表作家之一，因而具有相当的典型性。

　　总的来讲，李益的"南行诗"或怀古伤今，或表现游子的羁愁乡思，或反映当地女性的感情波动，都或深或浅地打上了南国之美的印痕，而且往往柔中含刚，给人以清新爽朗的美感。这样的美感恰与其边塞诗中的寥廓苍秀之美遥相呼应、相得益彰。当然，与数量最多、成就最高的边塞诗相比，李益的"南行诗"只不过是其整部跌宕起伏的诗歌乐章中的一支清新优美的插曲而已，正如南游江淮被视为李益生平中的一次为期并不太长的旅行一样。

二、诗坛对李益的赞许与推重

　　李益在贞元时期已经诗名远播，而且北去南来游踪广阔，成为备受整个诗坛关注的中心人物之一。其中，有诗坛前辈对他垂以青眼。早在建中三年（782），当时的诗界名宿韦应物就在长安题诗相赠北上从军的李益，在诗中对他称扬有加："二十挥篇翰，三十穷典坟。辟书五府至，名为四海闻。"（韦应物《送李侍御益赴幽州幕》）可见，李益在当时诗坛已是一位不可忽视的后起之秀了。有诗坛同辈与他的密切交游。杨凝是贞元时期的著名文士，与兄凭、弟凌皆有文名，时称"三杨"。李益与杨凝有来往，曾在建中年间有《校书郎杨凝往年以古镜觊别，今追赠以诗》一诗相赠答。许孟容也是当时的著名文士，早在大历年间他与李益就已相识；到贞元时他们仍然间有唱和，李益集中现存的《答许五端公马上口号》一诗就作于这一时期。在邠宁幕府，李益与中唐大文学家柳宗元的叔叔柳缜，大诗人孟郊的两位叔叔孟十五、孟二十二等过从甚密。孟郊的一首诗的题目即可以初步证实这种关系：《抒情因上郎中二十二叔、监察十五叔，兼呈李益端公、柳缜评事》；李益的《送柳判官赴振武》（柳判官即柳缜）、《惜春伤同幕故人孟郎中，兼呈去年看花友》（孟郎中即孟二十二）两诗则可进一步证明他们之间友谊的深厚。此外，李益还与柳宗元的父亲柳镇为酒朋诗侣，在这一时期他曾作《九月十日雨中过张伯佳，期柳镇，未至，以诗招之》一诗，并在诗中以文雅风流的南朝诗人柳恽比况柳镇："柳吴兴近无消息。"贞元八年（792）李益奉命出使河中节度使浑瑊幕，得以与其内兄卢纶盘桓唱和。其间，李益有"却将悲与病，来对朗陵翁"（《赠内兄卢纶》）的感叹，卢纶则发"可怜歌酒夜，相对两衰翁"（《酬李益端公夜宴见赠》）之同慨；姻亲加诗友，久别重逢，各悲老大，自是感慨良深。还有不少晚辈诗人向李益投诗表示敬仰或希求援引。贞元四年，孟郊游邠宁，曾作有《监察十五叔东斋招李益端公会别》一诗，对李益深表敬意："此地有君子，芳兰步葳蕤。"贞元七年，青年文士李观来游邠宁，李益嘱其代己撰文记事（参见李观《邠宁节度飨军记》）。贞元十年，二十二岁的柳宗元游邠州，当以友人子的身份与李益会过面，后来还把李益写入其《先君石表阴先友记》中，并称赞李益"风流有文词"。贞元十五年前后，刚过而立之年的王建托友人张实投诗给正在幽州幕府的李益，在诗中他对李益表达了由衷的仰慕之情："天若不生君，其谁为文纲……少小慕高名，所念隔山冈。"（《寄李益少监兼送张实游幽州》）不久，王建即进入幽州幕府。贞元十七年，李益与晚辈诗人刘禹锡等相会于扬州水馆，并饮宴联句。从现存的刘禹锡集中的联句诗题目亦可窥见晚辈们对李益的尊重和席间的热烈气氛：《扬州春夜李益端公……对酒联句，追刻烛击铜钵故事，迟辄举觥以饮之……》。

　　李益在贞元诗坛的交游情况，至少向我们透露出以下重要信息：李益在当时诗坛声名极高，影响很大，已经从偏僻一隅走到了诗坛中心，并且受到了广泛的赞誉和尊敬。

　　贞元时期是李益诗歌创作的壮盛期。在这一时期他创作的诗歌数量最多，成就也最高。其诗歌创作与贞元诗坛的相互关系具体表现在以下两个方面。一方面，李益以刚柔相济的诗笔支撑起了诗坛一角。李益在贞元时期创作的大量优秀边塞诗，具有深沉诚挚的情感内涵和情景交融的艺术高度，从而呈现出一种刚中蕴柔、寥廓苍秀的美学风貌；李益在他南游江淮时创作的一些诗篇，或表达羁愁乡思、或怀古伤今、或为当地妇女写心，尽管数量不多，但大都能够给人以柔中含刚、清新爽丽的美感享受。另一方面，从李益在贞元诗坛的交游中可以看出他在当时诗坛的崛起和众多诗人对他的亲近和推崇。总之，李益在这一时期以其卓著的创作实绩，与顾况和后起的孟郊一道成为贞元诗坛鼎足而立的中坚作家，高张起贞元诗风"尚荡"的艺术大旗，而这也恰恰顺应了中唐诗史的内在发展趋势。

第三章

元和诗坛·廉颇老矣

一、沉舟侧畔千帆过

（一）潮起潮落的诗坛

如绪论中所述，本书所界定的元和诗坛的上下限，起自宪宗元和元年（806）而迄于文宗大和九年（835）。在这三十年间，唐王朝经历了由"元和中兴"到衰相重现的重大变化。在这一时期，诗歌发展也呈现出前盛后衰的总体走势。这一时期的诗歌创作为古往今来的学者专家所瞩目，他们所作的探讨研究已经相当详尽，故而这里只稍作交代。近代诗论家陈衍在其《石遗室诗话》卷一中指出："盖余谓诗莫盛于三元：上元开元，中元元和，下元元祐也。"①宪宗一朝及其前后，堪称我国古代诗歌史上继盛唐之后的又一个繁荣期。当此之时，名家辈出，异彩纷呈。"元和而后，诗道浸晚，而人才故自横绝一时。若昌黎之鸿伟，柳州之精工，梦得之雄奇，乐天之浩博，皆大家材具也……东野之古，浪仙之律，长吉乐府，玉川歌行，其才具工力，故皆过人。如危峰绝壑，深涧流泉，并自成趣，不相沿袭。"②而上述诗人一般被作这样的划分：以孟郊、韩愈先后为领袖，形成韩孟诗派，其重要成员还有李贺以及贾岛、卢仝、马异等人；以白居易、元稹为主力形成元白诗派，张籍（与韩、孟等亦过从甚密，或有

---

① （清）陈衍：《石遗室诗话》，辽宁教育出版社1998年版，第4页。

② （明）胡应麟：《诗薮》，上海古籍出版社1979年版，第187页。

将其归入韩孟一派的）、王建和李绅为其先驱；而刘禹锡、柳宗元则与韩、孟、元、白等人均有所交往而在诗歌创作上却不相依傍、自成一家。概而言之，韩孟诗派主要的创作特征是尚怪奇、重主观①。这种特征在孟郊贞元时期的诗作中已经显现出来，至宪宗朝韩愈、李贺、卢仝等人手中则发展成为一股以生新怪诞相尚的诗歌潮流。与韩孟一派相反，元白诗派的创作特征则是尚实、尚俗②。这种诗风在前辈诗人顾况等身上已经萌芽，其后经过张籍、王建、李绅等的身体力行，而在宪宗朝白居易、元稹的"为时"、"为事"（白居易《新乐府序》）的新乐府诗中达到高潮。虽然这两大诗派各树一帜，但都是"诗到元和体变新"（白居易《余思未尽加为六韵重寄微之》）的时代大潮的具体体现。在这两大诗派以外，刘禹锡、柳宗元在长期远贬荒州遭际孤危的相同处境下，却表现出不同的创作个性和艺术倾向。前者是"诗豪"③，其诗作从总体上呈现出一种雄峻爽利之美；后者则远绍屈骚，近承陶、韦，形成一种冷峭简淡的诗风。

从元和末到大和中，整个诗坛又呈现出名家渐少、创作转衰的总体态势。孟郊（元和九年卒）、李贺（元和十一年卒）、柳宗元（元和十四年卒）、韩愈（长庆四年卒）在不到十年中先后辞世。尚在世的白居易的人生态度也由积极入世变为消极吏隐，诗歌创作也相应地转入感伤、闲适一途。在穆宗长庆以后，文人会聚酬唱之风形成热潮。其间，"元、白"唱和于前而"刘、白"聚首于后，而且类似的诗人群体还有很多。在他们彼此唱和的过程中，其诗歌创作在思想和艺术两方面，都彼此产生潜移默化的影响，从而形成了以闲情逸致为主要内容、以浅切流易为形式特征的总体创作风气。概括讲来，元和诗坛的前期是大潮涌起、百舸争流的年代，而其后期则到了潮落舟歇的时节。

---

① 罗宗强：《隋唐五代文学思想史》（修订本），中华书局1999年版，第275页。
② 同上书，第238页。
③ （唐）白居易：《刘白唱和集解》，《白居易集》，中华书局1979年版，第1452页。

（二）李益暮年创作的衰颓与对诗坛中心的疏离

元和元年（806）前后，已经年届花甲的李益时来运转，应宪宗之召入朝为都官郎中。此后他仕途较为顺畅，累迁中书舍人、河南少尹、秘书少监、集贤殿学士、右散骑常侍等职；文宗大和元年（827）加礼部尚书衔致仕，两年后去世，享年八十四岁。李益到了晚年虽然官位日高，却是雄心转歇，走马边陲的飒爽英姿迅速被自悲霜鬓的颓然老态所取代。原来在贞元时代身处诗坛中心的李益此时也很快退至边缘地带。

1. 暮年的低吟：以闲适诗为中心兼论其诗史意义

"愿君拂拭遗音在，更奏新声明月天"（《古瑟怨》），李益在应宪宗之召入朝为官之初，心情是喜出望外的。但随着人生暮年的到来，在此后的二十多年中，台阁生涯的安闲自适与老病缠身的怅然自悲成为他晚年心境相反相成的两个基本方面。李益在这一时期创作并流传下来的诗作不到三十首，不但数量少而且质量也不高，从中已经很难见到其边塞诗、"南游诗"中的那种气骨风神了。闲适自足与老病自伤成为这些作品的主要感情内蕴。

在李益的晚年创作中，一些篇章表现了诗人闲适自足的情怀。在初为京官之际，李益在诗中就流露出志得意满之情：

> 侍臣朝谒罢，戚里自相过。落日青丝骑，春风白纻歌。恩承三殿近，猎向五陵多。归路南桥望，垂杨拂绿波。（《春行》）

在明媚的春光中，乍承皇恩的欢欣、台阁生涯的安乐，跃然纸上。如果说在这首诗中尚能看到一些诗人的政治热情，那么在此后的诗篇中这不多的热情也渐为一种人到晚年闲适自足的淡漠情怀所取代。这种闲适自足的心态在李益描写与出家人交往的诗篇中表现得最为突出：

> 居北有朝路，居南无住人。劳师问家第，山色是南邻。（《答广宣供奉问兰陵居》）

薙草开三径，巢林喜一枝。地宽留种竹，泉浅欲开池。紫阁当疏牖，青松入坏篱。从今安僻陋，萧相是吾师。(《喜入兰陵望紫阁峰呈宣上人》)

兰陵，即兰陵坊，为唐长安城内的坊名。李益的私宅即建于此坊内之杏溪园。宣上人，即元和、长庆年间供奉内廷的著名高僧广宣。李益与他是"看月忆来松寺宿，寻花思作杏溪期"(李益《赠宣大师》)的密友。李益在写给广宣的这两首诗中，深切抒发了自己安于僻陋、乐巢一枝的闲淡自足的心态。这是与佛门清净修行的要义十分接近的。下面两首诗更表现了诗人亲近佛门心无挂碍的澄淡情怀:

木陨水归壑，寂然无念心。南行有真子，被褐息山阴。石路瑶草散，松门寒景深。吾师亦何爱，自起定中吟。(《入南山至全师兰若》)

柿叶翻红霜景秋，碧天如水倚红楼。隔窗爱竹无人问，遣向邻房觅户钩。(《诣红楼院寻广宣不遇留题》)

兰若，指寺院，是梵语"阿兰若"的简称。"《华严经音释》云:'阿兰若，梵语也，此云闲静处。'"① 红楼院，在唐长安城长乐坊安国寺内，当时广宣被赐居此处。在佛寺这样的"闲静处"，老诗人原本闲淡的心灵变得更加澄澈脱俗。于是，冷清的石板松门仿佛是他的精神归宿，碧天、红楼、翠竹、丹叶等美丽的秋日景物一下就跃入他的眼帘，在他笔下是这样的清爽迷人。只有清心寡欲之人，才能悦纳冷清的世界，才能发现大自然的至美。

李益闲适自足的情怀，还体现在一些即景抒情的诗作中:

碧草缦如线，去来双飞燕。长门未有春，先入班姬殿。梁空绕不息，檐寒窥欲遍。今至随红萼，昔还悲素扇。一别与秋鸿，

---

① 转引自《李益诗注》，第61页。

差池讵相见。(《赋得早燕送别》)

　　漠漠复霏霏，为君垣上衣。昭阳辇下草，应笑此生非。掩蔼青春去，苍黄白露啼。犹胜萍逐水，流浪不相依。(《赋得垣衣》)

前一首诗主要是从旁观者的角度，细腻生动地描写了早春时节燕子的种种活动。而从这种对自然世界的静观态度中，我们也可以窥见诗人在春天来临之际恬然自安的心境。后一首诗是为一种默默无闻的低等植物——苔藓传神写照，而诗人知足不争、自甘寂寞的人生取向也同时坦露出来。还有一首小诗以一个寻常的生活细节，反映了诗人以更为隐自然无为的心态:

　　野性迷尧历，松窗有道经。故人为柱吏，为我数阶蓂。(《书院无历日，以诗代书，问路侍御六月大小》)

　　究其实，上述诗篇所反映的安适淡泊的情感，都是诗人在历尽沧桑人到暮年以后，以颐养天年为旨归，努力达到的一种宁静自足的心理平衡状态。

　　然而，这是一种不可能完全实现的理想。衰老和疾病不可避免的侵袭，会轻而易举地将诗人心理脆弱的平衡打破。所以，诗人安适自足心态的另一面就是对于老病的无奈和感伤。

　　同样是即景抒情之作，《春晚赋得馀花落》一诗就与上引《赋得早燕送别》和《赋得垣衣》两诗情调有别:

　　留春春竟去，春去花如此。蝶舞绕应稀，鸟惊飞讵已。衰红辞故萼，繁绿扶凋蕊。自委不胜愁，庭风那更起。

多愁善感乃是诗人的天性，而年老的诗人对于生命不永的体验较之青年人则更为深切。在这伤春惜花的咏叹中，不知蕴含了多少暮年的李益对于人生苦短、来日无多的焦虑和怅惘。《与王楚登青龙寺上方》

是一首登临览胜之作，但美丽的春色并没有使诗人感到多少惬意；荒芜残破的秦汉古迹却一下勾起诗人青春远去暮年忽至的感伤：

> 连冈出古寺，流睇移芳宴。鸟没汉诸陵，草平秦故殿。摇光浅深树，拂水参差燕。春心断易迷，远目伤难遍。壮日各轻年，暮年方自见。

在诗人晚年有几首与"照镜"有关的诗篇，最能体现他对于自身衰老的感情变化：

> 手中青铜镜，照我少年时。衰飒一如此，清光难自持。欲令孤月掩，从遣半心疑。纵使逢人见，犹胜自见悲。（《罢镜》）
>
> 衰鬓朝临镜，将看却自疑。惭君明似月，照我白如丝。（《照镜》）
>
> 万事销身外，生涯在镜中。唯将满鬓雪，明日对秋风。（《立秋前一日览镜》）

在第一首诗中，由于"腰悬锦带佩吴钩"的"关西将家子"（《边思》）青年英雄形象已经在诗人的脑海中定格，所以对于衰老之态的出现一时实在难以接受，掩耳盗铃式的回避也就成为暂时求得心安的唯一手段。在第二首诗中，诗人已是发如霜雪，对于身体的衰老晚景的到来，不管心中有多少苦楚，也只能无可奈何地接受了；在第三首诗中已是风烛之年的诗人仿佛已经大彻大悟了，荣枯壮老，一切顺其自然吧。其实，"对死亡的恐惧无疑是最普遍最根深蒂固的人类本能之一"①。早在《诗经·唐风》的《蟋蟀》一诗中，我们的先民就有"今我不乐，日月其除"的愁苦；放旷如李白者亦有"君不见高堂明镜悲白发，朝如青丝暮成雪"（《将进酒》）的叹息，何况心胸并不十分开朗的李益呢？由愀然"罢镜"到黯然"照镜"到最后漠然"览

---

① ［德］卡西尔：《人论》，上海译文出版社1985年版，第111页。

镜"，极具典型意义地反映了芸芸众生在人到暮年以后感怀生命的曲折心路历程，尽管其最终未能把读者引入从容面对生老病死的乐观豁达境界。

　　除了占有最大份额的表现自适与自伤情怀的这些诗篇以外，李益还有几首酬赠送别之作，如《答窦二曹长留酒还榼》《奉和武相公〈郊居寓目〉》《奉和武相公〈春晓闻莺〉》《述怀寄衡州令狐相公》《送诸暨王主簿之任》等。在这几首诗中，虽然酬送的对象有别，但却大都不乏真情实感。最后，李益还有一首七律《同崔邠登鹳雀楼》，不能不提。这首诗乃是李益晚年创作中最大气、最有思想和艺术深度的作品：

　　　　鹳雀楼西百尺樯，汀洲云树共茫茫。汉家箫鼓空流水，魏国山河半夕阳。事去千年犹恨速，愁来一日即为长。风烟并是思归望，远目非春亦自伤。

此诗熔怀古、伤今、思归多种情愫于一炉，博大深沉。正如明人周敬编、周珽补辑、陈继儒评点的《唐诗选脉笺释会通评林·七律》所评："首即登楼望中景，含意已远；次致吊古之思；三见往事如昨，新愁无已，中唐妙句；结以远目应起联，见客情之并发，非一也。'千年'、'一日'，映带'犹恨速'、'即为长'，'犹恨'二字，含无限牢骚悒郁之意，似经锻炼得实，无斧凿痕。"① 又，宋人李颀《古今诗话·鹳雀楼诗》云："河中鹳雀楼，唐人留诗者极多。唯王之涣、李益、畅当（笔者注，应为畅诸）诗最佳。"② 比较起来，王诗气象阔大、感情豪迈又颇富哲理意味，最上；李诗境界苍茫、感慨宏深，次之；畅诗（"迥临飞鸟上，高出尘世间。天势围平野，河流入断山"）写尽楼之高峻、楼上所见之广大，而兴寄无多，又次之。

────────────

　　①　转引自《李益诗歌集评》，第64页。
　　②　（宋）李颀：《古今诗话》，郭绍虞辑《宋诗话辑佚》本，中华书局1980年版，第170—171页。

　　最后，李益在晚年所作的闲适诗的诗史意义，尚值得我们作一简略梳理。闲适诗之名，起于白居易。在著名的《与元九书》中，他把自己"或退公独处，或移病闲居，知足保和，吟玩情性"的一类诗作称为"闲适诗"。此处所论的"闲适诗"的概念要更宽泛一些，把具有闲适情调的诗歌都算在里面。李益自元和初开始创作的这些闲适诗，是贞元后期权德舆闲适诗与元和十年以后白居易等人的闲适诗之间的一个客观过渡，尽管他与权、白等人似无多少交往。

　　权德舆作为贞元后期到元和初年的文坛盟主、台阁诗人领袖，其诗风在承继盛唐、大历的同时，更多地体现出当时诗歌个人化、世俗化的时代特色。表现诗人追求闲适向往宁静的诗作在他现存近四百首诗作中占了很大比重。其中，有些诗津津有味不厌其烦地描写了日常生活中的琐细小事，如《览镜见白发数茎光鲜特异》《跌伤扶枕有劝酒者，暂忘所苦，因有一绝》《病中苦热》《中书送敕赐斋馔，戏酬》等，一看题目就教人觉得这位诗人"闲"得可以，甚至有些无聊；但从另一个角度来讲，把生活中琐碎小事写进久居大雅之堂的诗歌中，又是诗人尊重个体生命张扬自我价值的体现。还有些诗作表达了诗人在与僧人的交往中萌发的对于平淡宁静生活的向往，如《湖上远眺呈惠上人》《月夜过灵彻上房因赠》《送映题归本寺》等，展现了诗人与世无争恬然自安的心境。如果把李益的闲适诗与权德舆的同类诗作相比照，可谓同中有异。李益诗所坦露的亲近僧侣追求清静的心志与权诗是基本一致的；不同之处在于，李益的闲适诗不如权诗"闲"得无所不在，而权诗中的游戏油滑倾向在李诗中也很难找到，这大概与李益大半生身世飘零到暮年才得闲适、权氏仕途顺遂一贯养尊处优的大不相同的身世遭际有关。元和后期以降，白居易等人的诗歌创作重心逐渐由反映民生疾苦表达兼济之志转到描写身边琐事抒写独善之情上来了。与权德舆、李益相比，白居易集中的闲适诗数量要庞大得多，内容也更为丰富多彩。其中，有向佛道靠拢的清闲自适（如《香山寺二绝》其一、《寄韬光禅师》等），有"知足保和，吟玩情性"的悠闲自得（如《种桃杏》《中隐》），而且还有不少在这种闲适心态之下创作的描写生活和自然之美的佳作（如《问刘十九》

《步东坡》等）。白诗中的这种闲情美景在权德舆、李益的闲适诗中是可以找到不少端倪的。而白居易的闲适诗与权、李之作最大的差异在于，前者对于物质和感官的满足特别地津津乐道。诸如"月俸百千官二品，朝廷雇我作闲人"（《从同州刺史改换太子少傅分司》），之类的自炫富贵悠闲，"摇曳双红旆，娉婷十翠娥"（《夜游西武丘寺八韵》）之类的纵情声色之好，而且这样的诗句在白居易的后期创作中实是为数不少。苏轼认为白诗"俗"（他在《祭柳子玉文》中有"元轻白俗"之评），白居易在诗中大写其薪水之丰与声色之乐应该成为苏轼评语的一个重要注脚。要之，尽管李益的闲适诗数量不多，内容也较为单薄，但在中唐闲适诗风的发展衍变过程中，确乎是从权德舆到白居易之间的一条短短的纽带。

总而言之，李益在晚年创作的这些诗篇，除个别作品风格朗丽境界阔大，尚存其在贞元时期俊爽苍劲诗风的遗韵，为数不多的闲适之作尚具有一定的诗史过渡意义外，他的大部分诗作思想艺术水平虽不算低劣，但也没有什么超拔之处。因而，他的这些作品既没有能够引起诗坛的关注和好评，当时的诗坛风尚对他的创作自然也少有影响。

2. 李益与诗坛中心的双向疏离

从现存资料来看，李益在元和诗坛的交游对象不多，从中可以窥见李益在元和诗坛日益边缘化的情形。

李益在这一时期交往最多也最密切的是几位诗僧。比如"元和四年，宪宗章武皇帝诏于安国寺"① 的唯宽，李益曾向他寄诗乞罍（《乞宽禅师瘿山罍呈宣供奉》），可见二人关系非同一般。再如柏岩（一名百岩），"元和三年，有诏征至京师，宴坐于章敬寺，每岁诏入麟德殿讲论，后以疾固辞"②。李益与他多有交往，在柏岩圆寂以后，李益作《哭柏岩禅师》诗，寄托了自己对逝者深切的怀念。在众多诗僧中，与李益关系最为密切的莫过于广宣了。"广宣，姓廖氏……

---

① （宋）赞宁：《宋高僧传》，中华书局1987年版，第228页。

② （唐）权德舆：《唐故章敬寺百岩大师碑铭》，《全唐文》卷501，第5103—5104页。

元和、长庆两朝，并为内供奉，赐居安国寺红楼院。有《红楼集》。"① 现存李益赠广宣诗五首，与广宣的联句诗六首，均为与众诗僧文字交往之最。在相互赠答的诗句和联句中，李益称赞广宣诗才超群："人人道胜惠林师"（《赠宣大师》）；觉得与广宣亲如家人："还知一室内，我尔即天亲"（《宣上人病中相寻联句》）。单单通过一些联句诗的题目，我们也能看出他们关系的亲密：《八月十五日夜，宣上人独游安国寺山庭院步月，李舍人十兄迟明将至，因话昨宵，乘兴联句》《重阳夜集兰陵居与宣上人联句》《与宣供奉携瘿尊归杏溪园联句》。一位是诗坛宿将，一位是佛界巨子，宁静的心灵与对诗歌的钟爱使他们成为"儒释事虽殊，文章意多偶"（《与宣供奉携瘿尊归杏溪园联句》广宣句）的挚友。

　　除了这些出世修行的诗僧，李益在元和诗坛的交游是比较寥落的。首先，李益与当时的一些政治家诗人少有来往。武元衡（758—815）和令狐楚（765—836）二人是例外。李益曾有《奉和武相公〈郊居寓目〉》《奉和武相公〈春晓闻莺〉》二诗与其相唱和。在元和十五年（820）秋，令狐楚外贬衡州刺史之际，李益则以《述怀寄衡州令狐相公》一诗对身处困境的令狐楚深表慰念和敬重。其次，李益与当时的一些诗坛同辈也交往不多。其中，主要是窦牟和杨巨源。元和中，李曾赠窦家酿一榼，窦为此题诗《李舍人少尹惠家酝一小榼，立书绝句》，连同酒榼一并送还；李益旋以《答窦二曹长留酒还榼》一诗相复。这两首诗都语带戏谑，从中可见二人之间的亲密的友谊。在李益入京居兰陵坊后，杨巨源（755—832?）曾有诗《送李舍人归兰陵里》相赠，在诗中对李益"家贫境胜心无累，名重官闲口不论"的宁静淡泊的生活，表达了钦佩敬仰之情。再次，向李益投谒献诗的诗坛后辈也不过一两位。王建曾向李益献《上李益庶子》诗表示崇敬之意。元和五年，贾岛在人穷名微之际曾投谒并寄宿于李益家中大半年，但李益却无力向当时的诗坛推介他。贾岛因结识孟郊、韩愈等当时诗坛豪俊而诗名鹊起则是辞别李益后不久的事情。谁为元和诗坛

---

① 《全唐诗·诗人小传·广宣》，中华书局1960年版，第2016页。

之旗手，不言自明。最后，也是最值得注意的，李益与元和诗坛的各位领袖人物，如韩愈、白居易等人从来没有什么直接的文字及人事往来。

综上可见，李益在元和初入京为官以后，除与某些诗僧的交游密切外，基本上过着恬淡自适的生活，很少到诗人圈子中交接应酬，日渐远离了诗坛的中心。从中既可看出李益对元和诗坛的漠然态度，亦可看出元和诗坛新一代诗人对李益的疏离态度。

二、落寞中的荣耀——"御览"诗人之首

李益虽然在晚年创作衰颓，并且离开了诗史发展的潮头，但他在贞元时代打拼下的赫赫诗名仍然延留下来。在李益入京居兰陵坊后，友人杨巨源曾在诗中赞扬李益"清词举世皆藏箧"（《送李舍人归兰陵里》）。元和年间，王建向李益献诗，称李益为"上界诗仙独立行"（《上李益庶子》）。被称作"诗仙"，李益是继李白之后的第二人，虽有过誉之嫌，从中却仍可窥见李益在元和诗坛的极高声望。而他声名犹在的最突出的表现乃是被推为"御览"诗人之首。但从暮年李益的角度来看，他在享受这一殊荣的同时也会生出无可奈何的失落感。

（一）《御览诗》概况

《御览诗》，又名《唐新诗》《选进诗》《元和御览》，是时任翰林学士的令狐楚在元和九年到十三年（814—818）"奉敕纂进"① 的一部从大历初到元和前期部分诗人作品的选集。据所附南宋陆游的跋语②，原书共收诗三百一十一首，到南宋已经散佚了一部分，他所能见到的只有三十位诗人的诗作二百八十九首。放翁所跋的残本经明人毛晋之手一直流传至今。而位居"御览"诗人之首的，就是李益。

首先，要注意《御览诗》入选诗人的情况。据其总目所列，以收

---

① 傅璇琮主编：《唐人选唐诗新编》，陕西人民教育出版社1996年版，第375页。
② 同上书，第448页。

诗多寡为序，入选的诗人主要有李益（三十六首）、卢纶（三十二首）、杨凝（二十九首）、杨凭（十八首）、杨凌（十七首）、皇甫冉（十六首）、杨巨源（十四首）、刘方平（十三首）、顾况（十首）、柳中庸（九首）、李端（八首）、韦应物（六首）、司空曙（五首）、于鹄（三首）、李嘉祐（二首）、张籍（一首）等。一望而知，居于首席的诗人是李益。而仅就这一点，我们就有理由说，李益的赫赫诗名从贞元延留到了元和。

　　进一步，还要注意这个选本的"御览"特点。《御览诗》是现存唐诗选本中唯一一部由皇帝出面钦命编纂的，因而就使其带有了当时社会上层"诗坛点将录"的性质。据陆游跋语，编纂诗集的发起者是宪宗皇帝，"章武皇帝命侍丞采诗第名家"。当时正值元和中兴的高潮，宪宗既想要平定叛镇重振国威的武功，还想要给当时的诗坛立一些样板，作一下指导。他的祖父，力不从心的德宗就很欣赏诗风雅正刚健的李益和卢纶，曾亲自向侍臣打听"李益、卢纶何在"（《新唐书》卷203《卢纶传》）。世称"英主"的宪宗李纯对当时仍然健在的李益同样青眼有加，在即位之初就将李益召入京城，委以清望之职，而且不断予以升擢。"上有所好，下必甚焉"，最高统治者在文学上的好尚，至少在一定程度上引领了社会上层的文学观念和审美趣味。因而，李益成为"御览"诗人之首，也至少反映了上流社会对其诗歌创作的认可和褒奖。

　　更进一步，还须注意这个选本的编纂者的情况。作为颇得皇帝眷爱的翰苑词臣，令狐楚编纂此书势必要投合天子及上流社会的审美趣味。作为在政治上保守主和的牛党骨干，他还负有"集柔翰以对宸严"（《御览诗》毛晋跋语）①的隐蔽使命。这两层意思糅合在一起，决定了此书选诗以"研艳短章"（毛晋跋语）为主的基本特色。这既是达官显贵审美趣味所在，又能借此软化壮心未已的宪宗皇帝，正所谓两全其美的选诗策略。

---

　　①　傅璇琮主编：《唐人选唐诗新编》，第448页。

（二）落寞的"御览"诗人之首

李益诗歌入选《御览诗》的情形，值得注意。据当代有的学者统计，在《御览诗》现存二百八十九首诗作中，感兴之作一百一十六首，内容注要是描写山水风景、抒发闲适情怀以及思念亲友、感叹老病，而无一首关注国运同情民瘼的作品；言情之作五十四首，包括闺情、宫怨、冶游等题材，其中不少诗格调淫靡；边塞之作五十二首，从中却几乎见不到慷慨报国的英风豪气，而以描写士卒愁怨和战争的凄惨艰辛的诗篇占绝对优势；酬赠送别诗五十一首；歌功颂德之作十三首。① 从上述对《御览诗》的分类统计结果来看，其占主导地位的审美取向是轻艳、闲适一路，编纂者"集柔翰以对宸严"的政治目的亦依稀可见。那么，被请入首席的李益又有哪些诗作入选呢？仍按上面的统计分类，笔者查检的结果如下：感兴之作十四首，包括《赋得垣上衣》（即《赋得垣衣》）、《立秋前一日览镜》《上洛桥》《扬州怀古》《水宿闻雁》《扬州早雁》《下楼》《避暑女冠》《春夜闻笛》《上隋堤》（即《汴河曲》）《行舟》《隋宫燕》《逢归信偶寄》《古瑟怨》；言情之作四首，即《金吾子》《鹧鸪词》《代人乞花》《题宫苑花》（即《宫怨》）；边塞之作十二首，包括《观回军三韵》《题太原落漠驿西堠》《宿青山石楼》（即《石楼山见月》）、《过五原胡儿饮马泉》《临滹沱见入蕃使列名》《过降户至统汉烽》（即《统汉烽下》）、《拂云堆》《暮过回乐烽》《夜宴观石将军舞》《度破讷沙》（即《度破讷沙二首》其一）、《边思》《暖川》；酬赠送别之作七首，包括《送客归振武》《送客归幽州》《扬州万里送客》《柳杨送客》《送人归岳阳》《咏牡丹赠从兄正封》《蜀川听莺》（即《奉和武相公〈春晓闻莺〉》）；歌功颂德之作无。由排列出的这些诗，我们不难看出，作为李益诗歌主要精华所在的边塞诗与其他题材诗作的入选比例是不相称的。边塞诗不但入选数量相对较少，而且入选者多非精品佳

---

① 赵荣蔚：《从〈御览诗〉看中唐后期士风与诗风的走向》，《宝鸡文理学院学报》（社会科学版）2003 年第 3 期。

作，大都格调暗淡、缺乏生气。在李益集中居于次要地位的感兴之作虽说入选最多，但同样是鱼目比珍珠多。总之，《御览诗》所选的李益诗是无法代表李益诗歌创作的最高成就的，也没有体现出君虞健朗爽丽的主导诗风来。故而，李益虽然被推为"御览"诗人之首，但其诗歌创作的真实面貌在一定程度上被歪曲了。

综上所述可知，李益在元和时代仍然享有很高的文学声望，是诗选家无法绕过的诗坛耆宿；但同时，人们对其诗歌的接受重心已由劲健苍秀的边塞诗转向闲适轻艳的一般作品上来了，他的诗作在当时并未受到恰如其分的定位和尊重。因此，成为"御览"诗人之首，是李益含着几多悲哀的荣耀。

元和时代是李益诗歌创作的衰颓期。李益在元和时期的诗歌创作呈现出明显的下滑状态，数量不多而佳作更少。其诗歌创作与元和诗坛的交互关系主要表现在以下两个方面。首先，其自伤老病的一些诗作虽然写得感情真挚，然而格调不高；而表现诗人闲适情怀的那些诗或多或少有些美感，可以被看作从权德舆到白居易闲适诗风衍变的一个过渡，却也未能形成气候；李益在元和诗坛甘于寂寞，交游面很窄，这些都说明他那时对诗坛中心日渐疏离，已经无力追赶诗史发展的潮流，而他对诗坛的实际影响也就随之日趋微弱。其次，在令狐楚编选的《御览诗》中，李益的作品入选最多，他也就占据了"御览"诗人的首席。而入选诗作大都不是李益诗歌的精华所在，李益诗歌的面目在某种程度上被歪曲了。这也从侧面反映出老诗人与新诗坛之间关系的日益隔膜。总之，进入元和时代，作为诗坛元老的李益自身创作既日渐衰颓，与由新生一代执掌的诗坛之间的相互影响亦皆十分有限，只是一个荣耀的诗名依旧留存着。

本编小结

本编把李益诗歌放在整个中唐诗坛的大背景下，分大历、贞元、元和三个阶段对其进行了纵向与横向相结合的研究。李益自身的诗歌创作从大历到元和经历了一个抛物线式的发展变化过程。中唐诗史则走过了一条由低沉而上升而高潮最后又明显下滑的曲折路途。李益诗歌与中唐诗坛的相互关系呈现出明显的阶段性的变化。

一、在大历时代，诗坛群落对诗人个体的培育是占主导地位的。李益在大历诗坛与"十才子"等名流相比不过是一个默默无闻的晚生后辈，把他列入"十才子"是后人的错误界定；大历诗坛是诗人李益赖以成长的土壤，大历诗风是少年李益模仿学习的第一样板；同时，这位年轻诗人对典型的大历诗风的叛逆也不容忽视。

二、到了贞元时代，诗人个体对诗坛群落的支撑则上升到了主导地位。李益凭借着自己的创作实绩在诗坛崛起，与顾况以及后起的孟郊一道成为贞元诗坛鼎足而立的中坚作家；以其悲慨苍秀的边塞诗及清新朗丽的"南游诗"，与奔放奇幻的顾况诗歌、古直怪诞的孟郊诗歌一起，推动着贞元诗风"尚荡"的时代大潮。相应的，李益及顾、孟等诗人也受到了诗坛的普遍赞许和推重。

三、降至元和时代，诗坛群落与诗人个体的双向影响都日趋减弱。此时，李益已经步入暮年，元和时代的诗歌大潮已经很难使他产生些许兴奋，虽然尚有二三佳作，虽然一些闲适之作具有一定的过渡意义，但都难以挽回其创作力的总体下降趋势；同时，他再也无力继续担当引领诗坛风气的重任，他像一艘"沉舟"，虽然被尊为"御览"诗人之首，但其对诗坛的实际影响却已转弱。

下编

李益诗集札记：
以具体文本为基点

说　　明

　　本编为笔者数次披阅李益诗集所作札记的集合，近期又做了必要的增删修订。札记所评析的对象，为李益现存全部诗作。诗作分卷与排列顺序，大致以范之麟《李益诗注》与郝润华《李益诗歌集评》为依据，又酌情略有分合。

　　评析要点：（一）诗情。李益为诗，以儒家"生生"、"人文化成"观念为基点。① 其诗中之深情厚谊，乃是一个宇宙、社会、个我相互生发的精神世界，其中包含了诗人对天地万物的热爱，对所处人群的牵念以及对自我内心的抒写，而三者又最终融通为一体。（二）诗艺。李益诗艺高超，匠心独运。自其遣词、造句、押韵到各种表现手法，皆在本编评赏范围。其中，鉴于韵脚②的重要性多为当下学界所忽视，特将之作为一个针对全部诗作的观察点。（三）意境与韵

---

　　① 李益《诗有六义赋》云："夫圣人之理，原于始而执其中。观天文以审于王事，观人文而知国风……所谓政于内，系一人之本；动于外，形四方之风。始于风，成于雅。人情之大窦未有不由于斯者尔。"（《李益诗歌集评》附录，第139页）

　　② 已有学者从音韵学角度，以唐韵为基准，对李益诗歌做了探讨。参见郭爽《李益诗歌用韵考》，《阜阳师范学院学报》2000年第3期。本编内容并非专门的音韵学研究，故而删繁就简，取"平水韵"为观测标准，主要从以声传情的艺术表达的角度，来对诗歌作进行评赏。需要指出，用"平水韵"反观、研究唐诗用韵是可行的。"唐宋诗人用韵所根据的书是《切韵》和《唐韵》。凡韵书中有'同用'的韵就可以认为同韵；到了元末，索性把同用的韵归并起来，稍加变通，成为一百零六个韵。这一百零六个韵，就是后来所谓《平水韵》……若说唐宋诗人用韵是依据《平水韵》的，虽然在历史上说不过去，而在韵部上则大致不差。"（王力：《王力文集》第十四卷《汉语诗律学》，山东教育出版社1989年版，第50页）关于韵脚对诗情传达的重要性与复杂性，参见本书附录二《〈登鹳雀楼〉探微——兼论古代诗歌的韵脚传情问题》一文。

味。李益诗作"清奇雅正"（晚唐张为《诗人主客图》）、"朗润风华"①，意境高远，韵味悠长，颇堪玩味。

评析原则：（一）以切近诗人实际生活情态为目标，力求达致古今共鸣之境界。（二）在参鉴前人之长的基础上，力求发人所未发。（三）对相关作品，力求全面客观地予以评价，好处说好坏处说坏。（四）罢去浮言套语，力求行文简要，篇幅长短不拘。（五）文字形式，皆随读诗当下之感发，文白不限。（六）在上编、中编中已被详细论列的诗作，本编不再重复，其意有未尽之处，则略作补充。至于其他方面，参见"绪论"中的"本书撰著原则与方法"部分。

---

① （清）宋育仁选评：《三唐诗品》，《李益诗歌集评》附录，第153页。

卷 一

从军有苦乐行

劳者且莫歌，我歌送君觞。从军有苦乐，此曲乐未央。
仆居在陇上，陇水断人肠。东过秦宫路，宫路入咸阳。
时逢汉帝出，谏猎至长杨。讵驰游侠窟，非结少年场。
一旦承嘉惠，轻身重恩光。秉笔参帷幄，从军至朔方。
边地多阴风，草木自凄凉。断绝海云去，出没胡沙长。
参差引雁翼，隐辚腾军装。剑文夜如水，马汗冻成霜。
侠气五都少，矜功六郡良。山河起目前，睢盱死路傍。
北逐驱獯虏，西临复旧疆。昔还赋馀资，今出乃赢粮。
一矢弢夏服，我弓不再张。寄语丈夫雄，若乐身自当。

押韵：平声，阳部。

《从军有苦乐行》，乐府《相和歌辞·平调曲》名。诗人题下自注："时从司空鱼（一作冀）公北征。"此诗当是诗人在从军北方边塞之时，在席间为军中劳苦士卒所歌，同情与劝勉兼有之，而以后者后主。全诗主要写为国靖边、立功军旅的壮志豪情。但此种壮志豪情，并非直接咏唱而出，而是从苦、乐两相对比中凸显出来的。换言之，乐观是从艰苦的边塞自然环境与艰险的战斗经历中孕育出来的。故而，这样的豪情壮志、这样的乐观，才真正厚重有力。此外，诗中的主人公是一位文武兼长、充满侠气英风的俊朗形象，虽不能完全等同于诗人自身，但从中却可窥见诗人的影子。又，以响亮的阳部字眼押韵来抒发此种壮志豪情，声、情相合相生。

清王士禛《五代诗话·南唐·孙鲂》引《笔精》语："李益云：'马汗冻成霜。'……人谓冬月岂有汗马……然奇妙处正在此……以理论诗，失之远矣。"一读此句，顿觉画面在目，冷气扑面，诗人笔墨不凡。然而，须知此句的奇妙之处，乃是来自诗人对其所处边塞场景的直书实写，并非刻意求奇也。为文作诗，一到刻意求奇求新之际，往往不佳。

登长城

汉家今上郡，秦塞古长城。有日云长惨，

无风沙自惊。当今圣天子，不战四夷平。

押韵：平声，庚部。

全诗主题在于歌颂彼时天子仁爱圣明，奉行和平外交政策，不以穷兵黩武来成就自己的私欲虚名。而此间最受益者，当属广大平民与士卒。此虽与中唐国力转衰有关，终究是利国利民的仁政。试参看盛唐杜甫"边庭流血成海水"（《兵车行》）与晚唐陈陶"五千貂锦丧胡尘"（《陇西行四首》其二）的诗句，这一点更是犁然可见。

三、四两句，写景传神。"惨"、"惊"两字，极具表现力，使得边塞荒凉苍茫之自然景象跃然至上，同时又将此种自然景象与诗人情怀融通为一。而边境和平安宁的和谐世态，则把上述自然之荒凉苍茫给冲淡了许多。

从体式上讲，此诗三韵六句，是一种特殊的五言律诗。南宋严羽《沧浪诗话·诗体》云："有律诗只有三韵者。唐人有六句五言律，如李益诗'汉家今上郡……'是也。"

杂曲

妾本蚕家女，不识贵门仪。薰砧持玉斧，交结五陵儿。

十日或一见，九日在路岐。人生此夫婿，富贵欲何为。

杨柳徒可折，南山不可移。妇人贵结发，宁有再嫁资。

嫁女莫望高，女心愿所宜。宁从贱相守，不愿贵相离。

蓝叶郁重重，蓝花若榴色。少妇归少年，华光自相得。

谁言配君子，以奉百年身。有义即夫婿，无义还他人。

爱如寒炉火，弃若秋风扇。山岳起面前，相看不相见。

丈夫非小儿，何用强相知。不见朝生菌，易成还易衰。

征客欲临路，居人还出门。北风河梁上，四野愁云繁。

岂不恋我家，夫婿多感恩。前程有日月，勋绩在河源。

少妇马前立，请君听一言。春至草亦生，谁能无别情。

殷勤展心素，见新莫忘故。遥望孟门山，殷勤报君子。

既为随阳雁，勿学西流水。尝闻生别离，悲莫悲于此。

同器不同荣，堂下即千里。与君贫贱交，何异萍上水。

托身天使然，同生复同死。

押韵：仪、儿、歧、为、移、资、宜、离，平声，支部；色、得，入声，职部；平声，身、人，真部；扇，平声，先部；见，去声，霰部；知、衰，平声，支部；门、繁、恩、源、言，平声，元部；生、情，平声，庚部；素、故，去声，遇部；子、水、此、里、水、死，上声，纸部。

此诗最大的成就，就是将女主人公对其丈夫千回百转、怨而不怒的复杂细腻的情怀生动地描摹出来。以埋怨（十日或一见）起、继以隐忍（妇人贵结发）、再则悔恨（嫁女莫望高）、再则自宽（何用强相知）、再则宽容（见新莫忘故）、终以同生同死（同生复同死）相期。怨艾与依恋同在，而以依恋为主。此种心态，不仅在中国古代的妇女群体之中有着很大代表性，即便在当代社会亦不乏其例。可以说，中国女性传统中的光辉与不足，在此诗中皆有呈现。故而，本诗具有极大的抒情张力与极高人物典型性。

诗中多以杨柳、南山、蓝叶、蓝花、炉火、秋扇、朝菌、春草为比兴，表情自然深挚、摇曳多姿。明人杨慎评此诗"有古乐府之风"（《昇庵诗话·李益诗》），甚确。又，本诗中的"蓝花"，非蓝色，是红花，恰与石榴之花色相合。"李益诗：'蓝叶郁重重，蓝花若榴色……'此则红花也，本非蓝，以其叶似蓝，因名为'红蓝'。《本草图经》云。"（明胡震亨《唐音癸签·诂笺五》）又，不同韵部，从响亮的先部、霰部、元部到委婉的支部、职部、真部、庚部、遇部、纸部之间的多次转换，对传达女主人公的复杂宛转的情怀，起到了积极作用。

送辽阳使还军

征人歌且行，北上辽阳城。二月戎马息，悠悠边草生。
青山出塞断，代地入云平。昔者匈奴战，多闻杀汉兵。
平生报国愤，日夜角弓鸣。勉君万里去，勿使虏尘惊。

押韵：平声，庚部。

诗中极写对于和平的珍爱以及唯在和平环境中识能发现的边地美景。戎马息止，方有春草蔓生。由茵茵之春草，则可想见边地百姓生活之安静和美。在和平生活之中的人们，才有闲情远望青山、仰视白云。全诗以"勿使虏尘惊"一句作结，诗人与被送者仁心相通，所托非轻。

赋得早燕送别

碧草缦如线，去来双飞燕。长门未有春，先入班姬殿。
梁空绕不息，檐寒窥欲遍。今至随红萼，昔还悲素扇。
一别与秋鸿，差池讵相见。

押韵：燕、殿、遍，去声，霰部；扇，平声，先部；见，去声，霰部。

此诗的五、六两句，甚为精彩。"空"字暗示上年燕去后的梁上落落无物的状态，"寒"字切合早春料峭之时节。"绕不息"、"窥欲遍"两个细节，正合燕子初返旧舍时的情态。确实贴切生动，为早燕传神写照。古人或称其为"追魂摄魄之语"（清方南堂《辍锻录》），或赞其所描写者"真似早燕"（清贺裳《载酒园诗话·咏物》）。可谓有见。"檐寒窥欲遍"一句，盖从隋炀帝"窥檐燕争入"（《晚春诗》）一句化出，很可能又启迪了北宋周邦彦"鸟雀呼情，侵晓窥檐语"（《苏幕遮·燎沉香》）的词句。又，此诗开端两句，亦属佳句。上句描写绿草新生时细长柔软的鲜丽状态，也许半个月前这里还是一片干枯的旧草；下句以"去来"二字摹写双燕出入频繁、翩然飞舞的轻灵姿态。由上述四句，诗人对早燕暨早春的喜爱，晓然可感。

此诗最后四句，紧扣"送别"题面而发，且暗用《诗经·邶风·燕燕》意境点染送别情绪，诚然不可或缺。至于三、四两句，引入西汉阿娇、班姬典故，与本诗主题不无隔膜，可谓蛇足。

秋晚溪中寄怀大理齐司直

凤翔属明代，羽翼文葳蕤。昆仑进琪树，飞舞下瑶池。
振仪自西眷，东夏复分厘。国典唯平法，伊人方在斯。
荒宁桁杨肃，芳辉兰玉滋。明质鹜高景，飘飖服缨绥。
天寒清洛苑，秋夕白云司。况复空岩侧，苍苍幽桂期。
岁寒坐流霰，山川犹别离。浩思凭尊酒，氛氲独含辞。

押韵：平声，支部。

题下诗人自注云："时齐分司洛下，有东山之期。"齐司直，《李益诗注》云"名字、生平不详"；笔者怀疑此人即为与李益同一年科举及第的状元齐映（747—795）[①]。虽然未曾检得齐映以大理寺司直分司东都的文献记载，但他在大历后期在东都生活过一段时间，则无疑义。"补河南府参军事。滑亳节度使令狐彰署掌书记，彰疾甚，引映托后事……即以女妻映。彰卒，军乱，映间归东都。河阳三城使马燧辟为判官。"（《新唐书》卷150《齐映传》）其中"映间归东都"中的"归"字值得注意，说明齐映是以东都为家的；换言之，在齐映返归东都与出任马燧判官之间很可能隔了一段时间，其间他有可能谋得大理寺司直分司东都的职位以养家糊口、寄托身心的。司直，大理寺（朝廷司法审判机关）属官，从六品上。（《旧

---

① 参见本书上编第三章"李益交游考论"。

唐书》卷42《职官志一》、杜佑《通典》卷25《职官七》）唐代很
多政府机关（包括大理寺）在东都洛阳设有分司机构，并配备相应
官吏。需要指明的是，从东都建立到宪宗元和年间，东都分司多有
实际功能，分司官多为事务性官员；元和以降，其职能逐渐虚化，
分司官多为闲散之职。①

　　此诗大约作于李益"久居不调，而流辈皆居显位"（《旧唐书》
卷137《李益传》）的青年时代。"溪中"似为其短期休闲的山水清
幽之所在。全诗大致可分为两部分。此诗前十二句为第一部分，描写
在政治昌明的时代之中，齐司直的高才美质得以施展呈现；其中"国
典"至"兰玉滋"四句，直写齐的职务特征与凛然风范。境界开阔，
笔触跳宕，格调明朗、高华。后八句为第二部分，时空收缩，笔墨聚
拢于晚秋之洛阳。在清美秋景与寂寞独酌之中，饱含着诗人对这位好
友的忆念。情调苍凉、低沉。前后两部分，情境反差明显甚至有些矛
盾，此间意味耐人寻味。盖隐含了诗人与友人既满怀远大政治良图又
遭遇暂时仕途困境、既欲有所作为又思隐退"东山"的矛盾心态。
千载而下，谁人没有或深或浅地经历过、体验过此种进退纠结的生命
状态？但在绝大多数情况下，"东山"只是一个短时间的身心憩园甚
至遥远的虚拟存在而已。李益此后的人生履历，即是一例。

　　又，支部韵脚发音低细促迫，对成功抒发上述纠结心态亦有
助益。

溪中月下寄扬子尉封亮

蘅若夺幽色，衔思恍无悰。宵长霜雾多，岁晏淮海风。
团团山中月，三五离夕同。露凝朱弦绝，觞至兰玉空。
清光液流波，盛明难再逢。尝恐河汉远，坐窥烟景穷。
小人谅处阴，君子树大功。永愿厉高翼，慰我丹桂丛。

---

① 参见勾利军《论唐代分司东都制度的特点》（《新乡师范高等专科学校学报》2003
年第6期）一文及其他相关论著。

押韵：惊，平声，冬部；其他韵脚，平声，东部。

联系诗题里"溪中"的标示与诗中"小人谅处阴"的自白，此诗与上一首诗创作的时段与地点，是相同的。唯上一首是寄赠近在洛阳的齐司直，此诗是写给远在长江下游的做扬子县尉的封亮。

次句"衔思恍无惊"，刻画出诗人思念远方友人的痴态，尤其着一"恍"字，其情可感，其境如在目前，洵为传神笔墨。又，"团团"以下六句，描摹清秋月景，抒写寂寥情怀，笔致之清幽非凡夫所能办。明人陆时雍誉之为"清藻"（《唐诗镜》卷33），甚是。笔者以为，由"清藻"以进，于诗人之"清思"，读者更须用心体会。

春晚赋得馀花落

留春春竟去，春去花如此。蝶舞绕应稀，鸟惊飞讵已。
衰红辞故萼，繁绿扶雕蕊。自委不胜愁，庭风那更起。

押韵：上声，纸部。诗人于题下自注："得起字。"

此诗写春去花落之景象，生命凋残之感伤。具体创作时代，难以考知。

清人乔亿《大历诗略》卷4评之曰："次句情韵生于语妙，五六尤细丽绝伦，阴铿、庾信不是过也。"按，"语妙"，在于不忍说破"花落"之事实；"细丽"，在于"衰红辞故萼"为两相皆为衰败感伤之情态，"繁绿扶雕蕊"则写出茂盛之绿叶对凋残之花蕊的留恋护持。在多层次、多角度的细致入微的描写之中，将物态人情自然地融合于一体，而读者心弦随之悄然颤动。此中细密、清丽笔触，实乃南朝小谢、阴、何、庾信咏物写景诗之显著特色，视盛唐之音则远矣。由此可见，大历时期及此后诗人师法对象之多样化。

此诗在结构上亦有特点。即一、二句和五、六句，直接描写落花；三、四句和七、八句，宕开笔墨写蝶、鸟、风，间接描写落花。此种回环往复、虚实相生的章法，使得笔致更显灵动，情感更见清幽。这一点，似尚无人道出过。

此诗与辛稼轩《摸鱼儿》"更能消几番风雨，匆匆春又归去，惜春长怕花开早，更何况落红无数"词句之情韵有相似之处；相异之点在于，此诗主题单纯感伤平淡，而辛词则寄托高远感慨深沉。

纸部韵脚之幽婉细腻的音调，恰与充盈本诗的感伤情调相合。

闻亡友王七嘉禾寺得素琴

故人惜此去，留琴明月前。今来我访旧，泪洒白云天。
讵欲匣孤响，送君归夜泉。抚琴犹可绝，况此故无弦。
何必雍门奏，然后泪潺湲。

押韵：前、天、泉、弦，平声，先部；湲，平声，元部。

对于此诗，本书上编第三章"李益交游考论"有较详论说，可参。

又，《世说新语·伤逝》云："顾彦先平生好琴，及丧，家人常以琴置灵床上。张季鹰往哭之，不胜其恸，遂径上床，鼓琴作数曲，竟，抚琴曰：'顾彦先颇复赏此不？'因又大恸，遂不执孝子手而出。"君虞诗中所抒发的情怀，与张季鹰悼顾彦先之深情相似相通；若说李诗暗用了《世说新语》中这个有名而感人的典故，亦无不可。

校书郎杨凝往年以古镜觊别今追赠以诗

明镜出匣时，明如云间月。一别青春鉴，回光照华发。
美人昔自爱，鞶带手中结。愿以三五期，经天无玷缺。

押韵：月、发，入声，月部；结、缺，入声，屑部。

鞶，音盘，指用皮革作的束衣带。古人在鞶带上系镜为饰，称为"鞶鉴"。（参见《李益诗注》）

杨凝（？—803）是贞元时期的著名文士，与兄凭、弟凌皆有文名，时称"三杨"。杨凝出身弘农杨氏，与出身陇西李氏的李益为友，可谓门户相当。又，杨凝与柳宗元之父柳镇（属河东柳氏，亦与李益有交谊）友善，以女妻宗元。李、柳为友，柳、杨为婚，可见中唐士族之间以婚姻、朋友关系相交融之一斑。

明镜、明月、美人，意象明洁；以早年之青春衬托今日之华发，情调惆怅；最后以无所玷缺相砥砺，尤可见人物之操守。全诗洋溢着一种清刚之气，虽有怅惘之思却不低沉。

置酒行

置酒命所欢，凭觞遂为戚。日往不再来，兹辰坐成昔。
百龄非久长，五十将半百。胡为劳我形，已须还复白。
西山鸾鹤群，矫矫烟雾翮。明霞发金丹，阴洞潜水碧。
安得凌风羽，崦嵫驻灵魄。无然坐衰老，惭叹东陵柏。

押韵：戚，入声，锡部；昔，入声，药部；百、白、翮、碧、魄、柏，入声，陌部。

首两句发端，即凸显诗人感情跌落之快之大。第三句到第十二句，言作者人生半百，须发转白，而生命落空，遂生出学道延年之想。结尾二句，瞻望前景，则道可学、老可却，心绪乃复转平和。按："无然"，不致之意（参见《李益诗注》）。开首感情之跌宕，略有太白风调；以延年可期、心绪归于安适来收尾，则显出人到老年的衰惫平庸之心态。

长社窦明府宅夜送王屋道士常究子

旦随三鸟去，羽节凌霞光。暮与双兔宿，云车下紫阳。
天坛临月近，洞水出山长。海峤年年别，丘陵徒自伤。

押韵：平声，阳韵。

前六句描写道士之道骨仙风与超凡生活环境。后两句以海峤比况道士，以丘陵自比，钦仰之情、落寞之感溢于言表。

阳部韵脚既可写道人仙景，又可抒仰慕惆怅，可见作诗写景抒情，意象为主角，韵脚等是配角，此种主辅关系是应该厘清的。

观回军三韵

行行上陇头，陇月暗悠悠。万里将军没，
回旌陇戍秋。谁令呜咽水，重入故营流。

押韵：平声，尤部。

士卒万里归来，抚旌旗依旧，观营帐如前，怎奈将军阵亡一去不返！未知其英魂可度越关山回归故里乎？况复秋来陇上，气染荒凉，暗月流水，声传呜咽，恍然目击耳闻，不觉更增读者一层悲思矣。故清乔亿《大历诗略》卷4评此诗云："惨切。"

尤部韵脚抒悲情。

华山南庙

阴山临古道，古庙闭山碧。落日春草中，搴芳荐瑶席。
明灵达精意，仿佛如不隔。岩雨神降时，回飙入松柏。
常闻坑儒后，此地返秦璧。自古害忠良，神其辅宗祐。

押韵：入声，陌部。

对于此诗的主题，本书中编第一章"一、趋同与立异"中已有论析。在此单看"古庙闭山碧"一句。此句佳处，主要在于其画意幽思。春日山中，万木苍翠百草鲜碧，其间掩映着一座年代久远的古庙。春山一碧，惬人身心，非红尘中所得有。古庙沧桑，引人遐思，恍然置人于历史长河之中。

喜邢校书远至对雨同赋远晚饭阮返五韵

雀噪空城阴，木衰羁思远。已蔽青山望，徒悲白云晚。
别离千里风，雨中同一饭。开径说逢康，临觞方接阮。
旅宦竟何如，劳飞思自返。

押韵：上声，阮部。

对于此诗，本书上编第三章"李益交游考论"已有探讨。唯前两句，可以再稍作评赏。这两句，使用了逆挽手法。"雀噪空城阴"为邢校书远至之喜，在铺垫。闹中含喜，天阴衬托人心之忽然明朗。与杜子美"柴门鸟雀噪，归客千里至"（《羌村三首》其一），刘长卿"柴门闻犬吠，风雪夜归人"（《风雪宿芙蓉山主人》），差可比拟。可惜受"五韵"体制之局限，三四句迹近蛇足。若去掉三四句，首两句以下，直接五六句，似更血脉贯通、情思圆融。

城西竹园送裴佶王达

葳蕤凌风竹，寂寞离人筋。怆怀非外至，
沉郁自中肠。远行从此始，别袂重凄霜。

押韵：平声，阳部。
对于此诗，本书上编第三章"李益交游考论"已有探讨。
以阳部韵脚写惆怅，友情愈显深长。

月下喜邢校书至自洛

天河夜未央，漫漫复苍苍。重君远行至，及此明月光。
华星映衰柳，暗水入寒塘。客心定何似，余欢方自长。

押韵：平声，阳部。
全诗以清冷景象反衬友人久别重聚之欢欣，一倍增其欢欣。体味那一派清冷景象中所浸透的长久离别之凄凉，直令拥有人生聚散之经验者百感丛生，进而使当下相逢之乐变得更加厚重深沉。

北至太原

炎祚昔昏替，皇基此郁盘。玄命久已集，抚运良乃艰。
南厄羊肠险，北走雁门寒。始于一戎定，垂此亿世安。
唐风本忧思，王业实艰难。中历虽横溃，天纪未可干。
圣明所兴国，灵岳固不殚。咄咄薄游客，斯言殊不刊。

押韵：盘，平声，寒部；艰，平声，删部；寒、安、难、干、殚、刊，平声，寒部。

清人乔亿《大历诗略》卷4云："有唐发迹太原，此诗策婉郑重，最为得体。'羊肠'、'雁门'，太原门户。《唐风》谓太原本帝尧、叔虞所都。'中历'二句，谓天宝乱后之太原，史思明来寇，为李临淮击走之也。"按：李临淮，即李光弼，为参与平定安史之乱的一代名将，以战功卓著，封临淮郡王。

通观全诗，其主要特点有三。其一，历史视野宽广。由周代之"唐风"，到汉代之"火德"，再到唐代之立国，以迄经历安史之乱之劫难。其二，地理描写传神。羊肠山之险峻如见，雁门关之寒气袭人。其三，亲近皇家的贵族意识与遭逢不偶的寒士情怀，两相纠结、相互映照。

此诗读来，感人心者浅。这是一个缺憾。

入华山访隐者经仙人石坛

三考四岳下，官曹少休沐。久负青山诺，今还获所欲。
尝闻玉清洞，金简受玄箓。凤驾升天行，云游恣霞宿。
平明矫轻策，扪石入空曲。仙人古石坛，苔绕青瑶局。
阳桂凌烟紫，阴罗冒水绿。隔世闻丹经，悬泉注明玉。
前惊羽人会，白日天居肃。问我将致辞，笑之自相目。
竦身云遂起，仰见双白鹄。堕其一纸书，文字类鸟足。
视之了不识，三返又三复。归来问方士，举世莫解读。
何必若蜉蝣，然后为局促。鄙哉宦游子，身志俱降辱。
再往不及期，劳歌叩山木。

押韵：沐，入声，屋部；欲、箓，入声，沃部；宿，入声，屋部；曲、局、绿、玉，入声，沃部；肃、目，入声，屋部；鹄、足，入声，沃部；复、读，入声，屋部；促、辱，入声，沃部；木，入声，屋部。

本书中编第一章"一、趋同与立异"中对于此诗已有论述。明人陆时雍《唐诗镜》卷 33 评此诗曰："绰有古趣，可作青莲后一人。"
按：诗中有古趣逸想，乃由于诗人虽身处名利场中，而心中仍葆有着
一片清静自由天地，故可以思接古今情满山川，飘然有太白风神。

罢镜

手中青铜镜，照我少年时。衰飒一如此，清光难复持。
欲令孤月掩，从遣半心疑。纵使逢人见，犹胜自见悲。

押韵：平声，支部。

照镜

衰鬓朝临镜，将看却自疑。惭君明似月，照我白如丝。

押韵：平声，支部。

立秋前一日览镜

万事销身外，生涯在镜中。唯将满鬓雪，明日对秋风。

押韵：平声，支部。

对以上三首诗作，本书中编第三章"一、沉舟侧畔千帆过"中有
综合论析。按：据笔者初步检索，古代诗歌中的"照镜"书写，关
涉很多诗人诗作，似是一个有着思想与感情纵深、可以切入生命深处
的论题，却迄今未受到学界应有重视。唯新加坡南洋理工大学华人学
者衣若芬教授发表过《自我的凝视——白居易的写真诗与对镜诗》，
开辟之功不可埋没。

华阴东泉同张处士诣藏律师兼简县内同官因寄齐中书

苍崖抱寒泉，沦照洞金碧。潜鳞孕明晦，山灵冈幽赜。
前峰何其诡，万变穷日夕。松老风易悲，山秋云更白。
故人邑中吏，五里仙雾隔。美质简琼瑶，英声铿金石。

烦君竟相问，问我此何适。我因赞时理，书寄西飞翮。
哲匠熙百工，日月被光泽。大国本多士，荆岑无遗璧。
高网弥八纮，皇图明四辟。群材既兼畅，顾我在草泽。
贵无身外名，贱有区中役。忽忽百龄内，殷殷千虑迫。
人生已如寄，在寄复为客。旧国不得归，风尘满阡陌。

押韵：入声，陌部。

对此诗，本书上编第三章"李益交游考论"之中，已有所探究。

按：题中"律师"一词，于现代人而言比较生僻。《唐六典》卷4："道士修有三号：其一曰法师，其二曰威仪师，其三曰律师。"（转引自《李益诗注》）又，综观李益诗作，写与道士交往者，多属青壮年时期作品，以与僧人交往为题材者多创作于晚年。笔者以为，其青年多逸气奇思而近道，晚年体衰心静而好佛，使之然也。

答郭黄中《孤云》首章见赠

孤云生西北，从风东南飘。帝乡日已远，苍梧无还飙。
已矣玄凤叹，严霜集灵苕。君其勉我怀，岁暮孰不凋。

押韵：平声，萧部。

神京路远、岁月飘零、事业无成之感喟，洋溢全诗；以"孤云"、"玄凤"喻己而兼喻人，可见逆境中素心不改之风骨。

合源溪期张计不至

霜露肃时序，缅然方独寻。暗溪迟仙侣，寒涧闻松禽。
寂历兹夜永，清明秋序深。微波澹澄夕，烟景含虚林。
素志久沦否，幽怀方自吟。

押韵：平声，侵部。

写出一派山中清秋光景，映衬出诗人之高洁风范。"缅然方独寻"一句，韵味悠长。

竹溪

访竹越云崖，即林若溪绝。宁知修干下，漠漠秋苔洁。

清光溢空曲，茂色临幽澈。采摘愧芳鲜，奉君岁暮节。

押韵：入声，屑部。

开端两句直扣题面。首句可见诗人之痴爱此君，以至于置山高路险于不顾。次句中一"若"字用得有趣，把蜿蜒澄澈之溪流写活了。以下笔墨到处，景则清幽，人则清雅，景人合一，正是喧哗红尘之外的另一个世界。

明钟惺、谭元春《唐诗归·中唐三》评此诗云："细想清和。"甚是有见。

送诸暨王主簿之任

别愁已万绪，离曲方三奏。远宦一辞乡，南天异风候。

秦城岁芳老，越国春山秀。落日望寒涛，公门闭清昼。

何用慰相思，裁书寄关右。

押韵：去声，宥部。

诗人立足在关中，遥想友人此去宦游江南之情貌。天长地远，鱼雁可托；展布衷情，慰友落寞。

罢秩后入华山采茯苓逢道者

委绶来名山，观奇恣所停。山中若有闻，言此不死庭。

遂逢五老人，一谓西岳灵。或闻樵人语，飞去入昴星。

授我出云路，苍然凌石屏。视之有文字，乃古黄庭经。

左右长松列，动摇风露零。上蟠千年枝，阴虬负青冥。

下结九秋霰，流膏为茯苓。取之砂石间，异若龟鹤形。

况闻秦宫女，华发变已青。有如上帝心，与我千万龄。

始疑有仙骨，炼魂可永宁。何事逐豪游，饮啄以膻腥。

神物亦自閟，风雷护此扃。欲传山中宝，回策忽已暝。

乃悲世上人，求醒终不醒。

押韵：平声，青部。醒，上声，迥部。

此诗与前面《入华山访隐者经仙人石坛》一诗在创作年代、主题思想与艺术表现方面大致属于同一类别。可以相互参看。稍有不同之处是，这首诗是作于诗人暂时"罢秩"（离职）以后，前一首作于其"休沐"（在官休假）期间；在这一首诗中切实实践了诗人短期修道隐逸的愿望，而诗人创作前一首诗时尚处于不满仕途困顿、企慕隐逸修道生活之时期。

自朔方还与郑式瞻崔称郑子周岑赞同会法云寺三门避暑

予本疏放士，朅来非外矫。误落边尘中，爱山见山少。
始投清凉宇，门值烟岫表。参差互明灭，彩翠竟昏晓。
泠泠远风来，过此群木杪。英英二三彦，襟旷去烦扰。
游川出潜鱼，息阴倦飞鸟。徇物不可穷，唯于此心了。

押韵：上声，筱部。

全诗营造出一个隔绝尘世、滋养身心的清凉自由世界。一个"本"字，一头联着生命之应然，一头系着世界之实然；"予本疏放士"之体认，内中含着多少人生感喟！明代陆时雍《唐诗镜》卷33云："'爱山见山少'，是一个佳句。"所谓佳句者，正可由上述角度来看。

来从窦车骑行

束发逢世屯，怀恩抱明义。读书良有感，学剑惭非智。
遂别鲁诸生，来从窦车骑。追兵赴边急，络马黄金辔。
出入燕南陲，由来重意气。自经皋兰战，又破楼烦地。
西北护三边，东南留一尉。时过欻如云，参差不自意。
将军失恩泽，万事从此异。置酒高台上，薄暮秋风至。
长戟与我归，归来同弃置。自酌还自饮，非名又非利。

歌出易水寒，琴下雍门泪。出逢平乐旧，言在天阶侍。
问我从军苦，自陈少年贵。丈夫交四海，徒论身自致。
汉将不封侯，苏卿劳远使。今我终此曲，此曲诚不易。
贵人难识心，何由知忌讳。

押韵：义、智、骑、辔、气、地、尉、意、异、至、置、利、泪、侍，去声，寘部；贵，去声，未部；致、使、易，去声，寘部；讳，去声，未部。

题下诗人自注："自朔方行作。"

窦车骑，即东汉窦宪，和帝之舅，官拜车骑将军，曾率军北征匈奴，大获全胜，登燕然山刻石纪功而还。事见《后汉书》本传。班固有《窦车骑北伐颂》赞之。以汉喻唐，以窦车骑比况作者辅佐的节度使，既为此诗增加了历史纵深度，也含有赞美幕主超凡智谋与武功的意味。

又，青年李益从军塞上的英雄告白与遭逢不偶的文士愁怨，交织于字里行间，全诗体现出饱满的抒情张力。

夜发军中

边马枥上惊，雄剑匣中鸣。半夜军书至，匈奴寇六城。
中坚分暗阵，太乙起神兵。出没风云合，苍黄豹虎争。
今日边庭战，缘赏不缘名。

押韵：平声，庚部。

此诗起调惊挺，结语不凡。开头二句，发端有力。浅层来看，战报夜间突至，"惊"字状战马为之腾跃奋蹄，"鸣"字写武器为之跃跃欲试；深层来看，则是在间接描摹军中将士勇武奋发之风貌。以下四句，写夜间行军，静中写动，豪壮之气塞于夜空。"出没"两句，拟想战况之激烈，以豹虎比况敌我双方，与对垒者为劲敌，正可见唐军之力壮气盛。最后两句，写出唐朝将士为国立功之广阔襟抱，实非拘囿于一己之微名小利，此亦作者人生理想之写照。

综观全诗，写实中含写意，颇多盛唐边塞诗之风神。

将赴朔方早发汉武泉

弭盖出故关，穷秋首边路。问我此何为，平生重一顾。

风吹山下草，系马河边树。奉役良有期，回瞻终未屡。

去乡幸未远，戎衣今已故。岂唯幽朔寒，念我机中素。

去矣勿复言，所酬知音遇。

押韵：去声，遇部。

此诗写出诗人矛盾心态：奔赴边塞，志在立功；"奉役"艰难，顾念家园。"去矣勿复言"一句，即包含了这两个侧面的信息，不可轻易读过。

此诗写出了诗人的复杂心态，可与前一首《夜发军中》只写理想一面的单纯格调对读。

城旁少年

生长边城旁，出身事弓马。少年有胆气，独猎阴山下。

偶与匈奴逢，曾擒射雕者。名悬壮士籍，请君少相假。

押韵：上声，马部。

本书中编第一章"一、趋同与立异"中，对此诗已有解读。

又，"胆气"二字为全诗之魂魄，"壮士"一词为"少年"之写照，英风豪气荡人心魄。

游子吟

女羞夫婿薄，客耻主人贱。遭遇同众流，低回愧相见。

君非青铜镜，何事空照面。莫以衣上尘，不谓心如练。

人生当荣盛，待士勿言倦。君看白日驰，何异弦上箭。

押韵：去声，霰部。

游子吟，本为乐府古题。孟郊以之写母爱亲情。此诗以之明写闺中冷落之哀怨，暗含寒士不遇之悲愁。

饮马歌

百马饮一泉，一马争上游。一马喷成泥，百马饮浊流。
上有沧浪客，对之空叹息。自顾缨上尘，徘徊终日夕。
为问泉上翁，何时见沙石。

押韵：游、流，平声，尤部；息，入声，职部；夕、石，入声，陌部。

此诗写出了名攻利夺的千古世态人情。"一马喷成泥，百马饮浊流"两句，尤其传神写照。"沧浪客"、"泉上翁"者，泠然出世之隐者也，又可视之为万千红尘倦客之精神彼岸与人生退路。

莲塘驿

五月渡淮水，南行绕山陂。江村远鸡应，竹里闻缫丝。
楚女肌发美，莲塘烟露滋。菱花覆碧渚，黄鸟双飞时。
渺渺溯洄远，凭风托微词。斜光动流睇，此意难自持。
女歌本轻艳，客行多怨思。女萝蒙幽蔓，拟上青桐枝。

押韵：平声，支部。

诗人于题下自注："在盱眙界。"按：盱眙，县名，在唐属淮南道楚州，今属江苏省。

开头两句，点明时间与地点：时间，初夏；地点，淮南，为后来写景写情做了铺垫。"江村"以下四句，细写诗人渡淮以后所见到人物之秀美、风景之明媚。这秀美与明媚，是与作者长期生活的中原、关中一带雄壮、淳朴的山川人物大不相同的。于是，一种十分新鲜的感受，浸透在字里行间，沁入读者的心田。"菱花"以下至结尾，由自然景物过渡到男女风情，为全诗在明秀之外，新增了缠绵之情调。而其间景与情的融合、发展，都是自然而然的，真乃"气之动物，物之感人"（钟嵘《诗品·序》）的一个好例。

五城道中

金铙随玉节，落日河边路。沙鸣后骑来，雁起前军度。
五城鸣斥堠，三秦新召募。天寒白登道，塞浊阴山雾。
仍闻旧兵老，尚在乌兰戍。笳箫汉思繁，旌旗边色故。
寝兴倦弓甲，勤役伤风露。来远赏不行，锋交勋乃茂。
未知朔方道，何年罢兵赋？

押韵：茂，去声，宥部；其他，入声，遇部。

"五城"，指当时朔方节度使所辖之五座边城，皆在今宁夏回族自治区境内。（参见《李益诗注》）

乔亿《大历诗略》卷4云："诗格严整亦如军行编伍弥缝而不可攻，读三四（句）可想见万骑衔枚兼道景象。"洵为有见。

然而，更须知此诗主题是表达戍边士卒的厌战情怀。前半写军容之整肃、军纪之严明，只是"宾"；"主"在后面。"天寒"以下笔意暗转，"寝兴倦弓甲"才是全诗重心。"仍闻旧兵老，尚在乌兰戍"两句，以个别代一般，写出了戍卒之悲惨遭遇。"未知朔方道，何年罢兵赋"两句，作者代表万千久戍不归之戍卒发出沉重的心声：太苦太累了，这日子真不知何时才能熬到头？几时才可复员返乡、得享天伦？

与王楚同登青龙寺上方

连冈出古寺，流睇移芳宴。鸟没汉诸陵，草平秦故殿。
摇光浅深树，拂木参差燕。春心断易迷，远目伤难遍。
壮日各轻年，暮年方自见。

押韵：去声，霰部。

"上方"，佛寺中地势最高处，为方丈、主持所居之地。（参见《李益诗注》）

此诗创作时间为春天，地点为山上古寺，背景为关中郊野之秦汉陵墓区。诗人与朋友登高而怀古、而伤春、而叹己。叹己乃诗作的核心。刹那即是千年，转瞬春色凋残，怎不叫人感叹人生之短促，韶华之易逝。最后两句，尤可见诗人对生命不永之灵心善感。

登夏州城观送行人赋得六州胡儿歌

六州胡儿六蕃语，十岁骑羊逐沙鼠。

沙头牧马孤雁飞，汉军游骑貂锦衣。

云中征戍三千里，今日征行何岁归。

无定河边数株柳，共送行人一杯酒。

胡儿起作和蕃歌，齐唱呜呜尽垂手。

心知旧国西州远，西向胡天望乡久。

回头忽作异方声，一声回尽征人首。

蕃音虏曲一难分，似说边情向塞云。

故国关山无限路，风沙满眼堪断魂。

不见天边青作冢，古来愁杀汉昭君。

押韵：鼠，上声，语部；衣、归，平声，微部；酒、手、久、首，上声，有部；云，平声，文部；魂，平声，元部；君，平声，文部。

本书中编第二章"一、诗坛一角君虞支"中对此诗有详细解读，可参。

又，本篇是作者为"胡儿"群体所作的歌吟。既描写其被迫迁居异地、故乡渺远的深切哀愁，又同情其异地从军、一去难返之进一步的巨大苦痛。而造成此种"胡儿"哀愁、苦痛者，主要是唐王朝统治阶级及其民族政策。身处夷夏有别、尊夏卑夷的历史文化环境之中，却情通夷夏，悲悯"胡儿"，正可见作者难能可贵之仁心、博爱。此诗任情写出，自然感人肺腑。千载之下，犹令读之者难以自已。

从军夜次六胡北饮马磨剑石为祝殇辞

我行空碛，见沙之磷磷，与草之幂幂，半没胡儿磨剑石。

当时洗剑血成川，至今草与沙皆赤。

我因扣石问以言，水流呜咽幽草根，君宁独不怪阴磷？

吹火荧荧又为碧，有鸟自称蜀帝魂。

南人伐竹湘山下，交根接叶满泪痕。

请君先问湘江水，然我此恨乃可论。

秦亡汉绝三十国，关山战死知何极。

风飘雨洒水自流，此中有冤消不得。

为之弹剑作哀吟，风沙四起云沉沉。

满营战马嘶欲尽，毕昴不见胡天阴。

东征曾吊长平苦，往往晴明独风雨。

年移代去感精魂，空山月暗闻鼙鼓。

秦坑赵卒四十万，未若格斗伤戎虏。

圣君破胡为六州，六州又尽为胡丘。

韩公三城断胡路，汉甲百万屯边秋。

乃分司空授朔土，拥以玉节临诸侯，汉为一雪万世仇。

我今抽刀勒剑石，告尔万世为唐休。

又闻招魂有美酒，为我浇酒祝东流。

殇为魂兮，可以归还故乡些；沙场地无人兮，尔独不可以久留。

　　押韵：幂，锡部；川，平声，先部；言，平声，元部；磷，平声，真部；魂、痕，平声，元部；论，去声，愿部；极、得，入声，职部；沉，上声，寝部；阴，平声，侵部；雨，去声，遇部；鼓，上声，麌部；虏，上声，麌部；丘、秋、侯、休、流，平声，尤部；些，平声，麻部；留，平声，尤部。

　　此诗为作者祷告自先秦以来在六胡州一带阵亡将士魂灵的祝词，寄托了作者深沉的人道情怀。其中，设想扣石对话、联系湘竹泪痕、描写天阴云暗的古战场，颇多浪漫色彩。而回顾"秦坑赵卒"、"秦亡汉绝"等，则显示出深远的历史反思意味。可与盛唐李华《吊古

《战场文》合读。

又，"圣君"、"唐休"等语句，赞美本朝的意思很明显；但同时，也难以排除其中的应酬成分，这与作者当时的幕僚身份和"祝殇辞"的文体限制有关。

登天坛夜见海日

朝游碧峰三十六，夜上天坛月边宿。

仙人携我搴玉英，坛上夜半东方明。

仙钟撞撞近海日，海中离离三山出。

霞梯赤城遥可分，霓旌绛节倚彤云。

八鸾五凤纷在御，王母欲上朝元君。

群仙指此为我说，几见尘飞沧海竭。

竦身别我期丹宫，空山处处遗清风。

九州下视杳未旦，一半浮生皆梦中。

始知武皇求不死，去逐瀛洲羡门子。

押韵：宿，入声，屋部；明，平声，庚部；出，入声，质部；云、君，平声，文部；竭，入声，屑部；风、中，平声，东部；子，上声，纸部。

此诗充满浪漫奇情幻彩。可与太白《古风·西上莲花山》并读。乔亿《大历诗略》卷4云："'九州'两句，眼界胸次阔大不可言，前唯青莲，后唯玉局可以语此。"按：玉局，指苏轼。苏轼暮年遇赦北返，"复朝奉郎，提举成都玉局观，居从其便"（苏辙《栾城后集》卷22《亡兄子瞻端明墓志铭》）。

此诗之七言古诗体式，强化了跌宕恣肆之格调；七个韵脚之蝉联转换，平添了流走、飘逸之气韵。

大礼毕皇帝御丹凤门改元建中大赦

大明曈曈天地分，六龙负日升天门。

凤凰飞来衔帝箓，言我万代金皇孙。

灵鸡鼓舞承天赦，高翔百尺垂朱幡。

宸居穆清受天历，建中甲子合上元。

昊穹景命即已至，王事乃可酬乾坤。

升中告成答玄贶，泥金检玉昭鸿恩。

云亭之事略可记，七十二君宁独尊。

小臣欲上封禅表，久而未就归文园。

押韵：平声，元部。

大历十四年（779），代宗薨，德宗李适即位，旋大力施行新政，一改代宗朝因循沉闷的政治氛围。次年，改元建中。兹补充史料一则，以为读诗之助，以见德宗初政之崭新气象。"六月己亥朔，御丹凤楼，大赦天下，罪无轻重，咸赦除之。内外文武三品以上赐爵一级，四品以下加一阶，致仕官同见任，百姓为户者赐古爵一级。……史臣曰：德宗皇帝初总万机，励精治道。思政若渴，视民如伤。凝旒延纳于谠言，侧席思求于多士。其始也，去无名之费，罢不急之官；出永巷之嫔嫱，放文单之驯象；减太官之膳，诫服玩之奢；解鹰犬而放伶伦，止榷酤而绝贡奉。百神咸秩，五典克从，御正殿而策贤良，辍廷臣而治畿甸。此皆前王之能事，有国之大猷，率是而行，夫何敢议！"（《旧唐书》卷12《德宗本纪》）如此焕然一新的社会政治环境，必然会激发起包括李益在内的广大士人乘时而起、建功立业的人生热情。

清人李因培编选、凌应曾注《唐诗观澜集》卷5，于"大明"两句下评云"起笔如金翅擎天"。甚是。又，此两句所描写的天朗气清、六龙飞腾之浪漫境界，正是当时政治崭新气象、士民乐观情怀之艺术折光。

轻薄篇

豪不必驰千骑，雄不在垂双鞬。

天生俊气自相逐，出与雕鹗同飞翻。

朝行九衢不得意，下鞭走马城西原。

忽闻燕雁一声去，回鞍挟弹平陵园。

归来青楼曲未半，美人玉色当金尊。

淮阴少年不相下，酒酣半笑倚市门。

安知我有不平色，白日欲落红尘昏。

死生容易如反掌，得意失意由一言。

少年但饮莫相问，此中报仇亦报恩。

押韵：平声，元部。

"天生俊气"为全诗之眼目。其雕鹗飞翻之比喻，城西走马、青楼听曲、少年豪饮之错落镜头，皆为此慷慨"俊气"之剪影。

清人王夫之《唐诗评选》卷1评此诗云："平直有韵度，乐府本色。"言其虽笔触多为平铺直写，然以豪气内蕴之故，气韵终究不凡，切合七言乐府歌行之本色。

古别离

双剑欲别风凄然，雌沉水底雄上天。

江回汉转两不见，云交雨合知何年。

古来万事皆由命，何用临岐苦涕涟。

押韵：平声，先部。

"古别离"，为乐府古题。此诗既抒天隔地别之浓郁离情，又暗寓人生不偶之深重叹息。可与李白《远别离》（远别离，古有皇英之二女）对读，两者皆有身世之慨，唯君虞诗偏古朴而太白诗多绮丽尔。

效古促促曲为河上思妇作

促促何促促，黄河九回曲。嫁与棹船郎，空床将影宿。

不道君心不如石，那教妾貌长如玉。

押韵：曲、玉，入声，沃部；宿，入声，屋部。

促促，即匆匆。不道，即不料。（参见《李益诗注》）

江南曲

嫁得瞿塘贾，朝朝误妾期。早知潮有信，嫁与弄潮儿。

押韵：平声，支部。

"促促曲"、"江南曲"，皆为乐府古题。两诗可以对读。

它们都是写空闺思妇之哀怨，所怨望的对象都是其外出不归的丈夫。这是二者相同之处。其相异处有三：其一，丈夫职业不同，前者为船夫，后者为商人，反映出当时北方黄河流域自然经济深固而南方长江流域商品经济发展的社会面貌。其二，表现手法不同，前者运用"兴"的手法，由九曲黄河转到空闺之怨；后者用了"比"的手法，以潮水有信反比丈夫失信。其三，抒情风格不同，前者柔婉中含率直而以率直为主，后者直接中含柔婉而以柔婉为主。

又，本书中编第二章"一、诗坛一角君虞支"，对后一首诗已从其他角度有所论析，可参。

汉宫少年行

君不见上宫警夜营八屯，冬冬街鼓朝朱轩。

玉阶霜仗拥未合，少年排入铜龙门。

暗闻弦管九天上，宫漏沉沉清吹繁。

平明走马绝驰道，呼鹰挟弹通缭垣。

玉笼金锁养黄口，探雏取卵伴王孙。

分曹陆博快一掷，迎欢先意笑语喧。

巧为柔媚学优孟，儒衣嬉戏冠沐猿。

晚来香街经柳市，行过倡舍宿桃根。

相逢杯酒一言失，回朱点白闻至尊。

金张许史伺颜色，王侯将相莫敢论。

岂知人事无定势，朝欢暮戚如掌翻。

椒房宠移子爱夺，一夕秋风生庑园。

徒用黄金将买赋，宁知白玉暗成痕。

持杯收水水已覆，徙薪避火火更燔。

欲求四老张丞相，南山如天不可上。

　　押韵：轩、门、繁、垣、孙、喧、猿、根、尊，平声，元部；论，去声，愿部；翻、园、痕、燔，平声，元部；上，去声，漾部。

　　"岂知人事无定势，朝欢暮戚如掌翻"两句，为全诗主旨所在。此诗不仅写出了"汉宫"近卫之少年轻狂与老大沉沦之移易，更揭示出这些宫廷近侍之人生升沉荣辱多系于其所依君主权力之转换的历史现实。诗中之宫廷近卫，亦可被视为历代得宠复失势之臣子群体之代表。正所谓一朝天子一朝臣，新人欢笑旧人悲。不仅"汉宫"如此，唐代皇权交替之际，上述情形亦不鲜见，而其中玄、肃两帝尤为显例。

　　专制制度之缺陷与专制制度下臣子命运之卑微不自主，从此诗中犁然可见。诗人学通古今，又托身官场，当是抚今追昔，怅然有怀，而写下了这首咏史外衣下的政治抒情诗。

　　按："戾园"，汉武帝戾太子刘据的陵园。（参见《汉书·戾太子刘据传》）

卷　二

竹窗闻风寄苗发司空曙

微风惊暮坐，临牖思悠哉。开门复动竹，疑是故人来。
时滴枝上露，稍沾阶下苔。何当一入幌，为拂绿琴埃。

押韵：平声，灰部。

本书中编第一章"一、趋同与立异"中，对此诗已有论析。

唯须提示的是，此诗中的灰部韵脚，音色清扬，对于抒写思念友人的悠远情思很是相宜。

赋得垣衣

漠漠复霏霏，为君垣上衣。昭阳辇下草，应笑此生非。
掩蔼青春去，苍茫白露稀。犹胜萍逐水，流浪不相依。

押韵：平声，微部。

题中"垣衣"，指背阴墙壁上所生的苔藓。引默默无闻的低等植物——苔藓意象入集部作品，大约以班婕妤《自悼赋》为最早。此后，鲍照、谢朓、庾信、王绩等在其诗作中，递有涉及。但在上述作家作品中，苔藓只是作者抒情写景的点缀而已。以苔藓为主要描写对象，盖自初唐杨炯《青苔赋》始。其中对苔藓之美德多有赞叹："苔之为物也贱，苔之为德也深。夫其为让也，每违燥而居湿；其为谦也，常背阳而即阴。重扃秘宇兮，不以为显。幽山穷水兮，不以为沉。有达人卷舒之意，君子行藏之心。唯天地之大德，匪予情之所任。"作者遭逢不偶的冷落情怀与养德不移的君子风骨，郁勃其间。

描写歌咏苔藓的作品到北宋以降，数量大增，成为士人出身与思想平民化之时代转向的一个生动注脚。北宋释智圆《苔》："与僻偏饶分，苍苍称静吟。度阶经雨遍，峭壁度秋深。色冷分禽迹，痕幽入树阴。衡门终岁在，车马绝相侵。"写物传神、寄意清幽，切合佛门境界。清人袁枚《苔》："白日不到处，青春恰自来。苔花如米小，也学牡丹开。"礼赞平凡事物之独立价值，依稀开启近代人文精神之微光。皆为其中佳构。

综观李益此诗，既描写了苔藓"漠漠"、"霏霏"的青苍之色，又歌颂了其淡定自足的幽静之德，还展示出这位"关西将家子"的平民化情怀的一面，而此一侧面久为李益研究者所忽略。故而，此诗对苔藓类作品之历史承变，对全面认识君虞其人，皆有重要而独特的价值。

送人流贬

汉章虽约法，秦律已除名。谤远人多惑，官微不自明。
霜风先独树，瘴雨失荒城。畴昔长沙事，三年召贾生。

押韵：平声，庚部。
前两句，运用了逆挽手法。
全诗为友人无辜被谤遭贬鸣冤，并以贾生典故安慰、鼓舞友人，虽然眼下冷暗，前景则终将温暖、明朗。

送人南归

人言下江疾，君道下江迟。五月江路恶，南风惊浪时。
应知近家喜，还有异乡悲。无奈孤舟夕，山歌闻竹枝。

押韵：平声，支部。
以错觉江流迟缓、不畏五月江路险恶，映衬友人返乡心切。以往日延留之"异乡悲"反衬迎面而来之"近家喜"，而返乡之喜悦则更深一层。无奈两句，笔触回旋，复以友人旅途之孤独，山歌之乱心，再次点染羁旅异乡之悲。而对即将到来的返乡之喜，则隐藏于全诗之背后。可谓言外含情，情思悠远。

按，《李益诗注》以为"异乡悲"是作者自况，盖误。题目"送人南归"，则送人之作者身在北方无疑；既然作者身在北方，则竹枝词一类巴楚民歌何可得闻。故而，"异乡悲"当系于南归、闻山歌之友人身上。

水亭夜坐赋得晓雾

月落寒雾起，沉思浩通川。宿禽喈木散，山泽一苍然。
漠漠沙上路，沄沄洲外田。犹当依远树，断续欲穷天。

押韵：平声，先部。

本书中编第二章"一、诗坛一角君虞支"，对此诗已有品读，可参。

送常曾侍御使西蕃寄题西川

凉王宫殿尽，芜没陇云西。今日闻君使，雄心逐鼓鼙。
行当收汉垒，直可取蒲泥。旧国无由到，烦君下马题。

押韵：平声，齐部。

安史乱后，吐蕃国力兴盛，唐王朝陇右、西川之地大部分为其侵占。李益祖籍陇西狄道，自在其内，即诗中所谓"旧国"者也。参见《李益诗注》。

此诗开头两句，描写陇右、西川等地长期被占，以风光黯淡、宫殿荒芜反映当地汉族百姓身遭奴役的悲愁。三、四两句笔锋一转，抒写恢复国土之雄心。五、六两句继续抒写恢复之志而意气更加豪壮。七、八句热情消退返归现实，叮咛常曾代向自己故乡致意。

综观全诗，豪情壮志中含着悲凉无奈，而以后者为主，此亦中唐国力衰颓之具体投影也。

又，常曾，据《新唐书》卷75下《宰相世系表》，为京兆（今陕西西安）人，玄宗朝礼部员外郎常无名之次子，代宗朝宰相常衮之堂弟，曾任信州录事参军（见《韦苏州集》卷10《信州录事参军常曾古鼎歌》）、弘农令等职。韦应物有《送常侍御却使西蕃》，据孙望先生考证，李益诗写于建中二年（781）常曾初次出使吐蕃之时，而韦诗作于建中三年常曾再次出使吐蕃之际。①

入南山至全师兰若

木陨水归壑，寂然无念心。南行有真子，被褐息山阴。
石路瑶草散，松门寒景深。吾师亦何爱，自起定中吟。

押韵，平声，侵部。

全诗写作者入终南山寻访佛寺高僧之见闻、感触。其一、二、五、六四句，主要写山中景色与自我心镜，而佛寺高僧则掩映其后；其三、四、七、八四句，主要描写所访之高僧，暗中为写山中景色与自我心镜做铺垫。可谓布局圆融，结构灵动。

又，开头两句写景，甚得禅门之枯寂恬淡趣味，令读者玄想无尽。

送韩将军还边

白马羽林儿，扬鞭薄暮时。独将轻骑出，暗与伏兵期。
雨雪移军远，旌旗上垒迟。圣心戎寄重，未许让恩私。

押韵：平声，支部。

联翩白马，可鉴将军之俊逸；薄暮扬鞭，更显将军之慷慨。"独将轻骑出"，愈见将军之英伟。"雨雪"两句，引边塞景物为将军俊逸、慷慨、英伟之映衬。末尾两句，写君王之心与将军之心感通为一，古语云"士为知己者死"，将军足以当之。明人许学夷云："五言律，气格亦盛，'白马羽林儿'一篇，可配开、宝。"（《诗源辩体》

---

① 　参见孙望《韦应物诗集系年校笺》卷5，中华书局2002年版，第255—256页。

卷22）然。

晚春卧病喜振上人见访

卧床如旧日，窥户易伤春。灵寿扶衰力，芭蕉对病身。
道心空寂寞，时物自芳新。旦夕谁相访，唯当摄上人。

押韵：平声，真部。

此诗一个显著特色是，对人到晚年之颓唐形象与感伤心态，刻画
传神。开头两句中"卧床"、"窥窗"两个人物剪影，尤其值得细细
体会。其他方面，本书上编第三章"李益交游考论"中已有解析，
可参。

春行

侍臣朝谒罢，戚里自相过。落日青丝骑，春风白纻歌。
恩承三殿近，猎向五陵多。归路南桥望，垂杨拂细波。

押韵：平声，歌部。

本书中编第三章"一、沉舟侧畔千帆过"对此诗有所解析，
可参。

又，此诗写春行之悠然、春光之静美，切合高官之雍容身份，以
朝罢公余为起点。

洛阳河亭奉酬留守群公追送

离亭饯落晖，腊酒减春衣。岁晚烟霞重，川寒云树微。
戎装千里至，旧路十年归。还似汀洲雁，相逢又背飞。

押韵：平声，微部。
末两句，写出人间聚散无常之情貌。

寻纪道士偶会诸叟

山阴寻道士，映竹羽衣新。侍坐双童子，陪游五老人。
水花松下静，坛草雪中春。见说桃源洞，如今犹避秦。

押韵：平声，真部。

四十字中，一派静谧安闲气象。"水花"两句，笔触传神，将静美与生机融作一体。

同萧炼师宿太一庙

微月空山曙，春祠谒少君。落花坛上拂，流水洞中闻。
酒引芝童奠，香馀桂子焚。鹤飞将羽节，遥向赤城分。

押韵：平声，文部。

全诗笼罩着一片清静神秘的道教氛围，给人以清奇之美感。

送同落第者东归

东门有行客，落日满前山。圣代谁知者，沧洲今独还。
片云归海暮，流水背城闲。余亦依嵩颍，松花深闭关。

押韵：平声，删部。

"落第"心伤，"我"与友同。题目中"同落第者"之"同"字，第七句中之"亦"字，将作者与同"病"相怜的友人的心，联通融合在了一起，既慰勉了友人，亦是自我慰勉。

"片云"、"流水"两个意象，既含落寞情怀，亦有高洁韵致，同时又将落第之愁烦给大大稀释了。

送柳判官赴振武

边庭汉仪重，旌甲似云中。虏地山川壮，单于鼓角雄。
关寒塞榆落，月白胡天风。君逐嫖姚将，麒麟有战功。

押韵：平声，东部。

此诗饶有盛唐气骨。若将其阑入高、岑边塞诗作中，恐怕亦难识别。

本书中编第二章"一、诗坛一角君虞支"中，对此诗已有探讨，余不赘述。

述怀寄衡州令狐相公

调元方翼圣，轩盖忽言东。道以中枢密，心将外理同。
白头生远浪，丹叶下高枫。江上萧疏雨，何人对谢公。

押韵：平声，东部。

本书上编第三章"李益交游考论"中，对此诗已有所论列，可参。

又，"白头生远浪"，哀愁苍凉；"丹叶下高枫"，高拔温暖。一抑一扬，体贴入微，同情与慰藉兼之，抒情深婉厚重。堪称佳句。

又，据《李益诗注》，此诗作于宪宗元和十五年（820）。令狐楚（766—836）小李益二十岁，与李益交往颇深，编《御览诗》，选李益诗作最多；令狐楚晚年又与同辈白居易、刘禹锡等中唐诗坛大家在洛阳流连诗酒；令狐楚又栽培晚辈李商隐，而商隐为晚唐诗坛第一高手。中晚唐诗人之错综复杂关系，由令狐楚一人之交游网络，亦可见一斑。

喜入兰陵望紫阁峰呈宣上人

薙草开三径，巢林喜一枝。地宽留种竹，泉浅欲开池。
紫阁当疏牖，青松入坏篱。从今安僻陋，萧相是吾师。

押韵：平声，支部。

本书上编第三章"李益交游考论"与中编第三章"一、沉舟侧畔千帆过"，对此诗均有探讨，可参。

喜见外弟又言别

十年离乱后，长大一相逢。问姓惊初见，称名忆旧容。

别来沧海事，语罢暮天钟。明日巴陵道，秋山又几重。

押韵：平声，冬部。

本书中编第一章"一、趋同与立异"与余论"伤心不独为悲秋：李益诗歌感伤基调探论"，对此诗皆有解读。此不赘述。

立春日宁州行营因赋朔风吹飞雪

边声日夜合，朔风惊复来。龙山不可望，千里一徘徊。

捐扇破谁执，素纨轻欲裁。非时妒桃李，自是舞阳台。

押韵：平声，灰部。

据《李益诗注》，此诗作于德宗贞元五年（788），当时为了抵御吐蕃之入侵，李益随从邠宁节度使张献甫正在宁州（今甘肃会宁）前线驻防。

前两句写边情紧急，"合"字状警戒日夜不息；"惊"字暗示敌情之令人不安，照应题目中"行营"之特征。"龙山"两句，承上句"朔风"而来，化用《楚辞·大招》"趠龙之山"之典故及鲍照《学刘公幹体五首》（其三）"胡风吹朔雪，千里度龙山"诗句（参见《李益诗注》），"徘徊"一词拟人而兼状物，刻画出千里边塞大雪随风飘舞之景象。五、六两句，上句以破扇衬托风力之猛烈，而风声恍然在人耳畔；下句以素纨描摹雪色之莹白，且令人想见雪片之大。末两句，再度描绘漫天白雪随风飘舞之景象，且引入宋玉《高唐赋》神女阳台之典故，为诗作增加了奇情异彩。

献刘济

草绿古燕州，莺声引独游。雁归天北畔，春尽海西头。

向日花偏落，驰年水自流。感恩知有地，不上望京楼。

押韵：平声，尤部。

本书上编第三章"李益交游考论"对此诗有较细探讨。此不赘述。

按：还须提及一点的是，刘济与中唐时期河朔三镇其他骄横跋扈的节度使相比，对唐廷"最务恭顺，朝献相继"（《旧唐书》卷141《刘济传》）。① 换言之，李益所依倚、感念的这位节度使之政治品格还是比较端正的，因而李益对刘济的依倚、感念，也就算不得太大的政治污点。况且，"感恩"两句，显然含有一时情绪激动的因素，对"诗家语"是不能完全当真的。

哭柏岩禅师

遍与傍人别，临终尽不愁。影堂谁为扫，坐塔自看修。
白日钟边晚，青苔钵上秋。天涯禅弟子，空到柏岩游。

押韵：平声，尤部。

本书上编第三章"李益交游考论"对此诗有较细探讨。可参。又，开头两句，勾勒出一代高僧了悟生死的淡定风度。

赴邠宁留别

身承汉飞将，束发即言兵。侠少何相问，从来事不平。
黄云断朔吹，白雪拥沙城。幸应边书募，横戈会取名。

押韵：平声，庚部。

"汉飞将"者，西汉飞将军李广也。君虞每以"飞将"后裔自勉自励，绝非傲然引杰出祖先为自身无能遮羞之辈所可比拟也。少年"言兵"，可见君虞家学范围之宽广于一般儒士文人，而晚唐之杜牧亦然。边地"横戈"，画出无限英雄气度。综上所述，全诗乃是作者

---

① 关于刘济对唐廷恭顺的原因，参见孙继民《北京新发现唐刘济墓的几个问题》，《光明日报》2013 年 7 月 31 日。

英雄气与贵族气之艺术融合体。

紫骝马

争场看斗鸡，白鼻紫骝嘶。漳水春闱晚，丛台日向低。

歇鞍珠作汗，试剑玉如泥。为谢红梁燕，年年妾独栖。

押韵：平声，齐部。

据《李益诗注》，《紫骝马》，汉乐府《横吹曲辞》旧题，抒写戍卒思归之愁怨；而李益在此诗中，将抒情主人公换作了闺妇。

此诗结构对称，第一、二、五、六四句，为女主人公对丈夫从军后生活场景之悬想；第三、四、七、八四句，乃是此少妇闺中独处之自我告白。紫骝如此骏勇，宝剑如此锋利，则其主人之英武可以想见，而闺妇盼夫早归之情悄然投射两地。末尾，此妇痴情难以自已，乃诉无限愁怨于每年来归之双燕，则为全诗更添一层伤感气氛。

同崔邠登鹳雀楼

鹳雀楼西百尺樯，汀洲云树共茫茫。

汉家箫鼓空流水，魏国山河半夕阳。

事去千年犹恨速。愁来一日即为长。

风烟并起思归望，远目非春亦自伤。

押韵：平声，阳部。

本书中编第三章"一、沉舟侧畔千帆过"中，对此诗及他人相关诗作，已经做了详细的比较论析。

又，本诗是以响亮的阳韵韵脚来抒写感伤情调的一个例证。

奉酬崔员外副使《携琴宿使院》见示

忽闻此夜携琴宿，遂叹常时尘吏喧。

庭木已衰空月亮，城砧自急对霜繁。

犹持副节留军府，未荐高词直披垣。

谁问南飞长绕树，官微同在谢公门。

押韵：平声，元部。

琴于古代士人，非仅具有现代人所熟悉的乐器之意义，而是士人借以修身养性之生命必需品。若俞伯牙、钟子期之琴寄知音，嵇叔夜之手挥五弦，陶渊明之抚无弦琴者，即为千古流传的雅证。

这首七律，首联叙述友人携琴来访，使得作者由此暂时进入一种与红尘、官场相疏离的清明恬淡的精神天地。颔联所描写的，即是作者在此种心境之下之异于日常的所见所闻，且庭木、城砧、冷月、繁霜好似第一次出现于作者之眼前耳畔。下面两联，隐含了友人与作者所共同怀有的人生不遇之叹息，则诗意复从超越的审美情境返归到日常的功利世界中来。现实世界与理想天地之分离，使作者处于一种徘徊于两间之紧张与焦虑，其背后所折射的则是一种难得自由与清静的人生情态，从而给此诗增加了很大的感情张力与思想纵深。

送贾校书东归寄振上人

北风吹雁数声悲，况指前林是别时。
秋草不堪频送远，白云何处更相期。
山随匹马行看暮，路入寒城独去迟。
为向东州故人道，江淹已拟惠休诗。

押韵：平声，支部。

前两联之上下句之间，皆是更进一层的写法，由“况”、“更”两字显然可见。前三联所写，皆是作者与贾校书离别之伤感，尾联则稍加挽回，有振上人在东州，则贾之别情可以获得安慰，而作者之牵念亦有所寄托。换言之，因有两位友人居处，作者的心亦可时常投寄于彼处，东州之地遂在感觉上增了些许暖意。

过马嵬

路至墙垣问樵者，顾予云是太真宫。

太真血染马蹄尽，朱阁影随天际空。

丹壑不闻歌吹夜，玉阶唯有薜萝风。

世人莫重霓裳曲，曾致干戈是此中。

押韵：平声，东部。

哀太真，刺明皇。第四句景色缥缈，令人对杨妃怀思无限；第八句指摘剀切，直刺明皇荒淫误国。

过马嵬

汉将如云不直言，寇来翻罪绮罗恩。

托君休洗莲花血，留记千年妾泪痕。

押韵：平声，元部。

此诗为杨妃辩白鸣冤，矛头指向当时朝廷文武大臣以及最高统治者玄宗皇帝，批判色彩直接、强烈。

君虞此二诗可与以下三首同题材唐诗对读。

李商隐《马嵬二首》其二："海外徒闻更九州，他生未卜此生休。空闻虎旅鸣宵柝，无复鸡人报晓筹。此日六军同驻马，当时七夕笑牵牛。如何四纪为天子，不及卢家有莫愁。"[1]

于濆《马嵬驿》："常经马嵬驿，见说坡前客。一从屠贵妃，生女愁倾国。是日芙蓉花，不如秋草色。当时嫁匹夫，不妨得头白。"（《全唐诗》卷599）

罗隐《帝幸蜀》："马嵬山色翠依依，又见銮舆幸蜀归。泉下阿蛮应有语，这回休更怨杨妃。"（《全唐诗》卷688）

按：这三首诗亦对杨妃之死深表同情，指出玄宗应负误国之责；论其笔触，则比较委婉、温和。

揆诸史实，安史之乱的发生、社稷的由盛转衰，其主要责任应该

---

① 刘学锴、余恕诚：《李商隐诗歌集解》（增订重排本），中华书局2004年版，第336页。

由玄宗来负。然而，杨氏兄妹在当时骄横淫靡，对国家政治造成了巨大祸害，劣迹斑斑，是无法洗刷的。至于上述四诗中同情杨妃的倾向，盖一则女性属于弱势群体，易于引人同情；二则杨妃绝色倾国，易于引起男性文人同情；三则聪明人喜作翻案文章，在此即是翻"红颜祸水"说之案；四则痛恨玄宗之前期为政清明后期昏庸误国；五则以昔戒今，讽谏现世及后世男性君臣。

过五原胡儿饮马泉

> 绿杨着水草如烟，旧是胡儿饮马泉。
> 几处吹笳明月夜，何人倚剑白云天。
> 从来冻合关山路，今日分流汉使前。
> 莫遣行人照容鬓，恐惊憔悴入新年。

押韵：平声，先部。

诗人自注："鹏鹈泉，在丰州城北，胡人饮马于此。"

首联起兴，绿杨碧草清泉，边地少见之美丽春景。颔联景中含情，吹笳月夜、倚剑云天，境界阔大而情思悲凉，洵为佳句。颈联写为眼前美景所感，作者心绪一时转佳。尾联情调暗移，自唯戍边多年，久不得归，而年华渐老，作者之憔悴怎可遏止？全诗融美景与愁怀于一体，韵味隽永。

宿冯翊夜雨赠主人

> 危心惊夜雨，起望漫悠悠。气耿残灯暗，声繁高树秋。
> 凉轩辞夏扇，风幌揽轻裯。思绪蓬初断，归期燕暂留。
> 关山蔼已失，脸泪迸难收。赖君时一笑，方能解四愁。

押韵：平声，尤部。

"危心惊夜雨"，明写秋夜降雨之疾之大，暗含诗人行役中之摇荡愁怀。"归期燕暂留"一句，意新语工，为古今行役中人写照。

送襄阳李尚书

天寒发梅柳，忆昔到襄州。树暖然红烛，江清展碧油。
风烟临岘首，云水接昭丘。俗尚春秋学，词称文选楼。
都门送旌节，符竹领诸侯。汉沔分戎寄，黎元减圣忧。
时追山简兴，本自习家流。莫废思康乐，诗情满沃洲。

押韵：平声，尤部。

汉、沔二水，羊祜常登之岘山、楚昭王之丘墓，精研春秋学之杜
预、编选《文选》之萧统，以及山简、习凿齿等风流名士，皆与李
尚书所往襄州之山川、古迹与历史人物。此从侧面赞美李尚书之才
情。至末尾，则直接以谢灵运之文采风雅相期。

笔者于全篇之内，最爱"树暖"两句。其描写襄阳景物如画，而
此间之清润和暖，则有画笔不能到处。

春日晋祠同声会集得疏字韵

风壤瞻唐本，山祠阅晋馀。水亭开帘幕，岩榭引簪裾。
地绿苔犹少，林黄柳尚疏。菱苕生皎镜，金碧照澄虚。
翰苑声何旧，宾筵醉止初。中州有辽雁，好为系边书。

押韵：平声，鱼部。
宴集唱和之作，非自感发中来，唯句工律严而已。

再赴渭北使府留别

结发逐鸣鼙，连兵追谷蠡。山川搜伏虏，铠甲被重犀。
故府旌旗在，新军羽校齐。报恩身未死，识路马还嘶。
列嶂高烽举，当营太白低。平戎七尺剑，封检一丸泥。
截海取蒲类，跑泉饮鹏鹈。汉庭中选重，更事五原西。

押韵：平声，齐部。
清人贺裳《载酒园诗话又编》评"报恩身未死，识路马还嘶"

两句云："信为悲壮。"笔者谓"平戎七尺剑，封检一丸泥"两句，
风骨豪迈。盖全诗之情调，即以悲壮与豪迈为两个侧面。这两个侧面
交错混融，便为此诗加大了感情之宽度与深度。

卷　三

赋得路旁一株柳送邢校书赴延州使府

路旁一株柳，此路向延州。延州在何处，此路起悠悠。

押韵：平声，尤部。

前路悠悠，别情悠悠。以柳起兴，读来情韵绵长。

重赠邢校书

俱从四方事，共会九秋中。断蓬与落叶，相值各因风。

押韵：平声，东部。

本书上编第三章"李益交游考论"之中，对此诗与相关诗作有较详论说。

又，诗中秋日"断蓬"与"落叶"两个意象，饱含这两位辗转于仕途的友人之落寞、酸辛、无奈的情态。

书院无历日，以诗代书，问路侍御六月大小

野性迷尧历，松窗有道经。故人为柱史，为我数阶蓂。

押韵：平声，青部。

本书中编第三章"一、沉舟侧畔千帆过"中，对此诗及相关诗作已有解析。又，此诗是作者晚年入朝为官时期的作品，取材细小，格调闲适，与元、白同类诗作相呼应，可见中唐元和以后，闲适诗创作渐成一种时代风气。

闻鸡赠主人

胶胶司晨鸣，报尔东方旭。无事恋君轩，今君重凫鹄。

押韵：入声，沃部。

后两句，用《韩诗外传》卷 2"田饶事鲁哀公而不见察"之典故（参见《李益诗注》），暗讽当政者不辨贤愚黑白，并寄寓了诗人自己仕途不遇的牢骚。

登白楼见白鸟席上命鹧鸪辞

一鸟如霜雪，飞向白楼前。问君何以至，天子太平年。

押韵：平声，先部。

席间应酬，立意无奇。百鸟与白楼，相映成趣。

石楼山见月

紫塞连年戍，黄砂碛路穷。故人今夜宿，见月石楼中。

押韵：平声，东部。

前两句，概括描写艰苦的军旅行役生涯。后两句，具体抒写诗人旅途之中独宿石楼山，与故山、明月相慰藉的落寞情怀。

按，第三句中"故人"，《御览诗》作"故山"①。盖指诗人早岁曾到过石楼山，今日复经此山并夜宿于此，对山如对故人，乃称之为"故山"，进而在旅途孤寂中感觉到了几许暖意。又，《李益诗注》注云："故人，作者自指。"乍看有些费解。若从作者对"故山"自称"故人"以表亲切的角度来解读，亦通，且有婉转之趣。

---

① 参见傅璇琮主编《唐人选唐诗新编》，陕西人民教育出版社 1996 年版，第 428 页。

惜春伤同幕故人孟郎中兼呈去年看花友

畏老身全老，逢春解惜春。今年看花伴，已少去年人。

押韵：平声，真部。

此诗表达了对去世不久的孟郎中（孟郊之叔父）的深切悼念之情。首句，写生命骤然便已衰老，且任谁亦无可奈何，读之令人惊心。末句，暗含故人云亡的黯然伤逝之深悲。明顾璘《批点唐音》评此诗云："语浅情真。"有见。然涵泳全诗，若拈出"情深"二字替换顾评中之"情真"，似更为贴切。

嘉禾寺见亡友王七题壁

今日忆君处，忆君君岂知。空馀暗尘字，读罢泪仍垂。

押韵：平声，支部。

对于此诗，本书上编第三章"李益交游考论"有详细论说，此不赘述。

听唱《赤白桃李花》

《赤白桃李花》，先皇在时曲。欲向西宫唱，西宫宫树绿。

押韵：入声，沃部。

据《李益诗注》，《赤白桃李花》，唐玄宗所制之曲，与《霓裳羽衣曲》齐名；西宫，指玄宗晚年以太上皇身份被幽居的西内太极宫之甘露殿，最后玄宗死于此殿中。

遥想玄宗早年文治武功，何其煊赫；不意晚年荒淫无已，致使自身被囚，凄凉死去，至若天下盛衰剧变自不待言。而今，宫树依旧年年绿，先皇一死不复还。一念及此，怎不令人感慨！诗人作为与唐室同一祖先的陇西李氏后裔，当有更多一层亲切，更深一层伤感。

赠内兄卢纶

世故中年别，馀生此会同。却将悲与病，来对朗陵翁。

押韵：平声，东部。

本书上编第三章"李益交游考论"中对此诗及相关诗作已有详论。

答窦二曹长留酒还楹

楹小非由楹，星郎是酒星。解酲元有数，不用吓刘伶。

押韵：平声，青部。

本书上编第三章"李益交游考论"中对此诗及相关诗作已有详论。

白居易有五绝《招东邻》云："小楹二升酒，新簟六尺床。能来夜话否，池畔欲秋凉。"（朱金城《白居易集校笺》卷7）与此诗皆是写中唐士大夫诗酒往来的日常闲适生活，可以合看。

答广宣供奉问兰陵居

居北有朝路，居南无住人。劳师问家第，山色是南邻。

押韵：平声，真部。

据《李益诗注》，诗中"南邻"之山，即终南山。居北则身处喧嚣市朝，居南则以山色为邻。后者即远离尘世之委婉语也。白居易有七绝《过天门街》云："雪尽终南又欲春，遥怜翠色对红尘。千车万马九衢上，回首看山无一人。"（朱金城《白居易集校笺》卷13）可与此诗合读。两诗中，"朝路"与"红尘"、"山色"与"翠色"，两两意涵相同，皆反映了功利世界与审美世界的对立、自由与异化的对立，与作者对此的心理应答。李益、广宣、白居易所向往者，为"山色"、为"翠色"。

乞宽禅师瘿山礨呈宣供奉

石色凝秋藓，峰形若夏云。谁留秦苑地，好赠杏溪君。

押韵：平声，文部。

诗题中的"宽禅师"，《李益诗注》谓"可能是广宣和尚的别号"，误。因为后面的宣供奉，即是广宣和尚，断无先向广宣乞礨然后再呈送给他之理。按：此"宽禅师"，是指僧人唯宽。本书上编第三章"李益交游考论"，对此已有探讨，可参。

从唯宽手里求得精美的瘿山礨，然后呈送广宣，可见李益与这两位僧人皆有深厚之交谊，即今天所谓"不见外"之友人也。

观骑射

边头射雕将，走马出中军。远见平原上，翻身向暮云。

押韵：平声，文部。

第二句，写出将军由队伍中纵马飞出的矫健身姿。末句，描摹将军向空中控弦射箭的英武风度，其结果如何，诗人预留空白，由读者尽情想象可也。

又，首句点明"射雕"，末句暗作呼应，笔致谨严灵动如此。

题太原落漠驿西堠

征戍在桑乾，年年蓟水寒。殷勤驿西路，此路向长安。

押韵：平声，寒部。

厌倦军旅，思念都城之情怀，充满全篇。

"殷勤"一词，写"驿西路"之温暖多情恰似亲友。作者之所以生此感觉，全由此路是通往长安之路也，亦即爱屋及乌心理之折光也。

明人唐汝询《唐诗解》卷23解此诗云："君虞居兵间最久，岁历蓟水之寒苦矣。思还长安，不可得。因指途叹曰：'从此以往即长安耳，何可望而不可至也。'"可参。

军次阳城烽舍北流泉

何地可潸然，阳城烽树边。今朝望乡客，不饮北流泉。

押韵：平声，先部。

本书中编第二章"一、诗坛一角君虞支"中对此诗已有论述。

金吾子

绣帐博山炉，银鞍冯子都。黄昏莫攀折，惊起欲栖乌。

押韵：平声，虞部。

此诗整体格调不高。写出执金吾之强横放纵，人莫敢与之争锋。

山鹧鸪词

湘江斑竹枝，锦翅鹧鸪飞。处处湘云合，郎从何处归。

押韵：平声，微部。

本书中编第三章"一、沉舟侧畔千帆过"之中对此诗已有论述。

又，本诗以发音柔细的微部韵脚，表达青年女子思念丈夫（恋人）之深挚宛转情怀，甚为得宜。

代人乞花

绣户朝眠起，开帘满地花。春风解人意，吹落妾西家。

押韵：平声，麻部。

这是一首作者为闺中妇女代言之作，但写得颇得闺妇之心理。东邻多花树，暮春时节，竞相绽放。这位妇女为时节所感，遂生出万般爱花爱美之情，以至于郁勃不可遏抑，乃痴心托付春风，请将那片片娇美之花，吹落到她的庭园中来，以便她得以尽情赏爱这即将逝去的美丽。而爱彼春花，即自爱青春年华之曲折反映也。此妇之闺中孤寂，可以想见。

上洛桥

金谷园中柳，春来似舞腰。何堪好风景，独上洛阳桥。

押韵：平声，萧部。

"舞腰"之喻，画出春柳枝条随风摇摆之婀娜姿态。桥上水边赏柳，尤可见涣涣春水与款款春柳相互映发之特美。

俞陛云《诗境浅说续编》评此诗说："此殆留滞洛中，感怀而作。地经前度成惆怅，人对芳晨转寂寥，宜其低回不尽也。"可备一说，对深入理解此诗，不无助益。

扬州怀古

故国歌钟地，长桥车马尘。彭城阁边柳，偏似不胜春。

押韵：平声，真部。

本书中编第二章"一、诗坛一角君虞支"中对此诗已有论述。

又，清乔亿《大历诗略》卷4评曰："彭城阁在江都，宇文化及弑炀帝于此阁。"吴昌祺《删订唐诗解》云："言昔为歌地，今盛车尘。唯柳若有故国之悲，人无怜之者也。"可参。

水宿闻雁

早雁忽为双，惊秋风水窗。夜长人自起，星月满空江。

押韵：平声，江部。

本书中编第二章"一、诗坛一角君虞支"中对此诗已有论述。

又，一切江上清美夜景，皆"人自起"后一时所见；而夜中之"人自起"，当与白天对秋日来临之感喟有关。作者之深情善感，犁然可见。

扬州早雁

江上三千雁，年年过故宫。可怜江上月，偏照断根蓬。

押韵：平声，东部。

本书中编第二章"一、诗坛一角君虞支"中对此诗已有论述。

又，此诗与上一首诗，显然是同时所作的"姊妹篇"。

下楼

话旧全应老，逢春喜又悲。看花行拭泪，倍觉下楼迟。

押韵：平声，支部。

多情易老，老更多情。此诗写出了诗人年届垂暮、伤春叹老的深切感伤。其格调颓唐低沉无可否认，然由人情之真实言之，其价值亦不可一笔抹杀。

卷 四

度破讷沙二首（其一）

眼见风来沙旋移，经年不省草生时。

莫言塞北无春到，纵有春来何处知。

押韵：平声，支部。

度破讷沙二首（其二）

破讷沙头雁正飞，鸊鹈泉上战初归。

平明日出东南地，满碛寒光生铁衣。

押韵：平声，微部。

本书中编第二章"一、诗坛一角君虞支"中对第二首诗已有论述。

又，合看两首诗，会加深读者对它们的理解。

据《李益诗注》，破讷沙，即今内蒙古自治区的库布齐沙漠，为塞北荒凉苦寒之地。在《文苑英华》中，此二诗分别题为"塞北行次度破讷沙"、"早发破讷沙"。

第一首诗，写破讷沙一带气候之荒寒与生活环境之艰苦。草，是最具生命力的植物。连草都无法生长，此地之极度荒寒可知矣，进而诗人所在军队的生活、作战环境之极度艰苦亦可知矣。又，第三、四句之间，运用了更进一层的写法。

第二首诗，描写在上述艰苦环境中，诗人所在部队夜战获胜拂晓凯旋之豪壮场景。"满碛寒光生铁衣"一句，以景语作结，既照应了上一首诗对艰苦环境的描写，又从侧面勾勒出将士们英勇无畏的凛然气概与乐观情怀。

支部、微部为临近韵部，皆音调柔细。以这样两个韵部，第一首描摹荒寒之景，第二首抒写豪迈之情，而各得其宜。

拂云堆

汉将新从虏地来，旌旗半上拂云堆。

单于每近沙场猎，南望阴山哭始回。

押韵：平声，灰部。

灰部韵脚，往往有助于加强悲哀之氛围。

在此诗中，则用此韵脚描写敌方之身遭挫败之悲愁，以反衬"汉将"即唐朝将士获胜之欣喜。

中桥北送穆质兄弟应制，戏赠萧二策

洛水桥边雁影疏，陆机兄弟驻行车。

欲陈汉帝登封草，犹待萧郎寄内书。

押韵：平声，鱼部。

据《李益诗注》，此诗作于贞元元年（785）。

戏作之诗，在北宋中期苏轼、黄庭坚手中大行其道，殆成一代风气。前此至于盛唐，作者、作品皆少。李白有《戏赠杜甫》（《李太白全集》卷30）之诗，至白乐天一辈人所作稍多。而君虞此诗与卷三《答窦二曹长留酒还楹》，则可被视为太白之后续、乐天之前导。

九月十日雨中过张伯佳期柳镇未至以诗招之

柳吴兴近无消息，张长公贫苦寂寥。

唯有角巾沾雨至，手持残菊向西招。

押韵：平声，萧部。

本书上编第三章"李益交游考论"之中，对此诗已有解读。

另须指出的是，此诗前两句中的特殊的"上三下四"结构，迥异于七言诗句"上四下三"的常见结构。此种新颖句式在唐代已不鲜见，却要等到被北宋黄庭坚所效法以后，才引起诗坛注意。"鲁直诗曰：'管城子无食肉相，孔方兄有绝交书。'今谓此体鲁直创见，仆谓不然。唐诗此体甚多。张祜曰：'贺知章口徒劳说，孟浩然身更不疑。'李益曰：'柳吴兴近无消息，张长公贫苦寂寥。'……皆此句法也。读之似觉龃龉，其实协律。"

汴河曲

> 汴水东流无限春，隋家宫阙已成尘。
>
> 行人莫上长堤望，风起杨花愁杀人。

押韵：平声，真部。

以本地景物起兴，以咏史怀古为主体，而落足于对于王朝兴亡、世事浮沉的普遍性的感喟上面。此诗宜与卷三《扬州怀古》《扬州早雁》合读。

塞下曲四首

> 蕃州部落能结束，朝暮驰猎黄河曲。
>
> 燕歌未断塞鸿飞，牧马群嘶边草绿。

押韵：入声，沃部。

"蕃州"，《李益诗注》仅简注云"指边塞少数民族聚集区"，对此蕃州是何来历，属于唐帝国还是自立政权，皆无清晰厘定。按："蕃州"是唐帝国为集中安置归附之外族，而在边境自己领土一侧，设立的兼有防御功能的特殊行政区划。《旧唐书》卷121《仆固怀恩传》云："贞观二十年，铁勒九姓大首领率其部落来降，分置瀚海、燕然、金微、幽陵等九都督府于夏州，别为蕃州以御边。"可证。

全诗写出蕃州部落擅长骑射的尚武作风与春归边地的新鲜景象；天人相融相生，生气洋溢。

又，末句可与柳宗元《渔翁》"欸乃一声山水绿"（《柳宗元集》卷43）相媲美。唯前者"牧马群嘶"，场景朴壮，颇富朔方原野气质；后者渔翁独歌，声韵清远，饶多江南水国风味。

> 秦筑长城城已摧，汉武北上单于台。
> 古来征战虏不尽，今日还复天兵来。

押韵：平声，灰部。

以秦、汉两朝作比，夸耀本朝国威强大、武功不凡，已然超越前述二者。

> 黄河东流流九折，沙场埋恨何时绝。
> 蔡琰没去造胡笳，苏武归来持汉节。

押韵：入声，屑部。

前两句由景而情。黄河九曲，可以联想到愁肠百转；古来征战死伤无算，代代生民为之蒙受深悲剧痛，故有"沙场埋恨"之凄惨语。后两句拈出蔡琰之悲、苏武之痛两个典型事例，以深化凸显沙场所埋之"恨"。千载之下读之，爱和平、反战争之思绪尤荡人心胸。

> 为报如今都护雄，匈奴且莫下云中。
> 请书塞北阴山石，愿比燕然车骑功。

押韵：平声，东部。

自信强大，睥睨对手；欲建硕勋，比肩古人。

东部韵脚，声如铜钟，铿吰不绝，壮音远播。

从内容上看，这四首诗，第一首自成系统，能够寄情少数民族，可见作者之宽博心胸。后三首则可以合看，作者反战、乐战两面并存，其内心之砝码偏重哪边，未见明言，留此空白，请读者深长思之。

从体制上讲，这四首诗，一方面属于乐府诗，另一方面又属于七言绝句。其中第一首、第三首，押仄声韵，是较少见的古体绝句，之所以押韵用仄声，盖与其乐府诗题有关；第二首、第四首，押平声韵，是较常见的近体绝句。

夜上受降城闻笛

回乐烽前沙似雪，受降城外月如霜。

不知何处吹芦管，一夜征人尽望乡。

押韵：平声，阳部。

俯视则"沙似雪"，仰视则"月如霜"，顿觉寒气塞于天地之间，寒彻肌肤冷入胸臆。如此环境，岂可久居！如此心境，何人能堪！

以阳部韵脚表达极其深重之悲愁。

听晓角

边霜昨夜堕关榆，吹角当城汉月孤。

无限塞鸿飞不度，秋风卷入小单于。

押韵：平声，虞部。

边霜遍地，冷月当空，人居其间，悄怆何已！

从军北征

天山雪后海风寒，横笛偏吹行路难。

碛里征人三十万，一时回向月明看。

押韵：平声，寒部。

俗谚有云，下雪不冷化雪冷，意谓雪后较下雪时更加寒冷；何况此诗所写西北边地本来就是冬季奇寒之区域。

　　以上《夜上受降城闻笛》《听晓角》《从军北征》三诗，在本书中编第二章"一、诗坛一角君虞支"中已有合并论述，盖其相通之点，至少有所写环境寒冷难堪、曲声（芦管、角、横笛）满含悲怨二端。以上所增者，为进一步细读诗句部分；以下再补充史料一则。

　　《资治通鉴》卷234《唐纪五十·德宗本纪》载贞元八年秋七月，陆贽上言，以为"边储不赡"，是由"措置失当"、"蓄敛乖宜"两点造成。其略曰："所谓措置失当者，戍卒不隶于守臣，守臣不总于元帅。至有一城之将，一旅之兵，各降中使监临，皆承别诏委任。分镇亘千里之地，莫相率从。缘边列十万之师，不设谋主。每有寇至，方从中覆，比蒙征发救援，寇已获胜罢归。吐蕃之比中国，众寡不敌，工拙不侔，然而彼攻有余，我守不足。盖彼之号令由将，而我之节制在朝，彼之兵众合并，而我之部分离析故也。所谓蓄敛乖宜者，陛下顷设就军、和籴之法以省运，制与人加倍之价以劝农，此令初行，人皆悦慕。而有司竞为苟且，专事纤啬，岁稔则不时敛藏，艰食则抑使收籴。遂使豪家、贪吏，反操利权，贱取于人以俟公私之乏。又有势要、近亲、羁游之士，委贱籴于军城，取高价于京邑，又多支绵纻充直。穷边寒不可衣，鬻无所售。上既无信于下，下亦以伪应之，度支物估转高，军城谷价转贵。度支以苟售滞货为功利，军司以所得加价为羡馀。虽高巡院，转成囊橐。至有空申簿账，伪指囷仓，计其数则亿万有馀，考其实则百十不足。"

　　按：陆贽在论述"措置失当"时，已经指明其后果是，"彼攻有余，我守不足"，即唐王朝边防军虽然数量庞大但战斗力低下；在其对"蓄敛乖宜"的分析中，我们亦可明显感受到边塞后勤保障，特别是衣食供给不足的严重问题，后勤保障的不力势必进一步涣散军心，降低边防军的战斗力。德宗年间的这种边防部队指挥机制缺陷与后勤保障不足，无疑会造成其时被动防御状态长期维持，边防士卒久戍难归的无奈现实。明乎此，边塞诗中由久戍思乡而产生的浓郁而普遍的感伤情调，也就更易于理解好体会了。

　　这则材料似尚未被人用过，特附上以为解读中唐边塞诗感伤情调之一助。

夜上西城听梁州曲二首（其一）

行人夜上西城宿，听唱梁州双管逐。

此时秋月满关山，何处关山无此曲。

押韵：逐，入声，屋部；曲，入声，沃部。古体绝句。

梁州曲，即凉州曲，本为乐府题目（见宋人郭茂倩《乐府诗集》卷79《近代曲辞一》），大半以边塞士卒之愁怨为主题。其词亦称《凉州词》，如王之涣"黄河远上白云间"者，即是。此诗承续其传统主题，写戍卒闻曲而生悲，在这个角度上，亦可与上面《夜上受降城闻笛》等三诗合看，唯其所抒悲愁稍显淡薄一些而已。

夜上西城听梁州曲二首（其二）

鸿雁新从北地来，闻声一半却飞回。

金河戍客肠应断，更在秋风百尺台。

押韵：平声，灰部。

此诗抒写边地将士之久戍思归之孤独愁怨。宜将其可与王昌龄《从军行七首》其一"烽火城西百尺楼，黄昏独上海风秋。更吹羌笛关山月，无那金闺万里愁"（《全唐诗》卷143）合看，李诗之愁怨显然较王诗更加深重。

暖川

胡风冻合鹋鹈泉，牧马千群逐暖川。

塞外征行无尽日，年年移帐雪中天。

押韵：平声，先部。

鹋鹈泉，见本编卷二《过五原胡儿饮马泉》评析。

暖川，《李益诗注》无注，盖指冬日不冻的水渠。查清雍正《甘肃通志》卷15《水利》卷"西宁府"中，载有灌溉水渠名"暖川"

者。然其地西宁，安史乱后长期为吐蕃占领；而鹈鹕泉在丰州，今内蒙、宁夏交界之区域。诗中之"暖川"，非西宁府之"暖川"，显而易见。

牧马千群，取象宏大，生气腾涌；雪中移帐，造境雄健，其背后却有万般凄苦在。这两个镜头，都具有一种画面的流动感。

答许五端公马上口号

晚逐旌旗俱白首，少游京洛共缁尘。

不堪身外悲前事，强向杯中觅旧春。

押韵：平声，真部。

本书上编第三章"李益交游考论"中对此诗有所论列。此不赘述。

咏牡丹赠从兄正封

紫蕊丛开未到家，却教游客赏繁华。

始知年少求名处，满眼空中别有花。

押韵：平声，麻部。

此诗中所写从兄眼中别有之花显然远不及牡丹花之美艳，奈何从兄之不觉悟哉！

人生在世，初以为自己所全力追求者最是重大，到头来却发现此人此事此物并不似当初想象得那么重大，甚至根本不值得去追求。世间事，往往如此。

此诗以意为主，有宋诗风味。

边思

腰悬锦带佩吴钩，走马曾防玉塞秋。

莫笑关西将家子，只将诗思入凉州。

押韵：平声，尤部。

本书中编第二章"一、诗坛一角君虞支"中，对此诗已有论述。

又，俞陛云《诗境浅说续编》云："此咏边将之多才，在塞下诗中，别开风调。首句言戎容之整肃。次句言征戍之辛劳。后二句，言莫笑其豪健为关西将种，能载满怀诗思，西入凉州，听水听风，谱绝域霓裳之调；更能防秋走马，独著边功，随陆能武，绛灌能文，此君兼擅之。"解析独到，可参。然亦有未尽之处。

锦带灿灿、吴钩煌煌，复曰"玉塞"、曰"关西将家子"、曰"诗思"，则不唯其人世家后裔之贵重风度洋溢于字里行间，且唐代陇西军事贵族之文人化演进特征，亦从中犁然可见。

奉和武相公《春晓闻莺》

蜀道山川心易惊，绿窗残梦晓闻莺。

分明似写文君恨，万怨千愁弦上声。

押韵：平声，庚部。

本书上编第三章"李益交游考论"中对此诗已有论列。

又，附武元衡《春晓闻莺》原诗："寥寥兰台晓梦惊，绿林残月思孤莺。犹疑蜀魂千年恨，化作冤禽万啭声。"（《全唐诗》卷317）《李益诗注》云："武之原诗作于镇蜀期间。"按：原诗与和诗，皆以前两句写"闻莺"，后两句写"闻莺"之联想，且所联想之人物、情事皆为蜀地古昔之人、事，可谓盐入水中、引用无痕。

送客还幽州

惆怅秦城送独归，蓟门云树远依依。

秋来莫射南飞雁，从遣乘春更北飞。

押韵：平声，微部。

秦城、蓟门，极见眼界开阔、诗笔矫健。唯托飞雁以慰藉幽州友人，则其居处环境之寂寥难堪可想而知。

扬州万里送客

青枫江畔白蘋洲，楚客伤离不待秋。

君见隋朝更何事，柳杨南渡水悠悠。

押韵：平声，尤部。

伤离而兼怀古，怀古为伤离平添几许惆怅。

青枫江畔、白蘋洲之于离愁别绪，杨柳之于隋炀帝，皆有关联，且一并绾合于扬州。

又，白蘋洲，《李益诗注》缺注；俞平伯先生在注释晚唐温庭筠《望江南》（梳洗罢）一词时，对之考述颇详。特附于下，以便参考。

蘋花白色，故称"白蘋"。"洲"，水中可住的小岛。《白香山诗集》补遗卷上《送刘郎中赴任苏州》，汪立名注引《太平寰宇记》："白蘋洲，在湖州霅溪之东南，南去州（笔者按：州，俞书原作'洲'，误；《太平寰宇记》原书即为'州'，据改）一里，洲上有鲁公颜真卿芳菲亭，内有梁太守柳恽诗《江南曲》云：'江州采白蘋，日晚江南春。'因以为名。"……这里若指地名，过于落实，似泛说为好。中唐赵微明《思归》诗中间两联云："犹疑望可见，日日上高楼。唯见分手处，白蘋满芳洲。"①

宫怨

露湿晴花春殿香，月明歌吹在昭阳。

似将海水添宫漏，共滴长门一夜长。

押韵：平声，阳部。

本书余论"伤心不独为悲秋：李益诗歌感伤基调探论"之中对此诗有详细解读。

---

① 《唐宋词选释》上卷，人民文学出版社 1979 年版，第 24 页。

又，清代吴瑞荣《唐诗笺要·后集》卷7评曰："依稀太白，海水添漏，形容夜长，思入风云。"有见。尤以"思入风云"一语，发常人所未发，颇堪寻绎。

暮过回乐烽

烽火高飞百尺台，黄昏遥自碛西来。

昔时征战回应乐，今日从军乐未回。

押韵：平声，灰部。

今昔对比。昔日之乐，乃是实情，今日之乐，似含暗讽。

奉和武相公《郊居寓目》

黄扉晚下禁垣钟，归坐南闱山万重。

独有月中高兴尽，雪峰明处见寒松。

押韵：平声，冬部。

附武元衡《郊居寓目偶题》："晨趋禁掖暮郊园，松桂苍苍烟露繁。明月上时群动息，雪峰高处正当轩。"（《全唐诗》卷317）

原诗禁掖、郊园并提，可见作者对公务与个人生活的融通与分别；由末句可见作者之清刚襟怀；和诗亦以景语作结，以雪中寒松为武相公画像。

按，两诗中之"雪峰"、"山"，皆指终南山。唐诗中多有以终南山入诗者，其中意味深广，值得深究。

又，武元衡为官清正，后竟为盗所杀，良可哀也。

诣红楼院寻广宣不遇留题

柿叶翻红霜景秋，碧天如水倚红楼。

隔窗爱竹有人问，遣向邻房觅户钩。

押韵：平声，尤部。

本书中编第三章"一、沉舟侧畔千帆过"，对此诗已有详细解读。

尤部韵脚在表达愁情之外，亦可营造出轻快美好的意境，此诗即为一例。又，此诗风格明快朗丽，开后之刘梦得、杜牧之七绝风味。

回军行

关城榆叶早疏黄，日暮沙云古战场。

表请回军掩尘骨，莫教士卒哭龙荒。

押韵：平声，阳部。

以响亮的阳部韵脚，传达哀痛之情怀。

华夏仪礼，以人死入土为安。这是对待逝者的起码尊重。

人道情怀浓郁，祈盼和平之意甚明。晚唐陈陶七绝《陇西行四首》（其二）云："誓扫匈奴不顾身，五千貂锦丧胡尘。可怜无定河边骨，犹是春闺梦里人。"可与本诗对读。相比本诗之回军埋骨，则"无定河边骨"更是"可怜"。

邠宁春日

桃李年年上国新，风沙日日塞垣人。

伤心更见庭前柳，忽有千条欲占春。

押韵：平声，真部。

邠宁，地处边塞。见《李益诗注》中《赴邠宁留别》注释。

本诗以上国（都城长安）与塞垣对比，极写边塞之荒凉情境。眼前唯有柳树晚来变绿，为报春归之信。遥想上国之桃红李白，百花争艳，则边关之柳树独占春色，并无其他花木辉映，令人一则欣喜，一则悲戚。又，第二句写塞垣春日风沙之大之频，令读者有扑面塞鼻之感。

古瑟怨

破瑟悲秋已减弦，湘灵沉怨不知年。

感君拂拭遗音在，更奏新声明月天。

押韵：平声，先部。

前二句为抑，后二句为扬，抑扬之间，得遇知音之欣喜，洋溢全篇。

夜宴观石将军舞

微月东南上戍楼，琵琶起舞锦缠头。

更闻横笛关山远，白草胡沙西塞秋。

押韵：平声，尤部。

唐朝武将有在宴会中起舞的风习。唐诗中以将军舞蹈为主要内容者，还有数首；锦缠头，指赠给舞者以助兴的锦帛。详细注解，见《李益诗注》。

以将帅而铿然起舞，生出无限英风浩气，自与十七八女郎之旖旎舞姿不同，千载之下，犹令人想望。

春夜闻笛

寒山吹笛唤春归，迁客相看泪满衣。

洞庭一夜无穷雁，不待天明尽北飞。

押韵：平声，微部。

写出春归人未归之愁怀。

此诗为君虞七绝代表作之一。明人胡应麟《诗薮·内编》卷6《近体·绝句》云："七言绝，开元以下，便当以李益为第一。如《夜上西城》《从军北征》《受降》《春夜闻笛》诸篇，皆可与太白、龙标竞爽，非中唐所得有也。"

扬州送客

南行直入鹧鸪群，万岁桥边一送君。

笛里望乡闻不得，梅花暗落岭头云。

押韵：平声，文部。

此送客由扬州远赴岭南之作也。

鹧鸪"行不得也哥哥"之鸣叫，梅花与五岭之因缘，加以一曲清美哀怨之笛音，使得离愁别绪盈于天地之间，直令送者与行者皆不能堪。

统汉峰下

统汉峰西降户营，黄河战骨拥长城。

只今已勒燕然石，北地无人空月明。

押韵：平声，庚部。

次句，以一"拥"字画出一片累累白骨，令人不能张目。第三、四两句，写出胜利后的一片死寂。人类不要战争。

避暑女冠

雾袖烟裾云母冠，碧琉璃簟井冰寒。

焚香欲使三清鸟，静拂桐阴上玉坛。

押韵：平声，寒部。

碧簟、井冰、桐阴，扣紧"避暑"之时令。前两句是静态描写，写出女道士日常居处的清幽环境；后两句是动态描写，写出女道士焚香作法之神秘行止。

通观全诗，女道士之仙风道骨呼之欲出。

行舟

柳花飞入正行舟，卧引菱花信碧流。

闻道风光满扬子，天晴共上望乡楼。

押韵：平声，尤部。

眼下：行舟。前程：扬子江（长江扬州一段）。景象：白色柳絮、粉红菱花，美艳非常。情怀：思乡。将美景与乡思打成一片，使美景更有纵深、为乡思平添美丽。

以尤部韵脚抒情，哀而不伤，美而不浮。

隋宫燕

燕语如伤旧国春，宫花一落已成尘。

自从一闭风光后，几度飞来不见人。

押韵：平声，真部。

这是一首怀古伤今之作。以昔年繁华衬今日荒凉，暗寓了对所处时代盛世不再的悲慨。全诗情感皆从燕子眼中、心中引出，遂更令人伤心惨目。清人乔亿《大历诗略》卷4评曰："凄丽洒脱，不减青莲。"此诗确可与太白《苏台览古》（旧苑荒台杨柳新）合看。

送人归岳阳

烟草连天枫树齐，岳阳归路子规啼。

春江万里巴陵戍，落日看沉碧水西。

押韵：平声，齐部。

此为送别友人之作。送别地点，扬州。友人目的地，岳阳。路径，长江水路。

烟草、枫树、子规、春江、碧水等意象，为全诗染上一派南国风味。优美的南国风光，淡化了别愁的浓度。

上汝州郡楼

黄昏鼓角似边州，三十年前上此楼。

今日山城对垂泪，伤心不独为悲秋。

押韵：平声，尤部。

本书中编第二章"一、诗坛一角君虞支"中，对此诗已有详细论述。

以尤部韵脚写愁怀。

临溟沱见蕃使列名

漠南春色到溟沱，碧柳青青塞马多。

万里关山今不闭，汉家频许郅支和。

押韵：平声，歌部。

按《李益诗注》，此诗写作背景是，德宗贞元四年（789）唐帝国与回纥和亲敦睦。观春色融通华胡，边地柳色青青、塞马自由驰骋，一派和平景象，久戍塞垣之将士乃至华胡两边之人民能不为之雀跃欢歌。

又，"频许"二字，意味深长。明人焦竑曰："'频许'二字最为得体，中国于夷狄可战而后可守，可守而后可和，操纵予夺之权在我也，后世以金缯絮帛，屈体而求和，首顾居其下，足反居上。颠倒甚矣。"（明周敬编，周珽补辑，陈继儒评点《唐诗选脉笺释会通评林·七绝》引）可参。

写情

水纹珍簟思悠悠，千里佳期一夕休。

从此无心爱良夜，任他明月下西楼。

押韵：平声，尤部。

本书余论："伤心不独为悲秋：李益诗歌感伤基调探论"中对此诗已有评述。

又，此诗结构奇特。前后两段，当在次句"千里佳期"与"一夕休"之间断开。"千里佳期"以上，写思念远人与相会愿景；"一夕休"以下，写相会无望，只留下无限哀怨，更怨及良夜与明月。

又，此诗以音调绵软悠长的尤部韵脚来传达深婉幽微的男女情思，甚为得宜。

赴渭北宿石泉驿南望黄堆烽

边城已在虏城中，烽火南飞入汉宫。

汉庭议事先黄老，麟阁何人定战功？

押韵：平声，东部。

全诗慨叹御边无人。前两句，写出战况之紧急，"南飞"二字尤其惊人魂魄；后两句，写朝廷无重臣大将，唯以退让妥协应对之，与唐王昌龄《出塞》中"但使龙城飞将在，不教胡马度阴山"两句，同其悲慨。

逢归信偶寄

无事将心寄柳条，等闲书字满芭蕉。

乡关若有东流信，遣送扬州近驿桥。

押韵：平声，萧部。

本书中编第二章"一、诗坛一角君虞支"中对此诗已有论述。可参。

赠毛仙翁

玉树溶溶仙气深，含光混俗似无心。

长愁忽作鹤飞去，一片孤云何处寻。

押韵：平声，侵部。

李唐举国尊崇道教，而所谓仙道亦多出。这位"毛仙翁"便是其中一位。二十八字，写出一片仙风道骨，末句尤令人遐想天外。

与前面的《避暑女冠》相比，两诗皆充满道教氛围，而前者所写女性特点明显，后者描写对象则显然为男性。

卷　五

长干行

忆妾深闺里，烟尘不曾识。嫁与长干人，沙头候风色。

五月南风兴，思君下巴陵。八月西风起，想君发扬子。

去来悲如何，见少离别多。湘潭几日到，妾梦越风波。

昨夜狂风度，吹折江头树。渺渺暗无边，行人在何处。

好乘浮云骢，佳期兰渚东。鸳鸯绿浦上，翡翠锦屏中。

自怜十五馀，颜色桃花红。那作商人妇，愁水复愁风。

押韵：识，去声，質部；色，去声，职部；陵，平声，蒸部；子，上声，纸部；多、波，平声，歌部；树，去声，遇部；处，去声，御部；东、中、红、风，平声，东部。

此诗写情摇曳，韵律柔婉，章法灵动，极富古乐府风味。

全诗可分两大部分，开头两句为第一部分，余下的为第二部分。开头两句写女主人未嫁之时，不知世间各种苦辛。是从前面、反面落笔。从第三句往下则是从正面、从眼前铺展笔墨，又可细分为三个层次。从第三句到"行人在何处"为第一层，写女主人公对外出经商的丈夫的无限牵念与盼望其早日归来夫妻团聚的强烈渴望。"好乘"以下四句为第二层，写女主人公对丈夫归来情景的痴想。最后四句，女主人公的思绪回到现实，自叹美好姿容无人赏爱，对与商人为婚充满怨艾。

按：有一些学者认为，此诗为李白组品，与其"妾发初覆额"一首是姊妹篇；但大多数意见认为，此诗的作者就是李益，之所以有人将其指为太白手笔，就是因为这两首诗主题、风味极为接近，"设色缀词，宛然太白"（清沈德潜《重订唐诗别裁集》卷4）。而从中亦可看出君虞诗笔之高妙与多面。正如清人乔亿所云："音韵犹晋乐府之《西洲曲》也，青莲多似之，其窜入宜哉。古今盛称此公七绝，不知五古亦深得乐府意。"（《大历诗略》卷4）

和丘员外《题湛长史旧居》

昔降英王顾，屏身幽岩曲。灵波结繁笳，爽籁赴鸣玉。
运转春华至，岁来山草绿。青松掩落晖，白云竟空谷。
伊人抚遗叹，恻恻芳又缛。云谁斁美香，分毫寄明牧。

押韵：顾，去声，遇部；笳，平声，麻部；至，去声，寘部；晖，平声，微部；叹，去声，翰部；香，平声，阳部；牧，入声，屋部。

《李益诗注》对"丘员外"、"湛长史"与此诗写作背景有详细注解。可参。

写出了丘丹以至湛茂之寄情山水有心归隐的洒落情怀，而君虞本人的情思投注似不多，因而感人不深。

附：丘丹原诗《题湛长史草堂》（一作《题湛长史旧居》）："身退谢名累，道存嘉止足。设醴降华幡，挂冠守空谷。偶寻野外寺，仰慕贤者躅。不见昔簪裾，犹有旧松竹。烟霞虽异世，风韵如在瞩。余即江海上，归辙青山曲。"（《全唐诗》卷307）

送客归振武

骏马事轻车，军行万里沙。胡山通嗢落，汉节绕浑邪。
桂满天西月，芦吹塞北笳。别离俱报主，路极不为赊。

押韵：平声，麻部。

此君虞军中送客之作也。"桂满天西月，芦吹塞北笳"两句，景阔情长，为全诗增色不少。

府试古镜

旧是秦时镜，今藏古匣中。龙盘初挂月，凤舞欲生风。

石黛曾留殿，朱光适在宫。应祥知道泰，鉴物觉神通。

肝胆诚难隐，妍媸信易穷。幸居君子室，长愿免尘蒙。

押韵：平声，东部。

首尾完整，气脉贯通，格调清雅，虽有五言六韵考场体制之限制，亦非劣作。

赠宣大师

一国沙弥独解诗，人人道胜惠休师。

先皇诏下征还日，今上龙飞入内时。

看月忆来松寺宿，寻花思作杏溪期。

因论佛地求心地，只说常吟是住持。

押韵：平声，支部。

首联以"一国"与"独"相对，写出广宣乃是全国僧人中水平最高的诗人，再以"人人"皆赞其胜过南朝著名诗僧惠休。颔联叙述他以深明佛理与富于诗思，以至为两代帝王所赏识，而这无疑是古代社会中的最高之荣誉了。颈联言自己与广宣过从之密，"松寺"、"杏溪"两意象，前者佛门静穆后者宅第温丽，相得而益彰。尾联上句说广宣深于佛理，下句说其吟咏不辍。

全诗画出广宣高僧而兼诗人的双重风采。

汉宫词

汉室长陵小市东，珠帘绣户对春风。

君王昨日移仙仗，玉辇将迎入汉中。

押韵：平声，东部。

纯然咏史，而兴寄无多，故难称佳作。

江南曲

长乐花枝雨点销，江城日暮好相邀。

春楼不闭葳蕤锁，绿水回连宛转桥。

押韵：平声，萧部。

以萧部韵脚，写清丽之景，抒洒落之情。

宿石邑山中

浮云不共此山齐，山霭苍苍望转迷。

晓月暂飞高树里，秋河隔在数峰西。

押韵：平声，齐部。

首句写山之高，次句写山之深；第三句是美的错觉，第四句是真的悬想。凡此，皆出于夜宿山中的诗人的心眼。

塞下曲

伏波唯愿裹尸还，定远何须生入关。

莫遣只轮归海窟，仍留一箭定天山。

押韵：平声，删部。

本书中编第二章"一、诗坛一角君虞支"中对此诗已有解析。

又，四典连用而气脉流贯，为全诗之雄健格调增添跌宕之韵律，洵为佳制。

上黄堆烽

心期紫阁山中月，身过黄堆烽上云。

年发已从书剑老，戎衣更逐霍将军。

押韵：平声，文部。

欲建功业却老大无成，华发满头而辗转无已，人生落空之悲凉毕现。

笔者按：《李益诗集》以下录李益与友人联句诗八首，即《宣上人病中相寻联句》《八月十五夜宣上人独游安国寺庭园步月李舍人十兄迟明将至因话昨宵乘兴联句》《重阳夜集兰陵居与宣上人联句》《与宣供奉携罃尊归杏溪远联句》《兰陵僻居联句》《天津桥南山中各题诗一句》《七言滑语联句》。因系多人合作，此处诗句从略。关于这些联句诗的意蕴，可参见王胜明《李益研究》下编第三章"李益的联句诗"（巴蜀书社 2004 年版），以及本书上编第一章"李益大历时期'涉历江淮'问题考辨"。

残句
闲庭草色能留马，当路杨花不避人。

押韵：平声，真部。

草色留马，杨花亲人，写出草、马、树、人相合相生之优美景象。其人或步闲庭或行道路，一派闲适淡雅心态；唯此闲适淡雅之心态，方能发现并领略到上述天地万物相合相生之美。而草色青嫩，杨花柔白，两相比照，为此二句平添不少清心悦目之美感。张为《诗人主客图》将李益推为"清奇雅正主"，确实反映了君虞诗作的一个重要面相，而此二句亦可为之做一注脚。

本编小结

本编以个别文本为基点，从历史、美学、心理学、格律学以及具体艺术技巧等不同角度，对李益全部诗作做了评析。

一首诗即是一个具体而微的感情与艺术交融的世界。从中可见李益其人辗转起伏的人生历程和丰富多面的生命情态，又可见李益在诗歌创作上稳中有变的个性化艺术追求与多姿多彩的艺术面貌。

凡此碎金散璧，皆是本书上编与中编部分无法笼盖而自具价值的。

余论
伤心不独为悲秋：
李益诗歌感伤基调探论

[内容摘要]：感伤作为李益诗歌的基调，尚未引起人们的足够重视和深入研究。笔者从李益生活的时代背景、生平遭际、个性气质以及我国古代的感伤文学传统等方面入手，具体分析李诗中感伤基调的表现和成因，从而揭示出李诗中长期为人忽略的这一感情面向。

感伤的旋律在古今中外的文艺作品中大量存在着。这些数量浩繁的感伤性的作品"大都以伤感、哀婉的形式肯定生活中的美从而引起人们对它的珍惜流连；很少表现出对生活的阴暗绝望和厌弃逃避，相反地倒往往能在缠绵悱恻中透露出对生活的执着，因此能在感伤中给人以诗意的滋润"。①

千余年来，李益诗歌最为人称道的在形式和内容方面各有一端："七言绝，开元以下，便当以李益第一"（胡应麟《诗薮·内编》卷6《近体·绝句》）；"君虞边塞诗最佳"（沈德潜《唐诗别裁》卷2）。应当说，胡、沈二家所言正是李益诗歌的优长所在。但是，在李诗中还存在着一种整体性的情绪特征，却尚未得到深入而系统的探讨，那就是感伤。基于此，下面结合李益生活的时代背景、生平遭际、个性气质、身体状况以及我国古代包括中唐时期感伤文学的历史传统对其诗歌中的感伤基调做一探讨。

一、李益诗歌感伤基调的表现

李益现存的诗作，按题材大致可以概括为边塞、妇女、咏怀三大类。在每一类诗作中，都有感伤的吟咏，只是在边塞诗中显得悲壮些，在后两类诗篇中表现得更为低沉罢了。

边塞诗在李益诗作中数量最多、成就也最高。边塞诗发展到中唐，其风貌已与盛唐大不相同。李益的边塞诗较之高、岑之作，阳刚之美少而阴柔之气多；浪漫色彩淡而现实性浓；昂扬乐观成分少而感伤苍凉气氛重。要之，李益的边塞诗是以悲凉感伤为感情基调的。正

---

① 刘学锴：《李商隐研究》，安徽大学出版社1998年版，第93页。

如明人胡震亨所言:"李君虞生长西凉,负才尚气;流落戎旃,坎壈世故所作从军诗悲壮宛转,乐人谱入声歌,至今诵之,令人凄断。"①

久戍思乡是李益边塞诗的首要内容。先看备受后人推重的《夜上受降城闻笛》一首:

> 回乐烽前沙似雪,受降城外月如霜。不知何处吹芦管,一夜征人尽望乡。

此诗以雪比沙,以霜喻月,让人仿佛一下就到了奇寒极荒的边地;芦管悲凉,怆人肺腑,更勾起兵士们对温暖故园的无尽思念。按唐制,"民年二十服兵役,六十免役"②。中唐时国力衰微,边境战争大都处于长期相持的胶着状态;加以边患四起,兵力不足,这就使得士兵们只得长年戍边,返乡之望非常渺茫,这怎不令人悲凉感伤呢!与这首《夜上受降城闻笛》齐名的是《从军北征》一诗,不过后者中的"望乡"已经演化成一种集体行动,比起听到将帅的命令还要整肃得多:

> 天山雪后海风寒,横笛偏吹行路难。碛里征人三十万,一时回首月中看。

这样整肃的"集体望乡",较之盛唐王昌龄的"烽火城西百尺楼"一诗中的个人思乡,不知要低沉感伤多少倍!

与前面两首描写汉族兵士久戍思乡的感伤不同,《登夏州城观送行人赋得六州胡儿歌》则是一曲少数民族离土远徙、追怀故土的悲歌:"胡儿起作本蕃歌,齐唱呜呜尽垂手。心知旧国西州远,西向胡天望乡久。回头忽作异方声,一声回尽征人首。……故国关山无限路,风沙满眼堪断魂。"六州,即六胡州。《元和郡县图志》卷4《关内道》云:"初,调露元年于灵州南界置鲁、丽、舍、寒、依、契等

---

① (明)胡应麟:《唐音癸签》,上海古籍出版社1981年版,第64页。

② 范文澜:《中国通史简编》第三编第一册,人民出版社1965年版,第106页。

六州，以处突厥降户，时人谓之六胡州。"① 汉族兵士是有家归不得，而这些六州胡族连故乡也没有，悲凉感伤自是又深了一重。

描绘边塞风光，是李益边塞诗的又一重要内容。这部分诗作同样也弥散着感伤的气氛。对于春光难到边地前人早有歌咏，如盛唐王之涣《凉州词》（黄河远上白云间）一诗，可谓气象雄浑，情怀豪迈。而李益的《度破讷沙二首》同样是写"春风不度"，但在状物写景中却透露出哀怨之情：

> 眼见风来沙旋移，经年不省草生时，莫言塞北无春到，总有春来何处知？

盛唐岑参的《白雪歌送武判官归京》渲染瀚海冬景却孕育着春天的蓬勃生机，"忽如一夜春风来，千树万树梨花开"。而李益对已到身边的春天却充满感伤：

> 桃李年年上国新，风沙日日塞垣人。伤心更见庭前柳，忽有千条欲占春。（《邠宁春日》）

概言之，在李益的边塞诗中，盛唐同类作品里那种雄浑的意境与豪迈的气概已然消失殆尽；而悲凉的境界和感伤的情调却凸显出来。

在李益以妇女为主人公的诗篇中，爱情的欢歌十分少见，而闺怨、宫怨的哀吟却占了绝大多数。

先看其闺怨诗。在五言乐府诗《杂曲》中，主人公是一位"蚕家女"，她初嫁"五陵儿"，新婚生活还算美满，"少女归少年，华光自相得"。但不久，这位"君子"对她由"爱如寒炉火"就一变而为"弃若秋风扇"。"蚕家女"最后伤心欲碎的哀叹道："尝闻生别离，悲莫悲于此。同器不同荣，堂下即千里。"在《效古促促曲为河上思妇作》一诗中，诗人更代思妇发出了"不道君心不如石，那教妾貌

---

① （唐）李吉甫：《元和郡县图志》，中华书局1983年版，第106页。

长如玉"的极其伤感的咏叹。在《江南曲》中,诗人则以看似荒唐的心理活动描写出"商人妇"真切的满腔怨情:"嫁得瞿塘贾,朝朝误妾期。早知潮有信,嫁与弄潮儿。"

《写情》一诗与上面三首相比,有些特殊。此诗写一女子与其钟情的男子偷期密约,而那男子竟爽约不来,千里佳期,一夕成空。留给这位多情女子的只有无尽的惆怅与感伤:

> 水纹珍簟思悠悠,千里佳期一夕休。从此无心爱良夜,任他明月下西楼。

俞陛云评此诗曰:"因此生已休,虽有余情,不抵深怨也。"[①] 俞氏正道出这女子的伤心之处。

李益写宫怨的诗亦有佳作。如《宫怨》:

> 露湿晴花春殿香,月明歌吹在昭阳。似将海水添宫漏,共滴长门一夜长。

此诗以昭阳歌吹与长门夜长为对比,将女主人公的伤感哀怨抒写到了极致。正如刘永济先生所云:"不过'愁人知夜长'之意,却将昭阳歌吹与长门宫漏比说,便觉难堪。"[②]

在这些不幸女子的哀怨的身影后,我们分明也能看到诗人伤感的眼神。因为他与这些女子一样运命不济。同病自然相怜。李益在为这些女性一掬悲悯之泪的同时,不也是在为自己的飘零身世和不遇遭际伤感不已吗?

笔者所谓的李益的咏怀诗涵盖范围较广。借酬赠、登临以抒怀的诗作,悼念故人、自悲老病的篇章,都包括在内。在这些诗篇中,感伤的情调更为浓重了。

---

① （清）俞陛云:《诗境浅说续编》,上海书店出版社 1984 年版,第 78 页。
② 刘永济选释:《唐人绝句精华》,人民文学出版社 1981 年版,第 115 页。

安史乱后,社会动荡,民生乱离,人们或为避乱或为谋生,往往离乡背井颠沛流离,亲友之间相聚日少,离别时多。人们对社会对人生都感到前途渺茫,因而在这种背景下的酬答赠别之作字里行间都充满着惆怅和感伤。《喜见外弟又言别》是李益这方面的代表作:

> 十年离乱后,长大一相逢。问姓惊初见,称名忆旧容。别来沧海事,语罢暮天钟。明日巴陵道,秋山又几重。

清人贺裳对此诗的感伤之处评点曰:"李益曰:'问姓惊初见,称名忆旧容',则情尤深,语尤怆,读之几于泪不能收。"(《载酒园诗话又编》①)但贺裳没发现单单在这题目中就隐含着无限悲慨。李益与表弟在十年离乱后邂逅相见,自是欣"喜"万分;可"明日巴陵道,秋山又几重",旋即又要"言别",此去又不知何时再能相见。这种伤心,视久别不聚的牵念,不知又深重了多少。这又何"喜"之有呢?唯有伤心罢了。如此感伤的调子,较之盛唐王勃"海内存知己,天涯若比邻"和高适"莫愁前路无知己,天下谁人不识君"的豪迈离歌,同是送别,悲欢迥异。

李益的登临之作中往往也带有浓郁的伤感气息。如《上汝州郡楼》:

> 黄昏鼓角似边愁,三十年前上此楼。今日山川对垂泪,伤心不独为悲秋。

汝州(今河南临汝)为洛阳之东南屏障。几十年来,淮西藩镇叛乱,长期从东南方对汝郡构成军事威胁。山川依旧,世事沧桑。李益在诗中对衰微的国运寄寓了深沉的感叹。在《同崔邠登鹳雀楼》一诗中,诗人登临高楼,远望洲树茫茫,怀古伤今,思乡悲己,情调愁绝,已开柳宗元《登柳州城楼寄漳汀封连四州》、李商隐《安定城楼》、许

---

① 转引自陈伯海主编《唐诗汇评》,浙江教育出版社1995年版,第1479页。

浑《咸阳城西楼晚眺》之先河。四诗可谓异曲同工，千古同慨。

　　李益悼念故人的诗篇写得更是情深意长，令人泪下。他哀悼亡友王七的两首诗堪称这方面的代表作。王七死后，诗人在游嘉禾寺时，意外发现了亡友的题壁诗，不禁潸然泪下："今日忆君处，忆君君岂知。空馀暗尘字，读罢泪仍垂。"（《嘉禾寺见亡友王七题壁》）还有一首《闻亡友王七嘉禾寺得素琴》：

　　　　故人惜此去，留琴明月前。今来我访旧，泪洒白云天。讵欲匣孤响，送君归夜泉。抚琴犹可绝，况此故无弦。何必雍门奏，然后相潺湲。

故人长逝，素琴犹在；睹物思人，泪洒云天。诗末两句，诗人更是借用雍门鼓琴，孟尝流涕，以为有"破国亡邑"之悲的典故①，在悼念亡友的同时还暗寓了对国运身世的感伤。

　　李益自伤老病的诗数量不少。这里仅以与"照镜"有关的三首排比如下，以见诗人对盛年不再、人生苦短的感伤：

　　　　手中青铜镜，照我少年时。衰飒一如此，清光难自持。欲令孤月掩，从遣半心疑。纵使逢人见，犹胜自见悲。（《罢镜》）

　　　　衰鬓朝临镜，将看却自疑。惭君明似月，照我白如丝。（《照镜》）

　　　　万事销身外，生涯在镜中。唯将满鬓雪，明日对秋风。（《立秋前一日览镜》）

第一首诗约写于中老年时，诗人对盛年的转瞬即逝，将信将疑，不胜惶恐；第二首诗则是诗人头白年老时的作品，诗人对美好年华的逝去，衰老暮年的袭来，口中称疑，心里却已黯然认可了；作第三首诗时，诗人的生命已如风中的蜡烛，他已经变得颓然无争了，往昔的得

---

① （汉）刘向撰，向宗鲁校证：《说苑疏证》，中华书局1987年版，第279—282页。

失荣辱，现今的秋不保冬，他都默认了。从悲伤的"罢镜"，到黯然的"照镜"，再到最后的颓然"览镜"，这是多么令人悲凉伤感的过程！衰老和死亡，是人类无法回避的悲剧；抵制衰老，畏惧死亡，是人类和一切生命的本性。即使是风骨傲然的司马迁不也曾说过"人情莫不贪生怕死"（《报任安书》）的话吗？所以，李益晚年诗作的这种感伤情绪具有普遍性的。

二、李益诗歌感伤基调的成因

李益诗歌感伤基调的形成，简要地说，主要有以下几方面的因素：就社会环境而言，多处在动乱、衰弱的时代；从诗人的生平遭际看，他大半生命运多舛，遭逢不偶；从诗人的性格气质来讲，大都为人正直却不免软弱，同时又多愁善感；从诗人的身体状况看，从中年开始他就受到过严重疾病的侵袭；从我国古代的文学发展历程来看，感伤的咏叹已经形成一个历史悠久、影响深远的文学传统。

李益生于玄宗天宝五载（746），卒于文宗大和三年（829），历经从玄宗到文宗的九朝。从总的趋势看，这是一个由盛转衰的历史阶段，尽管其间出现过短暂的所谓"元和中兴"的局面。公元755年是唐王朝盛极而衰的转折点。此后，代、德、顺三帝，尤其是宪宗李纯，在即位之初，都有励精图治、中兴祖业的雄心，但都或快或迟地被宦官专权、藩镇跋扈、朋党倾轧、民生困苦、边患四起的严峻现实给压倒了。文宗大和二年（828），刘蕡在贤良方正科考试对策之中，指摘时政，切中要害。首先，宦官"总天下大政，外专陛下之命，内窃陛下之权，威慑朝廷、势倾海内"；其次，方镇跋扈，"政刑不由乎天子，攻伐必自于诸侯"；再次，朋党争权，"居官非其能，左右非其贤"，执政者"任人唯亲"；最后，民生维艰，"今海内困穷处处流散，饥者不得食。寒者不得衣"。① 另外，自安史乱后，唐王朝在与四方诸国的关系中，由于国力转衰，一直处于守势，吐蕃、回纥

---

① 《全唐文》卷746，中华书局1983年版，第7718页。

（鹘）等屡有进犯。大历以降，竟形成了"平时安西万里疆，今日边防在凤翔"（白居易《西凉伎》）的窘迫局面。这样的社会背景，使人们感到前途渺茫，给人们的心灵蒙上了一层阴影。这就是李益诗歌感伤基调形成的社会基础。

李益的一生可谓艰辛坎坷。他自许将门之后，"身承汉飞将，束发即言兵"（《赴邠宁留别》），正是李益的夫子自道。但到了他父亲李虬这一代，祖上的荣光已成为徒然的慰藉，只落得官名不显，落寞终生；至于李益的前途命运，也就只能靠自己打拼了。他少负凌云壮志，"束发逢世屯，怀恩抱明义"（《来从窦车骑行》），正是少年李益的英雄告白。但这对于李益来说，仅仅是一个英雄梦罢了。其《从军诗序》云："君虞长始八岁①，燕戎乱华。出身二十年，三受末秩；从事十八载，五在兵间。"衰微的家世，频仍的战乱，流离的身世，在诗人幼小的心灵中留下了难以抚平的创伤。二十四岁那年，李益中了进士，两年后又登制科，授华州郑县主簿。在此后的几年内他基本上是在长安附近做着县尉、主簿一类的小官。其间，"同辈行稍进达，益久不升，郁郁去游燕赵间"。② 在从德宗建中元年（780）到贞元十六年（800）漫长的二十年间，他北上边塞，本图一酬壮志；却身如征蓬般先后辗转于五个幕府，始终未受到重用。李益本来应该大有作为的壮盛之年就这样转眼蹉跎。"汉将不封侯，苏卿劳远使"（《来从窦车骑行》），李益终于在五十五岁那年满怀惆怅地离开了边塞，转而南下漫游江淮。几年以后，已届晚年的李益却时来运转，被宪宗召为都官郎中。此后他便仕途顺畅，做到了右散骑常侍，文宗大和元年（827）加礼部尚书衔致仕。官虽然越做越大，但从现存的史料来看，李益在这二三十年中并无大的作为。这可能与他的年老多病精力不济有关。但更主要的原因是牛李党争的影响。他对牛党的首领牛僧孺、李宗闵曾主持正义加以提携，《新唐书》卷176《李宗闵传》云："应制之岁，宗闵、僧孺对策……无所回避。考官杨於陵、韦贯之、

---

① 笔者按：据《李益墓志铭》，"八岁"，应为"十岁"。
② 傅璇琮主编：《唐才子传校笺》（二），中华书局1989年版，第93页。

李益等第其策为中等"。因宰相李吉甫从中作梗，杨、韦遭贬，李益亦被当权者疏远。不久，李益又因其在幽州时作的《又献刘济》诗中有"不上望京楼"之句，"以涉怨望，诏降职"。① 这两次事件都是朋党倾轧的表现。虽然很快复职，官高禄厚，但他也只能在战战兢兢中度过暮年了。

　　李益的性格具有两重性，既有刚直的一面，又有软弱的一面；同时他又具有多愁善感的特殊气质。李益生性刚直这从他早年的诗作中，便可找到明证。在《赴邠宁留别》一诗中，他自言："侠少何相问，从来事不平"；在《城旁少年》诗中，他自许："少年有胆气，独猎阴山下"；他还以搏击长天的雕鹗自喻："天生俊气自相逐，出与雕鹗同飞翻"（《轻薄篇》）。而李益"三受末秩"、"五在兵间"的不懈追求，更是他刚强不屈的最好例证；元和三年（808），与杨於陵、韦贯之等一道，提携寒士牛僧孺、李宗闵的行为，也在一定程度上反映了他不畏权幸、主持正义的品性。然而，刚直是相对的，李益性格中还有软弱的一面。由于他少经战乱，壮盛之年又怀才不遇，世事无常、软弱逃避的念头早就产生了；"岂知人事无定势，朝欢暮戚如掌翻"、"欲求四老张丞相，南山如天不可上"（《汉宫少年行》）。晚年入朝为官后，在环境的压力下，李益更是一步步地退到清静自守的小圈子里去了。李益本来就是一个善感多情的人，面对着社会的动乱，饱尝着人生的艰辛，年龄越大，内心的感伤也就越发重了。这就导致除了早年创作的少数刚健明朗的诗篇外，李益的大部分诗作都充满了悲凉感伤的情调。

　　李益在进入中年以后由于终年奔波、壮志难酬曾一度患过重病，这势必加重他心绪的感伤与低沉。他在《晚春卧病喜振上人见访》一诗中就有过"卧病殊旧日，窥户易伤春。灵寿扶衰力，芭蕉对病身"的诗句。上人是对僧人的敬称。振上人，即大历、贞元间的著名诗僧法振②。综合诗中"衰力"等字眼及法振的情况，可以推测此诗当作于贞元年间，也就是李益中年时期。如前所述，到了晚年，李益

---

① 《唐才子传校笺》（二），第100页。
② 《中国文学家大辞典·唐五代卷》，中华书局1992年版，第632页。

自伤老病的诗作就更多了。疾病，尤其是重病顽疾对一个人世界观、人生观的影响是不言而喻的。感伤成为李益诗歌的基调应该说与李益中年以后的健康状况也不无关系。

在我国古代文学的发展史上，感伤文学之河可谓源远流长。早在《诗经》的《蒹葭》诸篇中，便出现了幽咽哀伤的泉流；至宋玉的《九辩》即形成了贫士悲秋的漫涣大波；中经"惊心动魄"（钟嵘《诗品》）的《古诗十九首》，"咏怀"嗟生的阮籍，"哀江南"的庾信，徒叹"奈何"的大历诗人，怃然"梦天"的李贺，到灵心善感的李商隐，更是九曲回肠，哀感莫名；晚唐以后，所谓词的婉约一派，哀婉惆怅，就占据了感伤文学的主河道；迨曹雪芹《红楼梦》出，"悲凉之雾，遍被华林"（鲁迅《中国小说史略》），感伤文学的流水汇成了"怀金悼玉"的大海；此后，还有苦闷的黄景仁，忧伤的蒋春霖，"断鸿零雁"般的苏曼殊等人，推起伤感的潮水拍打着一代代多情善感的人们的心扉。具体到中唐诗歌发展衍变的历史，且不论大历诗的歌精细感伤，即如顾况诗之狂放，李贺诗之诡谲，韩、孟诗之寒瘦怪诞，元、白诗之愤慨闲适，刘、柳诗之愤懑倔强，尽管大都不乏骨力，但却都无一例外地给人一种扑面而来的压抑低沉，心灵得不到自由舒展的整体感受。正如当代有的学者所言："由于社会时代的巨大变化，中唐之诗已失去盛唐人的那种昂扬奋发的精神和热情浪漫的情调；徘徊苦闷、哀怨惆怅、凄凉感伤，乃是中唐诗歌的基本情调。"① 而李益的这些诗篇就是这感伤长河中的一段悲凉的水流。

最后，还须指出的是，李益诗歌的感伤基调，是就其整体而言，而不是说他的诗只是一派感伤的悲吟。在他的诗集里也有少数刚健乐观的作品。如《塞下曲》："伏波唯愿裹尸还，定远何须生入关。莫遣只轮归海窟，仍留一箭定天山"。可谓风骨刚健，情调高昂，比之盛唐之音，亦不为逊。再如《竹窗闻风寄苗发司空曙》一诗，写得淡雅清新，有王孟遗风。还有《赋得垣衣》一首，诗人竟俯身为青苔传神写照，连宋人恬淡自足的风神都有了。

---

① 孟二冬：《中唐诗歌之开拓与新变》，北京大学出版社 1998 年版，第 113 页。

附　录

一、近年出土《李益墓志铭》全文

唐故银青光禄大夫守礼部尚书致仕上轻车都尉
安城县开国伯食邑七百户赠太子少师
陇西李府君墓志铭并序[①]

银青光禄大夫行尚书兵部侍郎上柱国武城县开国侯食邑一千户清河崔郾撰

洪钟撞而大音起，清词逸而重名震。况望高陇右，族冠山东，生以述作耀于时，殁以讽咏传于世，千古如在，斯为不朽，即少师其人也。

公讳益，字君虞，陇西狄道人。凉武昭王十二代孙。尔后龙骧列郡于荥阳，学士显名于秦府，中允翱翔于宫署，给事论驳于黄门，皆重芳累华，迭代辉焯，焕乎史策，为时休光。给事赠兵部尚书讳宣，即公曾王父也。皇朝虞部郎中讳成绩，即公之大父也。烈考讳存，皇大理司直赠太子少师。皇朝户部员外郎范阳卢谕，即公外王父也。蝉联配盛，中外叠映。总会和粹，克钟令人。地望清华，推鼎甲之族；天才秀出，为文章之杰。尤以缘情绮靡、吟咏情性为意。自典谟绝，风雅缺，作者之制稍稍而变。公未尝不根六律，正五声，以古之比

---

① 此墓志铭现藏于河南省洛阳市孟津县一农家，全文转引自王胜明《新发现的崔郾佚文〈李益墓志铭〉及其文献价值》（《文学遗产》2009 年第 5 期）；唯对其中几处标点及分段可商之处，酌作改动。

典，合今之律度，涵孕风骚，宪章颜谢，一赋一咏，必胜于众。

大历四年，年始弱冠，进士登第。其年，联中超绝科。间岁，天子坐明庭策贤俊，临轩试问，以主文谲谏为目。公词藻清丽，入第三等，授河南府参军。府司籍公盛名，命典贡士，抡次差等，所奖者八人。其年，皆擢太常第。精鉴朗试，遆迩攸伏。转华州郑县主簿，郡守器仰，延于宾阶。秩满赴调，判入等第，为渭南县尉。考天官科选之务，弘圣代得人之盛，问望休洽，弓旌屡招。首为卢龙军观察支使，假霜棱，锡朱绂，以地非乐土，辞不就命。后山南东道洎鄜鄜郊，皆以管记之任请焉。由监察殿中历侍御史，自书记参谋为节度判官，四擅郄诜之美，三领元瑜之任。周旋累祀，再丁家难，哀号孺慕，殆不终制，虽丧期有数，而茹毒无穷。

德宗皇帝统临万方，注意六义，诏征公制述，令词臣编录，阅览终夕，精微动天，遂以副本藏于天禄石渠之署。及制使马宇奉命东夷，又见公雅什为夷人所宝，则中华之内，断可知矣！复为幽州营田副使，检校吏部员外郎，迁检校考功郎中，加御史中丞，以金印紫绶副焉。始以幽燕气雄，蛇豕作固，虽大君有命，尚守正不行。后密旨敦谕，往践乃职，卒使逆流再顺，寒谷生和。元师推奉国之诚，列校有勤王之绩，繄是毗赞，致其功庸。

章武皇帝嗣统元年，征拜都官郎中，入考制试，克协汇征之告，雅符则哲之能。洎参掌纶綍，润色度，不虚美，不隐恶，文含奇律而直在其中。未及真拜，出为河南少尹，历秘书少监，兼集贤学士。尽哀矜，雪疑狱，有于公之阴德；正编简，缉遗文，极刘向之美事。辅相春宫之重，自右庶子为左庶子；言语侍从之贵，由右常侍为左常侍。再登望苑，一历卿寺，竭忠力以更践，尽平生之职业。元和中，因张广乐赏丽曲，问其所自，知公属词，又两征文集，一见别殿。子虚入听，喜相如同时；宣室延名，恨贾生来晚，由是有卫尉之命。

今天子即位之始，公被鹤发，珥貂冠，辞荣盛，时抗疏长往，优诏特许，由是有大宗伯之拜。

呜呼，公直清而和，简易而厚，不恃才以傲物，不矫时以干进。著嘉词，享重誉，逾甲子矣！洎出都门，登祖席，脱汉廷之轩冕，乐东周之放旷。寿位咸备，始终得礼。星岁再换，光音遂沉，以大和三年八月廿一日全归于东都宣教里之私宅，享寿八十四。

天子轸悼，废朝一日，诏赠太子少师。其年十二月十四日，归葬于偃师县亳邑乡，迩先少师之茔，礼也。宠赠继师傅之尊，哀荣极人伦之盛，姻族交感，衣冠罕俦。前夫人范阳卢氏祔焉，常州江阴县主簿集之息女。门风光大，坤仪弘播，音徽早谢，而懿范犹传，有子二人。今夫人陇西县君范阳卢氏，太子校书舒之女也。行周四德，化被六姻，有光辅佐之勤，克奉蘋蘩之荐。生一女，始笄。长子元翊，前弘文馆明经。嗣子棠，早学诗礼。次子当，文绍弓裘，誉高乡里。擢春闱之上第，流裕蛊之嘉声。公之盛业可谓不泯矣！

以郾斑（班）行，尝忝其后尘，中外又参其末属，见托铭撰，刻于贞珉，诚惭阙遗，敢附大略，其辞曰：

元气之精，孕和毓灵。庆钟高门，才重文星。于唯少师，德茂天经。雅韵藻思，通幽洞冥。累擅殊科，以文从吏。出佐藩服，入居郎位。运偶开泰，朝慎名器。俾掌王言，实符公议。贰尹河洛，亚职兰台。春宫再入，望苑重开。肃肃卿寺，警巡为贵；煌煌帝庭，貂蝉列侍。迈德时久，辞荣礼备。曳履还乡，挥金乐志。哲人云逝，天道如何？学海息浪，词源绝波。师保位尊，哀荣思多。宠赠昭昭，立坟峨峨。唯余令范，长流咏歌。

五从侄前安南经略判官承奉郎监察御史里行行方书。

处士襄阳习缓篆额。

二、相关论文两篇

《登鹳雀楼》探微
——兼论古代诗歌的韵脚传情问题

[内容摘要]：《登鹳雀楼》是朱斌创作于初唐武后时期的一首名作。通过对诗中"山"、"白日"、"尽"、"入"、"欲"、"上"等关键性字词的解析与"逆挽"手法、"尤韵"传情功能的探讨，可以对该诗意境的精微之处获得新的体认：在苍茫高远的艺术境界之中，展现出奇绝悲凉、积极登攀的慷慨激越的崇高美。此外，对于古代诗歌的情感传达问题，韵脚自然是一个重要考察视角，而其他角度也不可忽视，多角度的综合研究才是相对正确的理路。

登鹳雀楼①

白日依山尽，黄河入海流。
欲穷千里目，更上一层楼。

这首五绝，自其诞生之日起，即"市井儿童皆知诵之，而至今斩然如新"②。

对于其意境、主题，前修今贤评论甚夥。"日没河流之景，未足

---

① （清）彭定求等编：《全唐诗》（增订本），中华书局1999年版，第2842页。笔者按，以下引用唐人诗作，除特别标明外，均出自该《全唐诗》（增订本），注释从简。

② （清）潘德舆：《养一斋诗话》卷9，《清诗话续编》第四册，上海古籍出版社1983年版，第2138页。

称奇；穷目之观，更在高处。"① "大豁眼界。"② "空阔中无所不有，故雄浑而不疏寂。"③ "四语皆对，读去不嫌其排，骨高故也。"④ "'骨高'言其所写者大也。首二句已笼罩一切，三四句更形其高，有有余不尽之意。"⑤ "前两句写山河胜概，雄伟阔远，兼而有之，已如题之量；后两句复余劲穿札。二十字中，有尺幅千里之势。"⑥ "本诗不尽刻画了难以描摹的景色，也写出了诗人登高望远的胸襟，最为脍炙人口。"⑦ "这两句（笔者注：即该诗前两句）写夕阳将下，黄河奔流，远景壮观。后两句说希望眼界更拓，立足更高；虽是写当前实感，却似在表示作者的胸襟抱负。"⑧ 概而言之，这些评语虽然在细节上有所差异，但在宏观层面却是异中有同，即都认为此诗景象雄浑，境界高远，融哲理于形象。

笔者的愚见，与上述论说有所不同。下面，在简要交代该诗作者与创作时代的基础上，对该诗中的重点字词的内涵与"逆挽"手法和"尤韵"韵脚的运用，做一较为深细的探析，以期对于该诗意境的精微之处给予新的深层体认，并对古代诗歌以声传情问题做一粗浅探讨。不揣浅陋，请学界专家批评指正。

一、作者与创作时代

自北宋以后，该诗的著作权是归于盛唐诗人王之涣名下的。自20

---

① （明）唐汝询选评：《唐诗解》，转引自陈伯海主编《唐诗汇评》，浙江教育出版社1995年版，第1354页。

② （明）周敬、周珽评：《唐诗选脉会通评林》，转引自陈伯海主编《唐诗汇评》，第1354页。

③ （清）黄生选评：《唐诗摘钞》，转引自陈伯海主编《唐诗汇评》，第1354页。

④ （清）沈德潜编：《唐诗别裁集》，上海古籍出版社1979年版，第615页。

⑤ 刘永济：《唐人绝句精华》对沈德潜上述评点所加按语，人民文学出版社1981年版，第96页。

⑥ 俞陛云：《诗境浅说·续编》，北京出版社2003年版，第133页。

⑦ 黄肃秋选，陈新注：《唐人绝句选》，中华书局1984年版，第27页。

⑧ 中国社会科学院文学所选注：《唐诗选》，人民文学出版社2003年版，第62页。

世纪70年代末以来，学界关于该诗作者的争议出现了。概言之，其中主要有两种意见。一种意见认为，作者不能确定，既可能是王之涣，也可能是朱斌。① 另一种意见则认为，其著作权应该归朱斌②，而且这种说法逐渐为越来越多的学者所接受。笔者是赞同第二种意见的。持此种意见的学者，从史源学的角度指出，在最早著录此诗的盛唐人芮挺章所编《国秀集》中，该诗署名即为朱斌；王之涣亦名列这个选本之中，王诗被选入三首而无"白日依山尽"一诗；与王之涣同时代的芮挺章对此诗的著作权归属问题，交代得非常清楚。③ 这是最具说服力的原始性证据，当然其他的相关证据还有不少。关于朱斌的生平情况，我们知之不多。据《国秀集》记载，他是一位"处士"。那么，何谓"处士"呢？其义项在古代大致有二：其一，德才兼备而隐居不仕的士人，如《孟子·滕文公下》："圣王不作，诸侯放恣，处士横议"④；其二，泛指没有做过官或者虽然做过官而人生以隐居为主的士人，如陶渊明即曾被称为"处士"（江西九江陶渊明祠联："门前学种先生柳，岭上长留处士坟。"⑤）又，据当代学者周生春考证，"白日依山尽"一诗的作者为"朱佐日"；朱曾在武后时期"两登制科，三为御史"，而作此诗时朱正在御史任上；又，"斌、佐日应是一人……其名曰斌，其字曰佐日"。⑥ 周氏之说，是比较令人信服的。那么，如何看待朱斌既为"处士"又"两登制科，三为御史"的似乎矛盾的两种史料记载呢？笔者推测，朱斌很可能是先为官后隐

---

① 参见傅璇琮主编《唐才子传校笺》（二），中华书局1987年版，第447—448页。

② 林贞爱：《〈登鹳雀楼〉非王之涣诗》，《社会科学战线》1982年第4期，第284—285页。

③ 该诗在《国秀集》中题名《登楼》。又，该书共选入初、盛唐作者88人，选辑诗作218首。参见傅璇琮主编《唐人选唐诗新编》，陕西人民教育出版社1996年版，第218—289页。

④ （汉）赵岐注，（宋）孙奭疏：《孟子注疏》，北京大学出版社2000年版，第210页。

⑤ 荣斌主编：《中国名联辞典》，山东大学出版社1990年版，第434页。

⑥ 周生春：《王之涣作〈登鹳雀楼〉诗辨正》，《浙江工业大学学报》（社会科学版）1993年第3期，第114—116页。

居。也就是说，在创作这首诗时，出处行藏的矛盾，理想与现实的冲突，很可能正困扰着朱斌的内心世界。至于武后统治时期，唐代社会总体上呈现出积极发展的历史动向，成为由"贞观之治"走向"开元盛世"的有力过渡；同时，其间传统门阀士族与新兴庶族之间矛盾斗争较为激烈，酷吏横行，仕途险恶。于是，功业理想与不遇之感交融、激昂与悲慨并存，成为当时士人阶层较为普遍的心理状态。我们只要读一读这一时期的优秀诗人陈子昂、"四杰"等的诗文作品，即可感受到这种强烈的时代氛围。此不赘述。

二、首句中"山"与"白日"两个字词的意指

（一）"山"字的意指

此"山"所指为何？北宋的沈括说："河中府鹳雀楼，三层，前瞻中条，下瞰大河。"[①] 后世遂由沈氏之说，误将"白日依山尽"之"山"臆断为"中条山"，代代相因，迄今未绝。当代学者陈友冰在大量引述将此"山"认作"中条山"的错误事例以后，对此做了颇具说服力的批驳："鹳雀楼的地理位置是：它的东北是蒲州城，东南是长约一百六十多公里的中条山……夕阳是无法落入位于东南方的中条山中的"；既而，他解释了产生这种误解的原因所在，"这与沈括的记载有关"。随后，陈先生还提出了此"山"乃是"华山"的新说：

> 华山位于蒲州的西南……诗人站在鹳雀楼上向西远眺，正好可见一轮夕阳傍着西南方的华山缓缓下沉。为什么夕阳向西南而不是向西落去呢？这是因为冬天的太阳，位于北回归线以南，所以向西偏南落去，这与前面所提及的"白日"同样都带有很明显

---

① （宋）沈括著，胡道静校证：《梦溪笔谈校证》，中华书局1957年版，第523页。

的季节特征。①

陈友冰这一新说看似有些道理，但是其可能性极小。

笔者认为，此"山"极可能是泛指以鹳雀楼为立足点，黄河以西的地势较高的苍茫无际的黄土高原和丘陵。

首先，此"山"是华山可能性极其微小。我们知道，以鹳雀楼所在地（笔者按，在唐代属河中府，在今山西省永济市蒲州镇）为立足点，华山位于它的大于45°角的西南方向；而且，华山本身也呈东北偏西南的走向。依据地理学常识，只有在农历"冬至"前后，地处北半球中纬度的鹳雀楼一带，才存有太阳"落在"华山上的微小可能性，至于这一时节鹳雀楼下的黄河是否结冰，还能否"入海流"，我们姑且不论。其次，此"山"泛指以鹳雀楼为立足点，黄河以西的地势较高的高原丘陵的可能性则极大。鹳雀楼（笔者按，在唐代属河中府）所在的今山西省永济市，位于山西省西南部，运城盆地西南角，地势不高，而唐代的鹳雀楼建筑于黄河中的洲渚之上②，其地势相对较低。鹳雀楼的西南方是华山，西偏南方向则是渭河平原，西方及西北方向则是黄土高原在陕西境内的一部分。可见，鹳雀楼在其所处的局部地理环境中所处的地势是比较低的。③ 畅当（生活于唐代宗、德宗时期）同题诗作中的"天势围平野，河流入断山"④ 的诗句，也可以从侧面证明这一点。所以，白日所依之"山"极可能就是"鹳雀楼"之西，地势较高的那一片莽莽苍苍、一望无际的丘陵、高原而已。又，对于诗歌作品中所涉及的"山"很多时候不必呆看，不必非得找到有名的高山峻岭与之严格对应不可；对"诗家语"，还

---

① 陈友冰：《〈登鹳雀楼〉故址、诗意散考——经典名篇故地新考之四》，载"国学网"之"诗词清话"栏目，2011年5月9日。

② "旧在城西河洲渚上，周宇文护造"，参见（清）周景柱等纂修《乾隆蒲州府志》，乾隆十九年（1755）刻本，凤凰出版社2005年影印本，第81页。

③ 以上地形分析，参《中华人民共和国地形图》（中国地图出版社2004年版）和"百度"卫星遥感地图。

④ 《全唐诗》（增订本），第1280页。

是应以"活参"为上。

（二）"白日"意象的内涵

关于"白日"意象的内涵（笔者按：以常态论，即将落山的太阳是呈红色的）学界已有论析。代表性的意见认为，"白日"这个意象，除了"白天"这个常用义以外，还有"中午的盛阳之象"，或含有"转瞬即将失掉灿烂光华和光阴易逝、盛年难再的意蕴"，或被诗人"借此来渲染环境氛围的凄清、荒寒、萧瑟与冷寞"等等，而"王之涣则是综合用之"。[①] 除去作者问题，此说不无道理，但忽略了此诗诞生的具体的时空环境。下面，笔者就由此角度做一探析。

笔者认为，鹳雀楼以西黄土高原、丘陵地带干燥多风的地理环境，是造成"白日"意象的首要因素。前引陈友冰先生一文，对于"白日"的解释，颇具启发意义。他说："只不过诗中写的是深秋或冬天的太阳，白晃晃的缺乏热力，带上高寒的特征。高适《别董大》'千里黄云白日曛，北风吹雁雪纷纷'就是明证。"陈先生从诗人所处的彼时彼地的自然时空的特点来分析"白日"的内涵，确有新见。只是，囿于"日"落"华山"的偏执，陈先生的目光局限于"深秋或冬天"，所以只能在"缺乏热力"和"高寒"等因素上探讨"白日"意象入诗的成因。其实，陈先生所言太阳被"冻白"可能性甚微。黄土高原占据晋、陕地区大部（包括鹳雀楼以西及西北地区），因而这一地区在一年中的很多时间里，气候偏干燥、风沙偏多，天空能见度较低。这恐怕才是形成"白日"落山景象的首要因素。[②] 笔者按，"全新世"为地理学术语，是指从约11500年前至现在这一时期；其后期的界限大约是指从约6000年前至今。尽管唐代与今天时隔千年以上，但是与当今相较，黄土高原地区的整体气候特征，则不会有

---

① 山乡：《王之涣〈登鹳雀楼〉"白日"、"黄河"意象新说》，《集宁师专学报》2003年第3期，第35—39页。

② 王毅荣等：《黄土高原环境气候演变研究》，《气象科技进展》2011年第2期，第38—41页。

太大差异。所以，笔者认为，这首诗创作的具体时间，四季皆有可能，而尤以春、秋两季及初冬等干燥多风时节可能性较大。值得注意的是，无论在何种季节，遥望着这一颗依山而落的"白日"，遥望着西方苍苍茫茫的渐高渐远的无边原野，总不免使登楼远望之人生发出些许苍茫、甚至是苍凉之感。

三、诗中四个关键字之意蕴①

（一）首句中的"尽"字。《说文解字》："尽，器中空也。"② 在此诗中，其意思是终了、没落。遥想诗人独立于鹳雀楼之上，西方视野中的苍茫之景象已然令他心生苍凉之感了；堪堪此时，"依山"之"白日"，那多少还能给人以热力和期冀的"白日"也要落到"山"的后面去了，也就是说，夜晚的脚步已经近了。《水浒传》第二十三回"横海郡柴进留宾，景阳冈武松打虎"中"回头看这日色时，渐渐地坠下去了"两句③与"白日依山尽"一句，在意境上似乎不无相互参证的价值。又，笔者认为，此"尽"字，应作"进行时"看，而不应作"完成时"看。否则，若是夜色已到诗人眼前，下面的"黄河入海"之想象，"更上层楼"之行动，将无从落脚。无论如何，一个"尽"字，确实已经给诗中所写景象之苍茫和诗人情怀之苍凉，加重了分量，使得苍茫中多了几分冷落，苍凉中添了些许寂寞。

（二）次句中的"入"字。《说文解字》："入，内也。象从上俱下也。"④ 而此字作动词"进入"讲的时候，往往含有进入很深，入而不返的意味。由它组成的词语如"入迷"、"入戏"、"入木三分"等，即是明证。"入"字与河、海等在一起联用的情况，所在多有。《尚书》中的《禹贡》一篇讲大禹治理九州之水，文中多用"入于

① 笔者对于下列关键字词的探讨，最初受到了霍松林先生对于此诗中"依"字精彩赏析的启发。参见霍松林《唐音阁鉴赏集》，河北教育出版社 2000 年版，第 65 页。

② （汉）许慎：《说文解字》，中华书局 1963 年版，第 104 页。

③ （元）施耐庵、罗贯中：《水浒传》，人民文学出版社 1997 年第 2 版，第 294 页。

④ 《说文解字》，第 109 页。

海"之类的字眼，来形容经过疏导的洪水奔涌着流进海洋的宏大气势及其一去不返的特点。"导黑水，至于三危，入于南海。""又北播为九河，同为逆河，入于海。""导淮自桐柏，东会于泗、沂，东入于海。"①唐诗中"侯门一入深如海"②的名句中的"入"字，也是带有进入侯门大院以后，此女再也难以出来与"萧郎"续接前情的意味。笔者认为，"黄河入海流"中的"入"字，也是带有水流洪大疾速、一旦入海不再复返的意味，而且此种意味还很强烈。又，黄河中游之水的特点是，水大而流急。"自内蒙古托克托县河口镇到河南桃花峪为黄河中游……河道长 120614km，落差 890m，平均比降0.074％。"③这近千米的落差，在宏观上决定了黄河中游的流急水大。在黄河中游中又以晋陕大峡谷一段水流最为湍急。李白的名句"黄河西来决昆仑，咆哮万里触龙门"④就是这种壮观景象的生动写照。而鹳雀楼所在的永济市北距晋陕大峡谷的南端河津县的"龙门峡"不远。由在鹳雀楼上俯瞰黄河之水奔流而去、一去不返，反观自身的人生路程，诗人不难联想到孔子"逝者如斯夫！不舍昼夜"⑤的人生感喟，进而生发出某种年华蹉跎、壮志难酬的生命焦灼感。

（三）第三句中的"欲"字。许慎曰："欲，贪欲也。"段玉裁注曰："感于物而动，性之欲也。"⑥当这个"欲"字引申为"打算"、"想要"之意的时候，它所传达出的无疑是一种积极进取的心理状态。从这个意义上讲，在很多古代诗作中，"欲"字往往体现着一种昂扬奋发、蓬勃向上的积极向上的豪壮襟怀。这在初、盛唐诗人的作

---

① （汉）孔安国传，（唐）孔颖达疏：《尚书正义》，北京大学出版社 2000 年版，第191—196 页。

② （唐）崔郊：《赠去婢》，《全唐诗》（增订本），第 5786 页。

③ 邵天杰等：《历史时期黄河中游流域气候变迁研究》，《农业系统科学与综合研究》2009 年第 1 期，第 27—32 页。

④ 《公无渡河》，《全唐诗》（增订本），第 200 页。

⑤ （魏）何晏注，（宋）邢昺疏：《论语注疏》，北京大学出版社 2000 年版，第133 页。

⑥ （汉）许慎撰，（清）段玉裁注：《说文解字注》，上海古籍出版社 1988 年版，第410 页。

品中表现得极为明显。卢照邻的"刘生气不平，抱剑欲专征"①，李
白的"我欲攀龙见明主，雷公砰訇震天鼓"②，高适的"从来重然诺，
况值欲横行"③ 等，都是触手可得的好例。同时，也应看到，在有些
诗作中，"欲"字却应作其他的解释，如李白《赠汪伦》末句"李白
乘舟将欲行"④ 中"欲"字，显然就是表示时态的"即将"的意思。
具体到《登鹳雀楼》这首诗中，"欲"字无疑应作"打算"、"想要"
之意。然而，当我们把这个"字"放到前面已经论析过的"白日依
山尽，黄河入海流"的"惊心动魄"⑤ 的具体语境中，就会自然进一
步发现它所蕴含的深意：表现了诗人的一种在苍凉落寞袭上心头之
际，努力登攀、勇敢向上的雄壮不屈的人格风貌。

（四）末句中的"上"字。《说文解字》："丄（笔者注：即
'上'字），高也。"⑥ 显然，其本义是指高处、上面。《周易·需
卦》："云上于天。"⑦《经典释文·周易音义》："（上），干宝云：升
也。"⑧ 俗谚云"势比登天还难"，而不说"势比上天还难"，用
"登"字，无疑会映照出"登"天之人吃力、艰难之状貌。相反，从
这个"上"字中，我们却可以体会到其中所写的自低处到高处上升
的行动，含有省略其具体动作过程的意指；而这种意指，传达出一种
轻松、斩截、贯彻到底的语义色彩；进而会使人联想到一种从容不
迫、积极进取的人格风貌。卢照邻《至望喜瞩目言怀贻剑外知己》
"隐辚度深谷，遥裛上高云"⑨，李白《宣州谢朓楼饯别校书叔云》

---

① 《刘生》，《全唐诗》（增订本），第 525 页。

② 《梁甫吟》，《全唐诗》（增订本），第 249 页。

③ 《酬河南节度使贺兰大夫见赠之作》，《全唐诗》（增订本），第 2236 页。

④ 《全唐诗》（增订本），第 1770 页。

⑤ （南朝·梁）钟嵘著，曹旭集注：《诗品集注》，上海古籍出版社 1994 年版，第
75 页。

⑥ 《说文解字》，第 7 页。

⑦ （魏）王弼注，（唐）孔颖达疏：《周易正义》，北京大学出版社 2000 年版，第
51 页。

⑧ （唐）陆德明：《经典释文》，中华书局 1983 年版，第 20 页。

⑨ 《全唐诗》（增订本），第 519 页。

"俱怀逸兴壮思飞，欲上青天揽明月"①，两诗中的"上"字，均是好例。具体到本文所论的"更上一层楼"一句中的"上"字，它同样含有上述语义色彩。除了合乎平仄的格律要求而外，笔者以为，该诗用"上"字，同样彰显了诗人的勇敢斩截、积极进取的人格精神，而且此种人格精神在"白日依山尽，黄河入海流"的苍茫冷落的时空背景中，又比前引卢、李两人的诗意多了几分兀傲与倔强。需要指出的是，有些作品中"上"字，在其具体语境中，是与上述意蕴指向截然不同的，如李后主《乌夜啼》词"无言独上西楼"② 一句中的"上"字，即寄寓着伤感颓丧的意味。

四、艺术表现的手法

句式上的对仗谨严，格律上的平仄工稳，尺幅千里的宏大笔触，固然是这首诗显著而且成功的艺术表现手法③，这已是大家熟知的学术常识；然而，对于该诗中顺承中有逆挽的章法、感情内涵丰富的尤韵的成功运用，学界却迄今未予注意，笔者有感于此，特讨论如下。

（一）"逆挽"展示积极人生

"逆挽"一词，本意是指向原初的或相反的方向扭转局面，从而使之复原或变好。自古以来，人们就在文艺创作中自觉不自觉地运用"逆挽"的手法，来增强艺术表达的效果。比如，书法创作就很讲究"逆入平收"。清代包世臣曰："屏去模仿，专求古人逆入平出之势，要以十稔，或有心手相得之境"④，正是着眼于此。具体到文学、特别是诗文创作之中，"'逆挽'是指在几句话中，后面的句子逆前面句

---

① 《全唐诗》（增订本），第 1814 页。

② （五代）李璟、李煜著，詹安泰校注：《李璟李煜词》，人民文学出版社 1958 年版，第 85 页。

③ 参见陈邦炎《登鹳雀楼》鉴赏一文，萧涤非等《唐诗鉴赏辞典》，上海辞书出版社2004 年第 2 版，第 74—75 页。

④ （清）包世臣：《艺舟双楫》，中国书店 1983 年版，第 74 页。

子的风格特点而挽向相反的一方，从而使前后句子的风格大异其趣。它虽可由奇、雅挽向平、俗，在实际上却几乎全是由平、俗挽向奇、雅"①。明谭元春《自题简远堂诗》云："必一句之灵，绝回一篇之运，一篇之朴，能养一句之神，乃为善作"②；清刘熙载云："诗中固须得微妙语，然语语微妙，便不微妙，须是一路坦易中忽然触着，乃足令人神远"③，都精辟地指出了逆挽这一艺术手法的真谛与大用。隋人薛道衡五绝《人日思归诗》云："立春才七日，离家已二年。人归落雁后，思发在花前。"④ 其前两句是由当时口语融合而成，平淡无奇；但由于后两句笔意新奇精警，就使全诗的情感变得深沉细婉，且在布局上呈现出抑扬灵动之美感。唐人王昌龄《闺怨》"闺中少妇不知愁，春日凝妆上翠楼。忽见陌头杨柳色，悔教夫婿觅封侯"⑤，也是成功运用逆挽手法的一个范例。

　　具体到《登鹳雀楼》这首诗，笔者认为，其章法乃是顺承中含逆挽，而以逆挽为重心。先说顺承。"白日依山尽"一句是写向西远眺之景。"黄河入海流"一句则体现了诗人收回西望的目光，由俯视脚下黄河洪流到眺望河水远去，再到悬想黄河入海的由近及远、由实到虚的转换过程。所以，这两句写的都是诗人"视通万里"⑥而形于笔端的宏阔景象。那么，接下来的"欲穷千里目，更上一层楼"两句表达诗人继续登高望远的希冀与胸襟，则顺承手法的运用就是很好理解的了。这已成共识，不须赘述。

　　再说逆挽。如前所论，此诗前两句虽然视野开阔，但是，日落苍茫山野、黄河奔流不返的景象，所引发的是一种苍凉的意味和人生的

　　① 高蓬州：《"逆挽诗"摭谈》，《文史杂志》2006 年第 1 期，第 76—77 页。

　　② （明）谭元春：《新刻谭友夏合集》卷 23，明崇祯六年（1633）张泽刻本。

　　③ （清）刘熙载撰，袁津琥注：《艺概注稿》卷 2《诗概》，中华书局 2009 年版，第405—406 页。

　　④ 逯钦立辑校：《先秦汉魏晋南北朝诗·隋诗》，中华书局 1988 年版，第 2686 页。

　　⑤《全唐诗》（增订本），第 1446 页。

　　⑥ （南朝·梁）刘勰著，范文澜注：《文心雕龙注》卷 6，人民文学出版社 1958 年版，第 493 页。

焦灼之感。如此，后两句在情感上、在境界上就会至少有两种走向。一种走向是，诗人在此种苍凉与焦灼之中，感伤一番，颓然下楼，如果笔者试拟两句，可能就会是"收拾千里目，悄然下高楼"之类；另一种走向就是此诗所谓的"欲穷千里目，更上一层楼"，诗人以心底的人生豪情压倒由外在景物引发的一时苍凉，以更上层楼的热望和行动来超越生命的焦灼之感，倔强地书写出人生的崇高之美。显然，顺着前一种走向写出来的，只能是一首视野虽然开阔而生命意识贫弱的平庸之作；沿着后一种走向高歌出来的，也就是这首已被历史定格的五绝，则肯定会成为一首境界高远、激荡人心的千古佳作。可以说，此诗既是北中国自然风光的写意画，又是超越平庸与困窘的生命赞歌。究其实，逆挽手法的运用，为此诗注入了生命的热力，并且增强了其艺术上的张力，实在是功不可没的。

（二）"尤韵"传达丰富情感

汉字的声音本身就能传达出一定的情感意蕴。在文艺创作、特别古代的诗、词、曲创作中，声韵的传情达意的重要功能向来受到重视，而相关的理论探讨时有所见。成于汉代的《毛诗大序》云："情发于声，声成文，谓之音。"① 明人王骥德说："至各韵为声，亦各不同，如'东钟'之洪，'江阳'、'皆来'、'萧豪'之响，'歌戈'，'家麻'之和，韵之最美听者，'寒山'、'桓欢'、'先天'之雅，'庚青'之清，'尤侯'之幽……"② 而在一首诗作的全部字词之中，尤以其韵脚最为重要。"诗中韵脚，如大厦之有柱石，此处不牢，倾折立见。"③ 需要指出的是，由于与其他艺术质素的交互作用，同一韵脚所传达的感情意味，往往不是单一的，而是多样化的。关于这一

---

① （汉）毛亨传，郑玄笺，（唐）孔颖达疏：《毛诗正义》，北京大学出版社 2000 年版，第 8 页。

② （明）王骥德：《曲律》，中国戏曲研究院编：《中国古典戏曲论著集成》第四册，中国戏剧出版社 1959 年版，第 153—154 页。

③ （清）沈德潜：《说诗晬语》卷下，《原诗·一瓢诗话·说诗晬语》，人民文学出版社 1979 年版，第 247 页。

点，笔者稍后再做论析。

　　具体到《登鹳雀楼》这首诗，笔者以为，它是以尤韵的韵脚传达出了丰富的情感内涵。此诗的前两句所抒发的主要是一种苍凉低沉的情调，以尤韵来抒写此种情调很是得宜的；而其中又含有豪壮的感情因子，是白日依山、黄河入海的高远之境界促成了此种豪壮之情的生成。其后两句所抒发的主要是一种登高望远的热烈希冀和豪迈襟怀；但其间也含有些许苍凉之感，是时近日暮的自然环境和尤韵的韵脚衍生出了此种苍凉感。然而，从总体上看，此诗的感情基调是豪迈向上的，其所写的高远景象和诗人意欲登高望远的心理动作，是形成这一感情基调的主导因素。简言之，尤韵韵脚的成功运用，营造了此诗的声音质素与形象质素的顺畅交融与强烈激荡这两种态势，从而为此诗蕴蓄了丰富跌宕、动人心魄的感情力量。而并非如有些学者所说："像王之涣的《登鹳雀楼》……这首诗用的是'尤'韵……'尤'韵的字：忧、流、留、游、悠、羞、秋、柔、愁、休、囚、幽等，哪一个字是积极向上的？朗读的时候觉不出来，一拉长声音吟诵，这个韵的味道就出来了——这是一首感叹人生易老的愁闷的诗啊。"① 显然，这种说法陷入了以偏概全的误区。毋庸置疑，古代的学者文士们应该比我们当代读诗、学诗之人，更加谙熟诗歌吟诵活动②，因而他们的意见不应该被忽视。从这个意义上讲，本文开端所引的那些古代、近代学者们对此诗境界、主题的评语，亦在宏观方面，为笔者上述浅见提供了佐证。

　　综上所述可知，《登鹳雀楼》是朱斌创作于武后时期的一首五绝；诗人目击日落时分苍茫冷落的山野与奔流不返的黄河，人生的苍凉感和焦灼感袭上心头；但在高远苍茫的艺术境界之中，诗人却展现出奇绝悲凉、努力登攀的慷慨激越的壮烈怀抱与崇高之美；该诗意境的精微之处，大约即在于此。

---

　　① 徐健顺：《我们为什么要吟诵》，《语文建设》2010 年第 4 期，第 74—76 页。
　　② 笔者按：对于近年在我国大陆兴起的吟诵普及活动及其推动者的辛劳，笔者是十分赞同与敬仰的；此处仅是就声韵传情这一具体学术问题做一严肃的探讨。

　　由于现代以来，学界于上述韵脚传情问题泛论概述者居多、具体论析者较为少，故而下面笔者主要以"尤韵"为例，对这一问题稍作探究。

　　前引明人王骥德所谓"'尤侯'之幽"，是指尤、侯一类的韵脚，它们往往能够传达出幽深、幽闲、幽雅之类的感情意味和美感特质。如《诗经·周南·关雎》："关关雎鸠，在河之洲。窈窕淑女，君子好逑。"① 王维《山居秋暝》："明月松间照，清泉石上流。"② 杜甫《江村》："清江一曲抱村流，长夏江村事事幽。"③ 需要指出的是，属于尤韵的字，在古诗中尤以表达忧愁的情感为大宗。如杜甫《秦州杂诗二十首》其一："满目悲生事，因人作远游。迟回度陇怯，浩荡及关愁。水落鱼龙夜，由空鸟鼠秋。西征问烽火，心折此淹留"④；郎士元《送奚贾归吴》："东南富春渚，曾是谢公游。今日奚生去，新安江正秋。水清迎过客，霜叶落行舟。遥想赤亭下，闻猿应夜愁"⑤；刘禹锡《西塞山怀古》："王濬楼船下益州，金陵王气黯然收。千寻铁锁沉江底，一片降幡出石头。人世几回伤往事，山形依旧枕寒流。今逢四海为家日，故垒萧萧芦荻秋"⑥ 等，都可以为证。即使是李白以尤韵为韵脚的七律名作《登金陵凤凰台》，其所抒之情也不无些许悲情愁绪。但是，不容忽视的是，使用尤韵来表达乐观豪迈格调的诗作并非少见。如李白《渡荆门送别》："渡远荆门外，来从楚国游。山随平野尽，江入大荒流。月下飞天镜，云生结海楼。仍怜故乡水，万里送行舟"⑦；王维《和贾舍人早朝大明宫之作》："绛帻鸡人报晓筹，尚衣方进翠云裘。九天阊阖开宫殿，万国衣冠拜冕旒。日

----

① 《毛诗正义》，第25—26页。

② 《全唐诗》（增订本），第1276页。

③ 同上书，第2436页。

④ 同上书，第2420页。

⑤ 同上书，第2775页。

⑥ 同上书，第4065页。

⑦ 同上书，第1791页。

色才临仙掌动，香烟欲傍衮龙浮。朝罢须裁五色诏，佩声归到凤池头"①；南宋岳飞《题新淦萧寺壁》："雄气堂堂贯斗牛，誓将直节报君仇。斩除顽恶还车驾，不问登坛万户侯"②；清人郑燮《题游侠图》："大雪满天地，胡为仗剑游？欲谈心里事，同上酒家楼"③ 等，均为好例。

那么，如何解释使用同一韵脚的诗作，所抒发的感情格调大不相同乃至相反的情形呢？笔者愚见，一首诗感情格调的最终形成，至少有赖于两个支点：所描写之对象和所使用之声韵。而这二者的关系是复杂的：可能是二者相得益彰，如前引"明月松间照，清泉石上流"两句，既是幽美之景与尤韵的幽闲声韵的水乳交融，也可能是一方在某种程度上抵消甚至改变另一方的感情指向，如前引李白《渡荆门送别》，即以开阔之景象消弭了尤韵的低沉之感；而在此二者之中，前者即所描写之对象的地位似乎更重要一些，因而前引郑燮《题游侠图》诗，能够以尤韵写游侠之豪情壮怀。试再举其他韵部的一个例子。如以"阳韵"为韵脚的诗作，多呈清朗、豪壮的情调，即前引王骥德所谓"'江阳'……之响"。例如被称为杜甫"生平第一快诗"的七律《闻官军收河南河北》就是押的"阳韵"；又如黄庭坚《鄂州南楼书事四首》其一："四顾山光接水光，凭栏十里芰荷香。清风明月无人管，并作南楼一味凉"④，以意境清朗著称，也是押的"阳韵"。但是，也有例外。如中唐李益的七绝《夜上受降城闻笛》："回乐烽前沙似雪，受降城外月如霜。不知何处吹芦管，一夜征人尽望乡"⑤，其所描写的即是一种冷落的塞外秋景和久戍思乡的边塞士卒；显然，是此诗所描写的对象抵消和改变了诗中"阳韵"所携带的豪壮、响亮的一般情感意蕴。

---

① 《全唐诗》（增订本），第 1296 页。

② （宋）赵与时：《宾退录》，上海古籍出版社 1983 年版，第 2 页。

③ （清）郑板桥著，卞孝萱编：《郑板桥全集》，齐鲁书社 1985 年版，第 60 页。

④ （宋）黄庭坚著，任渊、史季温注：《黄庭坚诗集注》，中华书局 2003 年版，第 629 页。

⑤ 《全唐诗》（增订本），第 3225 页。

所以，在考察一首诗所表达的感情倾向的时候，把该诗的韵脚作为一个观测点是必要的；但是，最好不要只从这一个角度来看，综合的、多角度的考察才是诗歌情感研究的康庄大道。

读《中国抒情传统的再发现》札记

——兼及对中国古代文学研究的若干浅见

[**内容摘要**]：近百年来，学界对于中国古代抒情传统的研讨虽未曾断绝，但远不如此前声势浩大。《中国抒情传统的再发现》一书，由自20世纪50年代以来，以台湾为主，亦包括海外几代华人学者，以发掘中国抒情传统为核心，而撰写的一系列具有代表性的学术文章构成。这些文章优长明显，具有放眼中西文学的学术视野、辩证与感悟相生发的研究路径、从容严肃的研究心态与优美典雅的行文风格。但同时，它们也存在一些不足。这部论文集，为人们在该学术领域继续钻研拓展了很大的生发空间，亦引发出笔者对当下中国古代文学研究一些粗浅意见。

对于中国古代文学作品中之情感意蕴与审美内涵的体察与探讨，自先秦以迄近代，由儒家之注疏，到通论性文论著作，再到各种具体的诗话、词话及作品评点络绎不绝，由最初的涓涓细流终而汇成江海，先后出现了陆机、刘勰、钟嵘、司空图、严羽、金圣叹、王夫之、浦起龙、方玉润、王国维等在这一领域各具特色与成就的杰出学者。从"五四"至今，在中国大陆，则有闻一多、俞平伯、朱自清、顾随、林庚、刘永济、沈祖棻、刘逸生、叶嘉莹、袁行霈等几代学者在这一领域的继续探索与收获。

然而，自总体而言，近百年来，对于中国古代文学抒情传统之研讨，学者阵营之缩小、研究成果之减少，则是一个不争的事实。大致来说，对于此一研究领域造成严重挤压的主要有三股学术力量：一是民国以来以胡适等为代表的，融合乾嘉传统与美国实证主义的考证理

论与方法的长盛不衰（中国大陆 1949 年后的近三十年除外）；二是
1949 年以后在中国大陆，被庸俗化、简单化了的马列主义文艺理论
与方法的近三十年的号令学林；三是新时期以来，源于欧美的多种文
艺理论与方法的纷至沓来。不过，挤压归挤压，中国古代抒情传统之
研究无疑仍具有强劲的生命力和长远的发展空间。我们对于大陆学界
在此一研究领域的进展情况，相对熟悉一些；而近半个世纪以来，台
湾及海外几代华人学者此这一领域学术求索与经验积累的情形又如何
呢？下面这部论文集即可以在某种程度上回答这一问题。

　　《中国抒情传统的再发现——一个现代学术思潮的论文选集》，为
"中国文学研究丛书"（柯庆明主编）之一种，由台湾学者柯庆明和
新加坡华人学者萧驰编选，台湾大学出版中心 2009 年出版。①

　　这部论文集所收文章的作者以台湾学者为主，亦包括若干海外华
人学者。其中的文章分为原论篇、本论篇和广论篇三部分，一以"中
国抒情传统"研究为旨归。1958 年 6 月，台湾著名学者陈世骧在台
大文学院以"中国诗之分析与鉴赏示例"为题发表讲演，精辟地指
出杜甫五绝《八阵图》表现了一种"所谓全人世的宇宙性的悲哀"
（参见柯庆明《序》，第 1 页）。而陈先生此次讲演的学术史意义实在
不可小觑。在 1949 年以后的台湾，"乾嘉以来的'考证'风气，在
胡适等人的手中，不但侵入了中国文学的研究，而且假其'学术'
之名，占领了学院研究的绝大领地……因而，陈世骧先生的这种诉诸
理论而回归文本分析的文学论述，就令人颇有空谷足音之感"。（柯
庆明《序》，第 1—2 页）"承陈（世骧）、高（友工）的思路而来，
自中国思想文化的大历史脉络，或比较文化的背景去对以抒情诗为主
体的中国美学艺术传统（而非局限于某篇作品）进行的具理论意义
的探讨"，则是几代学者于这一学术领域内"近四十年的学术探索的
主要视野"。（萧驰《导言》，第 6 页）而该论文集即在很大程度上展
示出台湾及海外"中国抒情传统"研究的学术脉络与学者阵容，体

---

　　① 本文所引《中国抒情传统的再发现》一书中的原文，均于引文之后注明页码，不
另出注。

现了这一研究群体的学术实绩与特色。

　　笔者在拜读该论文集后，有几点粗浅的意见，发表出来，以就教于大方之家。

一、该论文集之优点与长处

（一）中外文学相互参照之学术视野

　　站在中国的立场，研究中国的学问，固然有其切近本国历史文化背景、熟悉本国社会生活风貌的便利；但有时也可能会出现"不识庐山真面目"之缺憾。如果换一个角度，从中外文学相互借鉴、参照的视野，跳出中国来审视中国，来审视中国的文学，则很可能会收获不少的新鲜、精辟的见解。因为，毕竟古今中外的人们在基本的人情、人性方面是相近、相通的，即钱锺书先生所谓的"东海西海、心理攸同"①。中外对照互参的宏大学术视野，是这部论文集最突出的优长。比如，陈世骧在其《原兴：兼论中国文学特质》一文中，将古希腊亚里士多德对"诗"所下的概念与中国古人对于"诗"之内涵的体认相比较，从而厘清了中国古代诗歌鲜明的抒情性与艺术特质；以英国学者察恩伯爵士对欧洲古代歌舞"回环"特点的追溯，与自己对中国古代"兴"字原初含义的探究，来相互发明、印证，以深化对于中国古代抒情传统发生机制的认知；在探讨《诗经》中诗篇的新鲜生动性时，陈氏引用了美国学者加罗论原始艺术的一段话："起初这世界曾是新鲜的。人一开口就如诗咏。为外界事物命名每成灵感；妙喻奇譬，脱口而出，如自然从感官流露出来的东西。"（第40页）虽寥寥数语，而恰中《诗经》情辞之肯綮。再如，郑毓瑜在其《身体的时气感与汉魏抒情诗——汉魏文学与〈楚辞〉〈月令〉的关系》一文中，为了阐明自己的学术论点，即审慎地参考了日本学者吉川幸次郎的汉魏诗蕴含着"推移的悲哀"的宏通观点，小尾郊一的以秋

---

　　① 钱锺书：《谈艺录·序》，中华书局1993年版。

天表现悲哀的诗歌创作模式在魏晋之际定型的深刻见解，松浦友久在其《中国诗歌原理》一书中"'终结'为秋的时间意识"的辩证体认，等等。又如，张淑香在其《抒情自我的原型——屈原与〈离骚〉》一文中，引用了卢梭《忏悔录》中关于"人的存在有两种依赖。我们依赖自然，也依赖他人"的观点，来考察屈原内心的两大焦虑——"时"与"知"（第295—296页）。又如，蔡英俊在其《"抒情自我"的发现与情景要素的确立》一文中，引用德国诗人、汉学家邦德的观点，"倘若我们同意赫伯斯的观点——一民族的抒情诗是该民族特性最真挚的表现，那么，中国的诗作给我们提供唯一的途径，使我们得以探索这一古国三千年来所展示的精神面貌"（第313页），来强调中国古典抒情诗的重要价值。又如吕正惠《"内敛"的生命形态与"孤绝"的生命境界——从古典诗词看传统文士的内心世界》一文，在论及"自由观"的时候，将中西方加以对照，指出同样是追求自由，西方人要求打破自然与社会的枷锁，而中国古代文士则以放弃社会实践为出路，可谓一语中的。

（二）辩证与感悟相互生发之研究路径

近二十年以来，我国大陆的古典文学研究，基本呈现出两个路向：实证与思辨。相形之下，以感悟见长的研究成果却极为少见。质而言之，文学作品以感性为主要品质，而感悟自然应该是文学研究的主要基础。少了心灵感悟的文学研究，就会像缺乏精气神的人一般，干巴巴、无灵性。而考证、思辨与感悟三者的有机结合，方是文学研究的康庄大道。而此一学术路径，便是这部论文集的又一优长。比如，其结构安排即具有严密的逻辑性，共九组文章，前三组为原论，依次论析中国抒情传统的思想文化渊源、语言文字问题与文本之源；中间三组为本论，依次论述中国抒情传统的自我、时间与形式诸问题；后三组为广论，依次为中国抒情传统的跨文类研究、抒情理论核心观念的挖掘与对整个中国抒情传统研究之学术思潮的严肃反思，可谓层次明晰、环环相扣。再如，郑毓瑜在其《从病体到个体——体气与早期抒情说》一文中，一反学界以情感为出发点来讨论中国古代抒情文学的发生机制之旧路，而是"从体气出发（这不但是中国传统的医学理念，也是儒道思想中'身体观'的源头），重新讨论个我自觉或抒情自我的形成，以及这样的个我会呈现何种抒情世界"（第53页）；"以'邪气袭内'作为线索，可以发现不论是表现失志不遇、闺怨相思或是为了谏止情欲（可能是物色或美色等），都是面对一个气体不谐的状况，而寻求由耽溺、郁塞至于开解、舒放的治疗过程"（第87页），整篇文章堪称思辨与感悟并重，为中国文学抒情发生机制研究从一个为人忽略的新角度，打开了一扇新窗户，虽不能全面颠覆前人之传统观点与研究进路，亦足可自成一家之言。再如，张淑香的《抒情自我的原型——屈原与〈离骚〉》、吕正惠的《"内敛"的生命形态与"孤绝"的生命境界——从古典诗词看传统文士的内心世界》两篇文章中也同时拥有感悟的深度与思辨的高度。而在吕文中所洋溢的作者的极高感悟力尤其凸出。吕氏对辛稼轩《生查子》（题京口郡治尘表亭）一词中词人"孤绝的生命境界"的深刻体悟，"传统文人与女人原本就是一种生命形态的两种表现"（第375页），传统文士的"孤独感来自于生命的虚掷与浪费，来自于生命的落空所导致的自我认定的困难"（第378页）等一系列卓越见解，以及作者本人"站在台北火车站"或"西门町的街道上"，面对"拥挤的人群"中"一朵苍白而枯萎的生命之花"而生发出的当下个我之体悟（第374页），均可给读者以很大启迪，而不能不令人对作者油然而生钦敬之意。

（三）从容严肃的研究心态与优美典雅的行文风格之有机融合

从容严肃的研究心态与优美典雅的写作风格，也是这部论文集的一大优长。行文风格，是直接呈现的；而从容严肃的研究心态，则须经仔细审视方可见出。比如，此论文集的最后一篇文章，即颜崑阳的《从反思中国文学"抒情传统"之建构以论"诗美典"的多面相变迁与丛聚状结构》，实以对中国文学"抒情传统"之建构"唱反调"为主，但不是故意标新作对，其间确乎是充满了颜氏对于评说对象的严肃从容的观照与省思，而论文集的编选者能将这样一篇"揭短"的文章选进来，实是敬畏学术、以学术为天下之公器的崇高学术品质之鲜明体现。再观颜氏之行文，亦相当洗练典雅。论文集中的其他文章也程度不同地兼具上述严肃的研究心态与优美典雅的行文风格。读者开卷即可感知，此不赘述。

二、该论文集之缺陷与不足

（一）颜崑阳的深刻全面的反思

不可讳言，这部以探讨中国文学抒情传统为宗旨的论文集也存有一些缺陷与不足。其中，以研究的路径、视角、面向等方面为主，而颜崑阳《从反思中国文学"抒情传统"之建构以论"诗美典"的多面相变迁与丛聚状结构》一文，对此做了相当全面的批评，在肯定其"以'抒情传统'作为基本出发点，或从哲学，或从美学，或从文学史，或从诗学，更精细地诠释中国诗歌的本质、美学特征、历史发动力、轨则与进程……对中国文学殊异于西方的特质及其内在美学特征、文学发展的目的因、动力因与轨则等问题皆有很高程度的诠释效用及影响"（第771页）的前提下，作者指出，"在诠释效用的局限上，乃是由于过分强调'抒情传统'的中心地位与主流性，背后自觉或不自觉预设了单一线性文学史观与孤树状美典结构的概念；而缺乏反面或相对命题的辩证，因此对中国文学美典的多面向变迁与多元性结构形成了覆盖性的遮蔽。而明显的负面影响，则是在比较文学平行研究的框架之下，有些学者常不自觉地抱持一种'不对等的而倾斜式比较'，再加上'不对等的价值评断'，因而对于中国文学没有'史诗''戏剧''议论诗'等产生'缺类'的误认与匮乏焦虑感"（第771页）。要而言之，颜氏以为，其缺失，一在对中国抒情传统研究之某种程度的孤立片面；二在与西方比较研究时的不对等心态。笔者愚见，颜氏之论，于正反两面，皆可谓切中肯綮。

（二）笔者的一点补充

陈世骧《原兴：兼论中国文学特质》一文，以"兴"字为主要切入点，从字源学的角度，来推断《诗经》乃至中国抒情文学的特质而不及其他社会、文化、艺术等因素，其结论固然具有相当的新颖性与深刻性，但在科学性与说服力方面显然是不够充分坚实的。

三、由该论文集而来的笔者的若干生发

（一）由吕正惠的《"内敛"的生命形态与"孤绝"的生命境界——从古典诗词看传统文士的内心世界》一文而来。其一，吕氏认为，统文士的"孤独感来自于生命的虚掷与浪费，来自于生命的落空所导致的自我认定的困难"；笔者进一步推论，则其"生命的落空"乃更源于中国文人在儒家思想浸润下所形成的依附性。在儒家看来，仕途为"兼济"的唯一进路，"独善"乃退而求其次之选择，因而古代大多数文人是缺乏个体精神自足性的。其二，吕氏将他本人"站在台北火车站"或"西门町的街道上"，对"拥挤的人群"中"一朵苍白而枯萎的生命之花"的当下个我之体悟，融入古典文学研究中，于笔者之心有戚戚焉。笔者愚见，中国古代文学研究似乎应有四重证据：地上传世文献、地下出土文献（物）、田野考察、个我体悟。而当今学界对于田野考察与个我体悟，特别是个我体悟对于学术研究的意义还远远认识不够。

（二）由郑毓瑜《从病体到个体——体气与早期抒情说》一文而来。郑氏认为，"叹息成为人身与大气相互侵进后的一种吐露"（第125 页）。笔者进一步推论，"啸"本身也是一种抒情方式。"啸"的本义即撮口作声，类似于今天的打口哨。《说文解字》云："啸，吹声也。"[①] 唐人封演《封氏闻见记》云："激于舌端而清谓之啸。"[②] 质而言之，"啸"不负载实际的内容，不遵守既定的格式，只是随心所欲地吐露出一派风致、一腔心曲，而且特别适于抒发忧郁隐微之襟怀。故而，生当衰乱之世的名士们，对"啸"尤其喜爱。如此，也

---

① （汉）许慎：《说文解字》卷2 上，中华书局1985 年版，第42 页。
② （唐）封演：《封氏闻见记》卷5，中华书局2005 年版，第49 页。

就不难理解，为什么在魏晋南北朝时期，"啸"蔚然而成为一种影响甚大、流行甚广的文化行为与抒情方式。这一时期有很多名士（如孙登、阮籍、刘道真、谢安、王徽之、陶渊明等）都善啸，而生活于其间的著名文士成公绥便专门撰有《啸赋》。①

（三）由该论文集所表现出来的从容严肃的研究心态与优美典雅的行文风格而来。其一，当此物欲横流、人心浮躁之社会境况下，一个人意欲专心为学且有所收获，必须要在相当程度上抱有脱略名利、澄明心灵的勇气与恒心；不如此，他在学术上就难成大气象，一个社会也就难以培养出所谓的学术大家与大师。其二，人心不清净，读书自然就虚浮，思考自然就不透彻，文笔自然就不清新、不典雅。笔者以学界一小卒，对于自己为人、为学方面的怠惰虚浮，感受便十分痛彻。凡此种种，无须赘言。下面，让我们聆听一下古代贤哲关于做人、治学的深邃而敦厚的话语吧。"子曰：'君子食无求饱，居无求安，敏于事而慎于言，就有道而正焉，可谓好学也已。'"② 朱熹则说："盖此心本自如此广大，但为物欲隔塞，故其广大有亏；本自高明，但为物欲所累，故于高明有亏。"③

小疵不掩大醇。统而论之，该论文集堪称一部质量上乘、极具学理价值与方法论意义的优秀学术著作。因而，大陆古典文学研究界应该对它给予高度关注，并且认真地从中汲取学术营养。假如要把"中国抒情传统"这一学术课题乃至整个中国古典文学研究比作一位典雅清秀的中国古代美人的话，但愿海内外华人学者之同心戮力，能够化作一泓清泉，而将这位美人的风姿映照得愈来愈清晰、愈来愈鲜活。

---

① 参见刘汉生《魏晋士人之"啸"谈》，《天中学刊》2004年第1期；范子烨《自由的象征：对阮籍长啸的文化阐释》，《寻根》2009年第2期；沐斋《长啸》，《文史知识》2011年第7期。

② （清）刘宝楠：《论语正义·学而》，中华书局1990年版，第31—32页。

③ （宋）朱熹：《朱子语类》卷12，中华书局1986年版，第202页。

主要参考文献

一、古代典籍

（清）阮元：《十三经注疏》，中华书局 1980 年版影印本

高亨：《周易大传今注》，齐鲁书社 1979 年版

（汉）司马迁：《史记》，中华书局 1982 年版校点本

（汉）班固：《汉书》，中华书局 1962 年版校点本

（唐）房玄龄等：《晋书》，中华书局 1974 年版校点本

（唐）李延寿：《北史》，中华书局 1974 年版校点本

（唐）张鷟：《朝野佥载》，中华书局 1979 年版校点本

（唐）李吉甫：《元和郡县图志》，中华书局 1983 年版校点本

（唐）李肇：《唐国史补》，上海古籍出版社 1979 年版校点本

（唐）杜佑：《通典》，中华书局 1988 年版校点本

（五代）刘昫等：《旧唐书》，中华书局 1975 年版校点本

（宋）欧阳修、宋祁：《新唐书》，中华书局 1975 年版校点本

（宋）王谠撰，周勋初校证：《唐语林校证》，中华书局 1987 年版校
　　点本

周勋初：《唐人轶事汇编》，上海古籍出版社 2006 年版

（宋）郑樵：《通志》，中华书局 1980 年版校点本

（元）马端临：《文献通考》，中华书局 1986 年版影印本

（清）赵翼：《廿二史札记》，中华书局 1984 年版校点本

（春秋）老聃著，（汉）河上公章句：《老子道德经》（宋刊），福建
　　人民出版社 2008 年版影印本

（战国）庄周著，（清）郭庆藩集释：《庄子集释》，中华书局 1961 年

版校点本

（宋）赞宁：《宋高僧传》，中华书局 1987 年版校点本

（宋）普济：《五灯会元》，中华书局 1984 年版校点本

（汉）王逸注，（宋）洪兴祖补注：《楚辞补注》，中华书局 1983 年版

（梁）萧统编，（唐）李善等注：《六臣注文选》，中华书局 2012 年版

（清）严可均：《全上古三代秦汉三国六朝文》，商务印书馆 1999
　　年版

逯钦立：《先秦汉魏晋南北朝诗》，中华书局 1988 年版

（清）董诰等：《全唐文》，中华书局 1983 年版

（清）彭定求等：《全唐诗》，中华书局 1960 年版

傅璇琮主编：《唐人选唐诗新编》，陕西人民教育出版社 1996 年版

（明）钟惺、谭元春：《诗归》，湖北人民出版社 1985 年版

（清）沈德潜：《唐诗别裁集》，上海古籍出版社 1979 年版

（晋）陶渊明著，袁行霈笺注：《陶渊明集笺注》，中华书局 2003
　　年版

（唐）高适著，刘开扬笺注：《高适诗集编年版笺注》，中华书局 1981
　　年版

（唐）王昌龄著，李云逸注：《王昌龄诗注》，上海古籍出版社 1984
　　年版

（唐）李白著，（清）王琦注：《李太白全集》，中华书局 1977 年版

（唐）杜甫著，（清）仇兆鳌注：《杜诗详注》，中华书局 1978 年版

（唐）岑参著，陈铁民、侯忠义校注：《岑参集校注》，上海古籍出版
　　社 1981 年版

（唐）韦应物著，孙望校笺：《韦应物诗集系年版校笺》，中华书局
　　2002 年版

（唐）顾况著，王启兴、张虹注：《顾况诗注》，上海古籍出版社 1994
　　年版

（唐）卢纶著，刘初棠校注：《卢纶诗集校注》，上海古籍出版社 1989
　　年版

（唐）李益著，范之麟注：《李益诗注》，上海古籍出版社 1984 年版

（唐）李益著，王亦军、裴豫敏编注：《李益集注》，甘肃人民出版社
　　1989 年版

（唐）李益著，郝润华辑校：《李益诗歌集评》，甘肃人民出版社 1997
　　年版

（唐）孟郊著，华忱之、喻学才校注：《孟郊诗集校注》，人民文学出
　　版社 1995 年版

（唐）权德舆：《权文公集》（四库唐人文集丛刊本），上海古籍出版
　　社 1993 年版影印本

（唐）白居易著，朱金城校笺：《白居易集校笺》，上海古籍出版社
　　1988 年版

（唐）柳宗元：《柳宗元集》，上海古籍出版社 1979 年版

（唐）李商隐著，刘学锴、余恕诚集解：《李商隐诗歌集解》（增订重
　　排本），中华书局 2004 年版

（清）何文焕：《历代诗话》，中华书局 1981 年版

丁福保：《历代诗话续编》，中华书局 1983 年版

郭绍虞：《宋诗话辑佚》，中华书局 1980 年版

丁福保：《清诗话》，上海古籍出版社 1978 年版

郭绍虞、富寿荪：《清诗话续编》，上海古籍出版社 1983 年版

（梁）刘勰著，范文澜注：《文心雕龙注》，人民文学出版社 1958
　　年版

（唐）释皎然著，李壮鹰校注：《诗式校注》，齐鲁书社 1986 年版

（宋）严羽撰，郭绍虞校释：《沧浪诗话校释》，人民文学出版社 1983
　　年版

（宋）计有功编，王仲镛校笺：《唐诗纪事校笺》，巴蜀书社 1989
　　年版

（元）辛文房著，傅璇琮主编：《唐才子传校笺》（第 1—5 册），中华
　　书局 1987—1995 年版

（明）胡应麟：《诗薮》，上海古籍出版社 1979 年版

（明）胡震亨：《唐音癸签》，上海古籍出版社 1981 年版

（明）许学夷：《诗源辩体》，人民文学出版社 1987 年版

（清）陈衍：《石遗室诗话》，辽宁教育出版社 1998 年版

王国维著，滕咸惠校注：《人间词话新注》（修订本），齐鲁书社 1986
　　年版

俞陛云：《诗境浅说》，北京出版社 2006 年版

陈伯海：《唐诗汇评》，浙江教育出版社 1995 年版

二、现当代学术论著

柳诒徵：《中国文化史》，上海古籍出版社 2001 年版

梁漱溟：《人心与人生》，上海人民出版社 2007 年版

牟宗三：《牟宗三哲学与文化论集》，南京大学出版社 2010 年版

钱穆：《国史大纲》（修订本），商务印书馆 1996 年第 3 版

钱穆：《中国文化史导论》（新校本），九州出版社 2011 年版

岑仲勉：《隋唐史》，中华书局 1980 年版

吕思勉：《隋唐五代史》，上海古籍出版社 1984 年版

陈寅恪：《隋唐政治史述论稿·隋唐制度渊源略论稿》，生活·读
　　书·新知三联书店 2001 年版

陈寅恪：《金明馆丛稿初编》，生活·读书·新知三联书店 2001 年版

陈寅恪：《金明馆丛稿二编》，生活·读书·新知三联书店 2001 年版

范文澜：《中国通史简编·第三编》，人民出版社 1965 年版

唐长孺：《魏晋南北朝隋唐史三论》，武汉大学出版社 1993 年版

田余庆：《东晋门阀制度》，北京大学出版社 2012 年第 5 版

严耕望：《唐代交通图考》，上海古籍出版社 2007 年版

谭其骧：《中国历史地图集》，中国地图出版社 1982 年版

葛兆光：《中国思想史》，复旦大学出版社 2000 年版

余英时：《士与中国文化》，上海人民出版社 2003 年版

吕慧娟等：《中国历代著名文学家评传》（第二卷），山东教育出版社
　　1983 年版

傅璇琮：《唐代诗人丛考》，中华书局 2003 年新 1 版

傅璇琮：《李德裕年版谱》，齐鲁书社 1984 年版

谭优学：《唐诗人行年考》，四川人民出版社 1981 年版

陈寅恪：《元白诗笺证稿》，生活·读书·新知三联书店 2001 年版

邓小军：《诗史释证》，中华书局 2004 年版

宗白华：《美学散步》，上海人民出版社 2006 年版

方东美：《生生之美》，北京大学出版社 2011 年版

徐复观：《中国艺术精神》，华东师范大学出版社 2001 年版

徐复观：《中国文学精神》，上海书店出版社 2006 年版

李泽厚：《美的历程》（修订插图本），天津社会科学出版社 2001
　　年版

钱穆：《中国文学论丛》，生活·读书·新知三联书店 2005 年版

钱锺书：《谈艺录》，中华书局 1984 年版

程千帆：《千帆诗学》，江苏文艺出版社 2010 年版

叶嘉莹：《迦陵论诗丛稿》，河北教育出版社 1997 年版

袁行霈：《中国诗歌艺术研究》（增订本），北京大学出版社 1996
　　年版

袁行霈：《陶渊明研究》（增订本），北京大学出版社 2009 年版

马自力：《清淡的歌吟：中国古代清淡诗风与诗人心态》，苏州大学
　　出版社 1995 年版

闻一多：《唐诗杂论》，上海古籍出版社 1998 年版

林庚：《唐诗综论》，商务印书馆 2011 年版

傅璇琮：《唐诗论学丛稿》，京华出版社 1999 年版

许总：《唐诗史》，江苏教育出版社 1994 年版

吴相洲：《中国诗歌通史·唐五代卷》，人民文学出版社 2012 年版

罗宗强：《隋唐五代文学思想史》（修订本），中华书局 1999 年版

陈铭：《唐诗美学论稿》，中州古籍出版社 1987 年版

吴功正：《唐代美学史》，陕西师范大学出版社 1999 年版

陈伯海：《唐诗学引论》，东方出版中心 1988 年版

余恕诚：《唐诗风貌》，安徽大学出版社 2000 年版

罗时进：《唐诗演进论》，江苏古籍出版社 2001 年版

周啸天：《唐绝句史》，安徽大学出版社 1999 年版

傅道彬、陈永宏：《歌者的悲欢：唐代诗人的心路历程》，河北大学出版社 2001 年版

黄刚：《边塞诗论稿》，黄山书社 1996 年版

西北师范学院中文系等：《唐代边塞诗研究论文选粹》，甘肃教育出版社 1988 年版

袁行霈、丁放：《盛唐诗坛研究》，北京大学出版社 2012 年版

蒋寅：《大历诗风》，上海古籍出版社 1988 年版

蒋寅：《大历诗人研究》，中华书局 1995 年版

孟二冬：《中唐诗歌之开拓与新变》，北京大学出版社 1998 年版

孙昌武：《道教与唐代文学》，人民文学出版社 2001 年版

戴伟华：《唐代幕府与文学》，现代出版社 1990 年版

查屏球：《唐学与唐诗：中晚唐诗风的一种文化考察》，商务印书馆 2000 年版

胡可先：《政治兴变与唐诗演化》，中国社会科学出版社 2003 年版

马自力：《中唐文人之社会角色与文学活动》，中国社会科学出版社 2005 年版

李浩：《唐代三大地域文学士族研究》（增订本），中华书局 2008 年版

王胜明：《李益研究》，巴蜀书社 2004 年版

齐治平：《唐宋诗之争概述》，岳麓书社 1984 年版

莫砺锋：《唐宋诗歌论集》，凤凰出版社 2007 年版

王水照：《宋代文学通论》，河南大学出版社 1997 年版

周裕锴：《宋代诗学通论》，上海古籍出版社 2007 年版

陈元锋：《北宋馆阁翰苑与诗坛研究》，中华书局 2005 年版

缪钺：《诗词散论》，上海古籍出版社 1982 年版

顾随：《顾随诗词讲记》，中国人民大学出版社 2010 年版

顾随：《中国古典诗词感发》，北京大学出版社 2012 年版

周振甫：《诗词例话》，中国青年出版社 2006 年版

傅庚生：《中国文学欣赏举隅》，北京出版社 2003 年版

刘永济：《唐人绝句精华》，人民文学出版社 1981 年版

钱锺书:《宋诗选注》,生活·读书·新知三联书店 2002 年版

沈祖棻:《唐人七绝浅释》,中华书局 2008 年版

霍松林:《唐诗鉴赏举隅》,中国青年出版社 2011 年版

金性尧:《唐诗三百首新注》,上海古籍出版社 1980 年版

萧涤非等:《唐诗鉴赏辞典》,上海辞书出版社 2004 年第 2 版

叶嘉莹:《叶嘉莹说初盛唐诗歌》,中华书局 2008 年版

叶嘉莹:《叶嘉莹说中晚唐诗》,中华书局 2008 年版

李浩:《唐诗美学精读》,复旦大学出版社 2009 年版

林兴宅:《艺术魅力的探寻》,四川人民出版社 1985 年版

王力:《王力文集》第十四卷《汉语诗律学》,山东教育出版社 1989
　　年版

傅乐成:《唐型文化与宋型文化》,(台湾)《国立编译馆馆刊》第 1
　　卷第 4 期,1972 年版

王玮:《贞长风概》,《文学遗产》1987 年第 3 期

周勋初:《元和诗坛新风貌》,《中华文史论丛》第 47 辑,1991 年版

赵昌平:《盛唐北地士风与崔颢李颀王昌龄三家诗》,《唐代文学研
　　究》第 5 辑,广西师范大学出版社 1994 年版

赵昌平:《"吴中诗派"与中唐诗歌》,《赵昌平自选集》,广西师范大
　　学出版社 1997 年版

贾晋华:《论韩孟集团》,《唐代文学研究》第 5 辑,广西师范大学出
　　版社 1994 年版

邓红梅:《顾况诗歌新论》,《苏州大学学报》1988 年第 3 期

景遐东:《辟山开道,自成一家:论孟郊的诗歌风格》,《湖北师范学
　　院学报》1997 年第 1 期

卞孝萱:《李益年谱稿》,《中华文史论丛》第 8 辑,上海古籍出版社
　　1978 年版

卞孝萱、乔长阜:《李益和他的诗歌》,《徐州师范学院学报》1983 年
　　第 3 期

王军:《李益生平及诗歌系年诸问题考辨》,《北京师范学院学报》
　　1984 年第 2 期

赵伯陶：《李益及其边塞诗略论》，《文学遗产》1987 年第 4 期

吕庆端：《李益边塞诗独特的审美心理及其艺术表现》，《青海民族学院学报》1991 年第 4 期

蒋寅：《由戎幕回归台阁：李益的创作及其在唐诗史上的地位》，《古典文学知识》1995 年第 1 期

张国伟：《李益的绝句初探》，《河北师范大学学报》1993 年第 2 期

郭爽：《李益诗歌用韵考》，《阜阳师范学院学报》2000 年第 3 期

佘正松、王胜明：《李益生平及其诗歌研究辨正》，《文学遗产》2004 年第 3 期

王胜明：《新发现的崔郾佚文〈李益墓志铭〉及其文献价值》，《文学遗产》2009 年第 5 期

王胜明：《由新发现的〈李益墓志铭〉质疑"〈从军诗序〉为李益自作"》，《文献》2013 年第 2 期

何新所：《新出李益夫妇墓志相关问题研究》，《河南社会科学》2010 年第 1 期

张巍：《李益边塞诗歌论稿》，硕士学位论文，吉林大学，2007 年

杨柳：《李益诗歌研究》，硕士学位论文，河北大学，2007 年

任南玲：《李益诗歌意象意蕴研究》，硕士学位论文，新疆师范大学，2010 年

三、外国学术论著

［英］崔瑞德：《剑桥隋唐中国史》，西方汉学研究课题组译，中国社会科学出版社 1990 年版

［德］海德格尔：《海德格尔选集》，孙周兴编译，生活·读书·新知三联书店 1996 年版

［法］丹纳：《艺术哲学》（插图本），傅雷译，广西师范大学出版社 2000 年版

［丹麦］勃兰兑斯：《十九世纪文学主流》，张道真译，人民文学出版社 1980 年版

［日］吉川幸次郎：《中国诗史》，章培恒译，安徽文艺出版社 1986

年版

［日］小川环树：《风与云：中国诗文论集》，周先民译，中华书局
　　2005 年版

［美］包弼德：《斯文：唐宋思想的转型》，刘宁译，江苏人民出版社
　　2001 年版

［美］宇文所安：《中国"中世纪"的终结：中唐文学文化论集》，陈
　　引驰、陈磊译，生活·读书·新知三联书店 2006 年版

［美］杨晓山：《私人领域的变形：唐宋诗歌中的园林与玩好》，文韬
　　译，江苏人民出版社 2008 年版

［美］宇文所安、孙康宜主编：《剑桥中国文学史》，上海三联书店
　　2013 年版

古典文艺理论译丛编辑委员会：《古典文艺理论译丛》（第八册），人
　　民文学出版社 1964 年版

后　记

　　这本稚拙的小书，是我的第一部学术专著，是我以硕士学位论文《李益诗歌与中唐诗坛》为基点，在中唐诗人李益研究领域十年间不断思考与积累的一个小结。

　　2002年秋，我有幸考入山东师范大学，师从陈元锋教授，攻读硕士学位。学位论文题目，陈先生鼓励学生尽力根据自己的积累和兴趣自行选择。我初选盛唐李颀，后改中唐李益，此二人皆有边塞题材诗章垂名于诗史。选题因缘可略作交代。我在青少年时代，即仰慕古人慷慨豪侠之风采，对古代边塞、侠义作品甚为亲近。2001年暮春，又曾有新疆之游，苍茫空寂的无边戈壁，上身覆雪的巍峨天山，给我心灵以巨大震撼。历史与自然在此交融为一体。我足之所履、目之所见，不正是古代许多游侠与不甘平庸的文士联翩骑射、豪迈歌咏之地吗？因而，读研以后，作为唐宋研究方向的学生，我的兴趣点便首先落到了俗常所谓的"边塞诗人"身上，而李颀、李益两位正在其列。实则，所谓古代诗人，其首先的身份是士人，其所作诗篇之意蕴亦非现代以来"诗歌"之定义所能涵盖；许多所谓的"边塞诗人"包括李颀、李益在内，其创作题材原本广泛，且在各种题材领域内都有不凡之作，称之为"边塞诗人"并不允当。这自然是我进一步读书学习以后才有的体认。当初的选题，确是基于上述蓬勃的热情与片面的认识。

　　感谢陈先生循循然引我入于学术之门。先生温厚谨严，在为我指明学术通则以外，于细节处亦多言传身教。在引述他人话语两种不同情形之下双引号与句号相对位置有异的规范，便是先生指示于我的。在我撰写学位论文的整个过程中，先生投注了大量心血。而且时至今日，先生依然在生活与学业上对我多有关怀和指教。其间，还幸承王琳、王勇、邓红梅（不幸华年早逝）、王恒展、杜贵晨、王志民等先生的教诲。

求学泉城的三载时光，饱满而又快乐。我与张洪海、魏传强、朱琦、郭皓政、范正群、时培根等同窗朝夕共处，指点古今。与管恩好、张玉娟、徐秀燕等同门相帮互助，结伴出行。图书馆和教学三楼的自习室，是我最常去的地方，也是最令我气定神安的所在。我曾多次淘书英雄山、中山公园，时得披沙拣金之乐趣。复曾登千佛山、登燕子山、登华不注山，观大明湖、观趵突泉、观珍珠泉。一辆旧自行车，走遍大半个济南。至于山师校园，花香与古韵同在，乔木与楼宇比高，地势高低错落，徜徉其中，步移而景换，宛然一座小型园林。

敬爱的师长，亲爱的同学，清丽的山师校园，淳美的泉城风光。十年回首，历历如昨。

拙著小部分章节，完成于我在首都师范大学攻读博士学位期间。导师马自力教授对拙著的完成和出版，屡加指教；对我的工作与生活，一直牵挂于怀。自知天资驽钝且早岁辗转①，竟得厕身陈先生、马先生两位恩师门下，此生何幸！

德州学院是我早年求学的母校。我来中文系任教，如同孩子回到家里一般踏实。诸位师长继续给我以热心的指教和爱护。其中，季桂起、姜山秀、吕志明、孙彦杰、庞金殿、黄金元、李桂廷、李升民、高文惠、党月异、赵卫、翟兴娥等老师对我关爱尤多。张金平、黄传波、仲冲等同人与在德工作的高义兵、罗四新、梁立勇等同学，对我常加存问。拙著承德州学院学术著作出版基金资助，社科处高国武处长热情推动早日付梓。

陈元锋师为拙著慨然赐序，令弟子感愧交并。惟有在今后的教学与科研工作中不断勉力前行，以报答两位业师与其他师长的教诲与

---

① 时光回溯，我还想到小学、中学时期的各位师长，特别是邹兰英、关玉珍、肖长菊、王道贞、贺宗祖、刘兆水、崔建华、傅强、赵宗生等老师。没有他们的栽培、指引，我的人生可能会是另一番景象。

栽培。

读诗问学，其益安在？前贤王夫之云：

> 有豪杰而不圣贤者矣，未有圣贤而不豪杰者也。能兴即谓之豪杰。兴者，性之生乎气者也。拖沓委顺，当世之然而然，不然而不然，终日劳而不能度越于禄位田宅妻子之中，数米计薪，日以挫其志气，仰视天而不知其高，俯视地而不知其厚，虽觉如梦，虽视如盲，虽勤动其四体而心不灵，惟不兴故也。圣人以诗教以荡涤其浊心，震其暮气，纳之于豪杰而后期之以圣贤，此救人道于乱世之大权也。（王夫之《船山全书》第 12 册《俟解》，岳麓书社 1992 年版，第 479 页）

我们身处的社会，当然不是"乱世"。但是，船山先生所深致忧虑的世态人情，却并未绝迹。于此，我辈扪心自问即可知矣。故而，对船山所倡扬之"诗教"，与他以"诗教"涵养提升世道人心之美好愿景，笔者除去怦然自惭、肃然起敬而外，亦愿贡献自己的一点微薄的心力。

笔者学识浅薄，加以功利相催，拙著疏误之处难免，敬请学界师友不吝赐教。

贺同赏

2015 年 7 月于德州学院寓所